Plactice of strategic employment rules revised

戦略的な人事制度の設計と運用方法

企業が理念を従業員と共有するための就業規則と実務

第一芙蓉法律事務所 弁護士
浅井　隆 著

労働開発研究会

はじめに

　本書は，企業が将来に向けて事業展開をしていくために，その構成員である従業員とどう向き合うべきか，という視点から組み立てたものです。

　企業が「人」と「物」の有機的結合体である本質からして，企業は，「人」である従業員と正面から向き合うことが，必須です。つまり，「人」（従業員）と正面から向き合うことは，企業の存続と発展の上では避けて通れないどころか，むしろ積極的に取り組む大切な課題です。

　そしてその課題への対応は，筆者は，企業の理念ないし事業目的を明確にし，その下に，それを制度に反映させ，その制度に則って運用することにつきる，と考えています。

　ご承知のとおり，ボーダレス化した現在の世界では，企業活動は国境を超えて活動することが多くなっています。そしてそれは，言語が違うという形式的な相違だけでなく，文化や宗教という実質的な相違が待っています。また，時間の流れの早さは，世代間の考え方の相違も生み出しています。地域軸でボーダレス化した世界で，そして時間軸で世代を超えた中で，企業活動を展開するには有機的結合体として一つのいわば永続する生命体としてありつづける必要があり，そのためには，その内に核となるものが不可欠です。それが，企業理念であり事業目的です。企業が明確に，理念なり事業目的（本書では，理念と事業目的は同義とし，適宜，使いやすい方を使わせてもらいます）を持ち，これを「人」＝企業の構成員たる従業員と共有できれば，その企業はそれ自体が１つの生命体として永続します。構成員たる従業員の寿命を超えて永続します。それは，我が国の名だたる優良企業を見ても分かります。そして，企業が理念なり事業目的を明確にし，それを具体化して制度に反映し，制度目的に則って運用すれば，文化や宗教という地域軸も，世代間の考え方の相違という時間軸も，超えることが出来るのです（もちろん，企業の理念や事業目的自体も，時代によってメンテナンスは必要ですが）。

　本書は，このような視点から，企業が，その大切な構成要素である従業員と，いかにしたら理念＝事業目的を共有しつづけることで永続できるかを，筆者の弁護士26年の経験と積み重なった裁判例を参考に，制度と運用に分け，それを各労働条件毎に分析して，構成したものです。

　本書が，筆者と思いを共有していただける方々のお役に立てることを願っています。

　最後に，本書の執筆にあたっては，株式会社労働開発研究会の宮重洋暁氏に大変お世話になりました。ここに深く御礼申し上げる次第です。

2017年8月3日

浅井　　隆

目 次

第1編 人事労務管理の目的 …………………………………………… 1
1. 企業にとって人事労務管理は不可欠 ………………………………… 1
2. 人事労務管理の工夫の仕方 …………………………………………… 8
3. 人事労務管理は制度設計と運用の両面があることを強く意識する……… 21

第2編 制度 ……………………………………………………………… 30

第1章 就業規則の効力 …………………………………………… 32
- I 就業規則の意義 …………………………………………………… 32
- II 就業規則の内容と形式 …………………………………………… 32
- III 労働条件を規律する法的規律の順位 …………………………… 35
- IV 就業規則の効力 …………………………………………………… 37
- V 就業規則による労働条件の不利益変更 ………………………… 39

第2章 狭義の就業規則 …………………………………………… 45
- I 服務規律 …………………………………………………………… 45
- II 採用及び試用 ……………………………………………………… 57
- III 人事異動 …………………………………………………………… 62
- IV 休職 ………………………………………………………………… 70
- V 退職 ………………………………………………………………… 79
- VI 労働時間…休憩…休日 …………………………………………… 89
- VII 時間外…休日労働 ………………………………………………… 120
- VIII 出退勤 ……………………………………………………………… 123
- IX 年次有給休暇 ……………………………………………………… 125
- X その他の法定休暇…法定休業 …………………………………… 132
- XI 任意の休暇…休業 ………………………………………………… 135
- XII 安全衛生 …………………………………………………………… 138
- XIII 災害補償 …………………………………………………………… 140
- XIV 表彰及び制裁 ……………………………………………………… 151

第3章 賃金規程 …………………………………………………… 158
- I．賃金制度を設計することの戦略的意義 ………………………… 158
- II 給与の計算等 ……………………………………………………… 160
- III 基準内給与 ………………………………………………………… 164
- IV 基準外給与 ………………………………………………………… 181
- V 昇給 ………………………………………………………………… 187

| 第4章 賞与 | 189 |

| 第5章 退職金規程 | 193 |

| 第6章 有期労働者の就業規則 | 204 |

第3編　運用　219

第1章　日常の人事労務管理 221
- Ⅰ．服務規律 221
- Ⅱ．採用及び試用 229
- Ⅲ．人事異動 233
- Ⅳ．休職 239
- Ⅴ．退職 244
- Ⅵ．労働時間・休憩・休日 254
- Ⅶ．時間外・休日労働・出退勤 272
- Ⅷ．年次有給休暇 278
- Ⅸ．その他の法定休暇・休業・任意の休暇・休業 282
- Ⅹ．安全衛生 283
- Ⅺ．災害補償 287
- Ⅻ．表彰および制裁 294

第2章　賃金制度の運用 299
- Ⅰ．当該労働条件の運用における戦略的意義 299
- Ⅱ．給与の計算等 300
- Ⅲ．基準内給与 304
- Ⅳ．基準外給与 307
- Ⅴ．昇給 308

第3章　賞与制度の運用 311

第4章　退職金制度の運用 314

第5章　有期労働者の人事労務管理 317

書　式

書式２－１　　就業規則………………………………………326
書式２－２の１　給与規程（年功型賃金規程）………………341
書式２－２の２　給与規程（部分的な成果主義型賃金制度）…350
書式２－２の３　給与規程（成果主義型賃金制度）…………356
書式２－３の１　退職金規程（年功型）………………………361
書式２－３の２　退職金規程（成果主義型＝ポイント制）…366
書式２－４　　出向規程…………………………………………368
書式２－５　　休職規程…………………………………………370
書式２－６　　定年後再雇用規程………………………………373
書式２－７　　契約社員就業規則………………………………376

書式３－１　　入社時誓約書……………………………………391
書式３－２　　退社時誓約書……………………………………392
書式３－３　　退社時注意書……………………………………393
書式３－４　　試用期間延長通知書……………………………394
書式３－５　　転籍合意書………………………………………395
書式３－６　　休職発令書………………………………………396
書式３－７　　病状に関する情報提供書のご依頼……………397
書式３－８　　指定医（産業医）への受診命令書……………399
書式３－９　　復職にあたっての確認書………………………400
書式３－10　　退職届……………………………………………402
書式３－11　　退職願……………………………………………403
書式３－12　　業務報告書………………………………………404
書式３－13　　注意書……………………………………………405
書式３－14　　厳重指導書………………………………………406
書式３－15　　退職合意書………………………………………407
書式３－16　　解雇通知書………………………………………409
書式３－17　　残業の禁止について……………………………410
書式３－18　　チェックリスト（管理一覧表）………………411
書式３－19　　労働契約終了確認書……………………………412

略語表

❖1　法令名

　本書で用いる主要な法令等の略称は原則として以下の通りである。

労契法	労働契約法（平成19年法律128号）
労基法	労働基準法（昭和22年法律49号）
労規則	労働基準法施行規則（昭和22年厚生省令23号）
育介法	育児休業，介護休業等育児又は家族介護を行う労働者の福祉に関する法律（平成3年法律76号）
安衛法	労働安全衛生法（昭和47年法律57号）
労災法	労働者災害補償保険法（昭和22年法律50号）
労組法	労働組合法（昭和24年法律174号）
高年法	高年齢者等の雇用の安定等に関する法律（昭和46年法律68号）
民　法	民法（明治29年法律89号）

❖2　判例集等

　本書で用いる判決（決定）の略称は次の通りである。

最大判（決）	最高裁判所大法廷判決（決定）
最一小判（決）	最高裁判所第一小法廷判決（決定）
	＊最二小判（決），最三小判（決）も同様の例による。
高判（決）	高等裁判所判決（決定）
地判（決）	地方裁判所判決（決定）

第1編 人事労務管理の目的

1 企業にとって人事労務管理は不可欠

1．企業は，人と物の単なる集合物（体）ではない

(1) 企業は人と物で構成されている

　企業（株式会社等の営利法人，学校法人・病院等の公益法人，農業協同組合・労働組合等の中間法人，その他，事業主体を，本書では総称して，企業とします）は，その事業をするため，工場や事務所・パソコン・机等々を借りたり，あるいは買ったりします。そして，人（労働者）を雇います。そういった「物」と「人」を使って事業を展開します。

(2) それは単なる集合物（体）ではなく，有機的結合体である

　このように，企業は，「物」（工場，事務所，パソコン，机等）と「人」（労働者，なお，本書では，企業の構成員となった労働者を「従業員」と表現します。「労働者」は，一般的な表現として使います）を集めて事業展開するものですが，そこに集められた「物」・「人」は，単純な集合物（体）ではありません。

　一定の事業目的（存続し，発展するため）の下に，有機的に結び付けられたものです。

　例えば，企業は，計画もなく工場や事務所・パソコン・机を借りたり，買ったりしません。生産量の目標を決め，その目標数量に基づいて借りる（買う）べき工場の規模（広さ）を決めます。そして，生産した商品を市場で販売するため，販売先までの物流を考えた上で，工場立地を決めます。事務所にしても，そこで働く人数を見込んでその規模（広さ）を決めるとともに，家賃（借りる場合）ないし価額（買う場合）も考慮しながら，事務所の立地と面積を決めます。パソコンや机の数やその型（パソコン）や形（机）をどうするかについても，同様です。

「人」を採用する場合も同じで，現時点の企業の規模であと何人労働者が必要か，今後どういった事業を展開する上で，どういうスキルを持った労働者が何人必要か，といったことを考えて採用計画を立てた上で，採用活動をします。そして，採用基準を満たして採用された労働者を，自企業の組織の中に配属します。

そして，企業を構成する「物」と「人」のうちでも，特に「人」は，企業の中でそれぞれの職責に応じて組織化されます。つまり，経営陣を頂点としたいわば階層（Hierarchy）状態に組織化されます。そうした方が，一定の事業目的を迅速に遂行しやすい（有機的結合体である意義を発揮しやすい）からです。

(3) 時代の流れに応じて，企業の人と物の構成は変化する

「物」と「人」によって構成された組織（企業）自体も，その後展開していく事業に合わせて再編成します。つまり，その後に展開していく中で不要となった土地・建物等（「物」）があれば売却し，余剰となった「人」があれば希望退職の募集をしたりして人員削減します。組織の中も再編成し，例えば，人事部と総務部を一つにして人事総務部にし管理職ポストを減らしたりします。「物」も「人」も，当該企業のその後の事業展開に合うように変化します。

このように，企業は，その構成する「物」と「人」を単なる集合物（体）ではなく，一定の事業目的（企業理念）の下に組織化された有機的結合体であり，しかも，将来の事業展開や取り巻く環境に対応して変化するものです。独自の意思を持った1つの存在といってよいでしょう。

1．企業にとって人事労務管理は不可欠

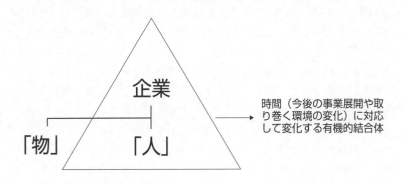

(4) 最高裁の認識と表現

最高裁（国鉄札幌運転区事件　最三小判昭54.10.30）も，「思うに，企業は，その存立を維持し目的たる事業の円滑な運営を図るため，それを構成する人的要素及びその所有し管理する物的施設の両者を統合し合理的・合目的的に配備組織して企業秩序を定立し，この企業秩序のもとにその活動を行うもの」と，企業の本質を端的に表現しています。すなわち，「物」と「人」の「両者を統合し合理的・合目的的に配備組織」するものが企業だ，ということです。「合理的・合目的的に」というのは，上記のとおり，「一定の事業目的（企業理念）の下に」と言葉を置きかえても，間違いはないと思います。

2．企業を構成する人（労働者）は，感情を持ち考える生き物（動物）である

(1) 企業を構成する「人」（労働者）の特色

企業は，最高裁の言葉を借りれば，物と人が「合理的・合目的的」に配備組織されたものですが，「物」と「人」では，本質的に違います。「物」は感情を持っていませんが，「人」は感情を持っていろいろ考える生き物（動物）です。よって，「人」の感情を害するような配備組織・運営を行っては，「合理的・合目的的」にはなりません。なぜなら，「人」が

第1編 人事労務管理の目的

感情を害してモチベーションが低下したり，企業にマイナスなことを考えて働かれては，企業の事業目的を達する（企業理念の実現）ことは出来ないからです。他方で，「人」を，気持ちよく，やりがいのあるようにすれば，モチベーションは高まり，生産性は上がります。「人」は，適度な緊張感の下，気持ちよく前向きに働かせないと能力を発揮せず成果が上がらないとともに，そのように働かせることが出来れば，能力を発揮し成果が上がるのです。

このように，企業を構成する「物」と「人」のうち，「物」はゴムのように伸び縮みはしませんが，「人」は，感情を持っている生き物（動物）ゆえ，ゴムのように伸びたり（モチベーションが高まって，生産性が上がる），縮んだり（モチベーションが低下して，生産性が下がる）するのです。

(2) 人事労務管理

人事労務管理は，こういった企業を構成するもののうち，「人」（労働者）に対して，より能力を発揮し多くの成果を出してもらうために行うものです。つまり，ゴムに例えれば，縮むことを防止し，伸びることを

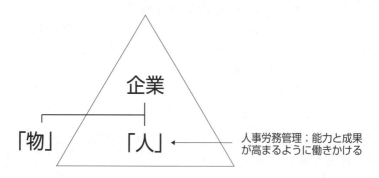

促進するために管理するのが，人事労務管理の目的になります。

(3) 人事労務管理で考慮すべき要素

「人」（労働者）は感情を持ち考えるものですが，では，それに影響を与える主な要素は何でしょうか。それが分かり，その要素に働きかける

1．企業にとって人事労務管理は不可欠

ことが出来れば，人事労務管理はうまくいくはずです。上の図でいうと，右側の「人事労務管理；能力と成果が高まるように働きかける」ためには，どうしたらよいか，という観点です。

　この観点から考えますに，筆者は，「人」に対し能力と成果が高まるよう働きかける要素は，大きく分けると2つだと考えます。1つは，属人的要素で，「人」つまり，各従業員の持つ性格・思考パターンと背景にある家族です。もう1つは，非属人的要素で，企業の理念（事業目的）と適切な労務管理です。それぞれにつき，説明します。

　1つ目の属人的要素（「各従業員の持つ性格・思考パターンと背景にある家族」）は，まず，「人」（従業員）の能力・成果がその人の性格・思考パターンにより影響されることは，容易に分かります。おっとりした性格なら，他の従業員と競争して働こうとも思わないし，考え方が和を重視する考えだと，上司になっても査定は部下間で大きな差をつけようとは思わないでしょう。次に，「人」（従業員）は，その家族とその家族への向き合い方を常に頭に入れて行動しますので，これらによっても影響を受けます。仕事より家族重視の向き合い方をする従業員なら，残業もせず休日出勤もしないし，昇格（出世）にもそれほど関心を持たないので，働き方にもそれが表れるでしょう。もっとも，企業は，各従業員の性格・思考パターンや各従業員が家族のためどう行動するかは計算しにくく（各従業員の内心の決定・行動は，計算できない），よって，対応もしにくいです。

　他方，非属人的要素の方ですが，まず，企業の理念（事業目的）は，各従業員の職務遂行の内容を直接規律するとともに，さらには，従業員の思考パターンに大きな影響を与えます。特に，社歴の長い従業員へは，きわめて大きな影響力を持ちます。例えば，あるセキュリティー企業が，企業理念として「日々の国民生活の安全・安定を実現する」ということを掲げ，日常的に従業員に徹底を図っていれば，各従業員は，自分の職務・責任（職責）にこの企業理念を反映させて，日常の職務を遂行することになります。さらには，日常の職務遂行の中で繰り返しこの企業理念の周知徹底を図れば，各従業員の思考パターンひいては性格もこれによって影響を受けるでしょう。そして，その影響を受けた思考パターン・性格により，各従業員は日常の仕事への取り組み方も影響を受けます。

日常の職務を遂行する期間が長ければ長いほど，そうなるはずです。次に，企業のそれまでの労務管理の蓄積も，従業員に影響を与える大きな要素です。例えば，頻繁でも多少の遅刻なら賃金控除もせず注意・指導もしない，というルーズな労務管理をしてきたら，従業員は，このルーズな労務管理に慣れそれが悪いことであるという意識が育たなくなるので，それに見合った職務遂行になります。つまり，遅刻は直らないしそういう勤務振りがいつまでも続きます。企業が労務管理をしっかりやるということは，企業の理念実現の一内容といえるかもしれませんが，工夫の仕方（しっかりと労務管理をする仕方）は，どの企業にもほぼあてはまる明確な一定の方法があるので，独立に抽出します。他方，企業理念の具体化の方は，その企業理念が各企業毎に違うので明確な基準はなく，本書では，理念の具体化の仕方を示すこととします。いずれにしても，これらの非属人的要素は，前者の属人的要素とは違い，対応しやすいといえます。そして，その効果は属人的要素へも（個人差はあっても）一定の影響を与えます（理念実現を具体化する日常の勤務遂行は各従業員の思考パターンへ影響力を持ちます）。このように，非属人的要素への対応は，企業にとって確実で有効な対応です。

　もっとも，「企業理念」は抽象的なので，もう少し説明します。企業理念とは，当該企業のあるべき姿を一言で表現したものです。それは企業が事業を展開していく上での目標であり到達点です。よって，事業目的と言い換えてもよいでしょう。もっとも，抽象的ですし，永続を前提とした企業では到達点はむしろ永遠に来ないことにしないと到達したとき企業は終了になりますので，どこまでも追い求める恒星（例えば，銀河系以外の星に宇宙船で向かうような），ロマンティックにいえば愛とか平和とかそういうものの，企業版です。

　よって，企業理念は，通常は，具体的な事業目的に具体化し，さらに中長期的事業計画にしてタイムスケジュールを組みます。こうやってしっかり具体化することは，企業理念を実現し，持ち続けるために必要なことです。そして，中長期的事業計画を実現する上での各従業員への労働条件への落とし込みは，通常は，賃金（昇給も含めて）と賞与です。

1．企業にとって人事労務管理は不可欠

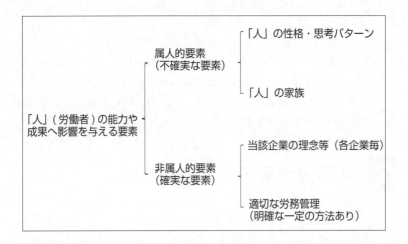

＜人事労務管理を怠ったらどうなるか＞

　感情を持たない「物」を管理するのと比べ，「人」の管理は複雑で不確実な要素と確実な要素がまじり合っていますが，「人」の管理（人事労務管理）の工夫を怠れば，最高裁の言葉で言えば，「合理的・合目的的」な組織からは遠くなります。本書の言葉で言えば，一定の事業目的（企業理念）の下の企業の存続・発展がしにくい組織になります。念のために言えば，人事労務管理に工夫をしなくても，企業が急にダメになるわけではありません。それは，企業が「物」と「人」の「合理的・合目的的」な組織であることから，「人」が「合理的・合目的的に」組織されていなくても，競争力のある「物」，例えば，工場で製造される商品がすばらしいとか，すぐれた特許を持っているとかであれば，その限りで，つまり「物」の側面では，「合理的・合目的的」であるため競争力があり，短期的に企業が危機に瀕することはないからです。しかし，企業の活動が「物」と「人」の総合力で展開している以上，そういう状態が中長期的に続けば，ライバル企業が，優秀でやる気のある「人」（従業員）を組織化し新しい技術や魅力的な商品（「物」）を産み出してきますので，中長期的には競争力が弱くなっていきます。このように，人事労務管理

に工夫をしなければ，中長期的に見て，存続・発展しにくくなるのは，明らかです。

他方，「人」の管理，つまり，人事労務管理の工夫をうまく行えば，高度な「合理的・合目的的」な組織となり，高い生産性と収益力を上げ続けることが出来ます。人事労務管理は複雑で難しいのですが，そのかわりうまく行えば，企業に繁栄と永続（生身の人間のように寿命が尽きることはない）をもたらすのです。

2 人事労務管理の工夫の仕方

管理の対象たる「人」は，感情を持っていろいろ考える生き物であり，それは前述のとおり，とても複雑で管理はむずかしいですが，何も工夫しないと中長期的には存続が危ぶまれる状態となります。他方，よい工夫をすれば中長期的には企業に繁栄と永続をもたらします。

では，どういう工夫をしたらよいでしょうか。

管理の対象たる「人」に影響を与える要素は，前述のとおり，いくつもあり複雑で不確実なものもありますが，他方で確実な要素もあります。それは，前述した企業の理念と適切な労務管理です。前者は，新たな企業理念を創造したりあるいは既存の企業理念を改訂することにより，従業員の職務遂行へ直接，あるいは背後にある思考パターンへ影響を与えます。次に後者についてです。「適切な人事労務管理」がなぜ重要な要素かというと，筆者の経験では，人事権者が労働法等の法令の知識が不充分なためか，労務管理の重要性の認識が不充分なためか，労務管理がルーズに長年行われ，その結果，従業員がそのルーズな管理のされ方に慣れそれがあたり前のこととなっていて，企業がある時期からきっちりやろうとすると反発され（例えば，前例の遅刻の管理），本来当然のことなのに，それまでルーズな管理の下で甘やかされたため，感情を害し反発して，企業に悪意を持って紛争になるケースが相当数あるからです。

筆者が基本的視点としてお勧めするのは，不確実な要素への対応は限界があり計算ができないので，確実な要素への対応の方を重視し，人事労務管理を組み立てる，ということです。重ねて言いますが，確実な要

2．人事労務管理の工夫の仕方

素への対応をしっかりやることで，確実に「合理的・合目的的」な組織とする，という視点です。ここが本書の基本的・戦略的出発点になります。

　この出発点からまず考えると，企業の理念（事業目的）を「人」（従業員）と（企業とが）共有することで有機的結合体としての効率を高める（能力を発揮し，成果を出してもらう）場合，どうやったら「人」（従業員）と共有できるか，です。その問いへの答えは，美しい理念を説明しても，全従業員が理解するとは思えないが，もし企業の理念を実現すると自分達にもいいことがあるという利益が示されれば，全従業員は関心を持つ，よって共有できるのではないか，と考えます。つまり，利益誘導によるウィン・ウィンの関係にして従業員の行動を（さらには背後にある思考パターンひいては性格も）コントロールするのです。

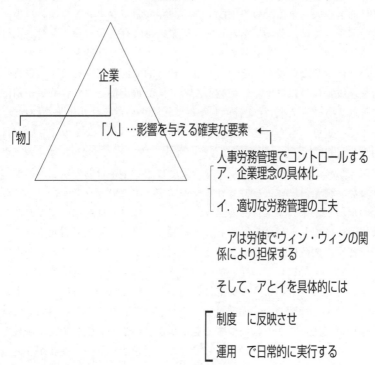

第1編　人事労務管理の目的

　ここで，労使がウィン・ウィンの関係，別の表現をすれば，共存共栄を達成できる人事労務政策につき，誤解のないよう説明します。

　企業は，理念の実現（事業目的の達成）が唯一の目的であり，社会主義や共産主義のような労働者との共栄は事業目的ではありません。共存共栄（ウィン・ウィン）の関係はあくまで，企業が理念の実現（事業目的の達成）をしやすくするため，その果実をそれに貢献した従業員に配分することで従業員の行動（職務遂行）をコントロールする，ということです。このように，共存共栄（ウィン・ウィン）は従業員の動機（モチーフ）を高め，有機的結合体としての機能を強めるための手段でしかありません。それ自体は手段であり，目的ではないのです。ただ，大人の世界として，わざわざ主従をつける必要はなく，共存共栄ないしウィン・ウィンと表現すれば，耳ざわりがよいです。そして，理念を実現（事業目的を達成）するための手段である共存共栄（ウィン・ウィン）の人事労務管理では，その帰結として，従業員は共存共栄（ウィン・ウィン）が期待できるだけの労働者であることを求められ（期待され）ます。それが期待できない場合，その（手段の）目的である理念を実現（事業目的を達成）に役に立たない従業員なので，改善を促し（共存共栄が期待できるような「人」（従業員）となるように求め），それが出来なければ，去って（退職）もらいます。つまり，共存共栄（ウィン・ウィン）が目的なら，役に立たない従業員でもその雇用を維持しますが，共存共栄（ウィン・ウィン）はあくまで手段なので，目的（事業目的の達成）に役に立たない従業員には去ってもうらうのです。冷たいようですが，企業は，その永続と繁栄（事業目的の達成）により，残りの従業員の雇用と豊かな生活を確保し，税金を納めることで国に役立ち，株主に還元することで投資家の期待に応える，という社会的責任があります。目の前の役に立たない従業員に理屈のない情緒的な感情を持つのは，意味のないことです。むしろ，そのような従業員をかかえることは，双方にとってよくありません。なぜなら，従業員は，自分が役に立たないこと（あるいは問題社員であること）にいつまでも気づかないまま一生を終えるからです。それなら，自分が労働者としてどこが問題かを気づく機会が与えられたなら，再出発の際（退職して，新しく就業する際），今度は，きちんとやろう，ということになります。筆者自身の例で恐縮ですが，筆者

は高校1年生のとき喫茶店のアルバイトをしていたことがあります。若気のいたりもあり，アルバイト勤務日の直前に欠勤すること（突発休）を何度か当然のようにしてしまい，とうとう何度目かの日に解雇されました。このとき，私は，アルバイトとはいえ自分勝手な振る舞いに気づき，二度とこういうことは仕事だけではなく生活上の約束でもやるまいと，深く反省しました。

　筆者は，役に立たない，あるいは問題社員を放置することは，双方にとって悪く，逆に早く気づかせることは双方にとってよいこと，と考えます。社会全般でみても，そういう意識は多くの労働者の質を高めることとなり，我が国の競争力を高めます。ひいては，豊かな日本を子孫に引き継ぐことができます。

　さて，それでは，これらの工夫につき，もう少し説明します。上記工夫をもう一度整理すると，次のとおりです。

ア　企業の理念の実現（事業目的の達成）の具体化の工夫
イ　適切な労務管理の工夫
ウ　アを担保するために，労使がウィン・ウィンとなるようなシステムを具体化する工夫

　以下では，ア～ウの内容を説明します。ウはアの担保なので1．で一括して説明し，その後イを2．で説明します。その上で，第2編（制度），第3編（運用）にて，各論的に展開していきます。

1．「ア．企業の理念の実現（事業目的の達成）を具体化する」←これをウ．労使でウィン・ウィンの関係で担保する

（1）企業理念の具体化の工夫

　企業理念ないし事業目的を各従業員の職責（職務内容と責任）に具体化すれば，その各従業員の職務遂行によって，企業の理念（事業目的）は実現されることになります。

　加えて，従業員は，長い間の職業生活（環境）から思考パターンが大きく影響を受けるので（なぜなら，個人差は大きいものの，起きている時間の相当時間働く最も身近な環境は，従業員の思考パターンに強く影響を与えます），この職業生活を当該企業の理念で規律すれば，上記のように各従業員の職務遂行・成果を直接規律するというだけでなく，従

第 1 編　人事労務管理の目的

業員の思考パターンにまで強い影響を与えられます。
　したがって，当該企業の理念を時代に合うように変化させ（創造的変更），その変化した当該企業の理念を全従業員に浸透させることは，とても重要です。
　当該企業は，社会的に意味があるゆえ現時点で存在しているので（そうでなければ淘汰されてます），当該企業の理念は，それなりに有意義な内容のはずです。それを時代に合うようにアップ・トゥ・デートし，それを具体化して全従業員に浸透を図れば，まさに「合理的・合目的的な」組織に近づきます。
　その浸透を図る方法も，制度設計と運用の両面に具体化してます。
　その順序は，
・まず，人事制度への反映です。この人事制度への反映は，具体的には，各労働条件毎に反映をどうさせるかを考えます。次のイメージ図のとおりです。
・その次に，反映された人事制度を，運用で日々実践します。

2．人事労務管理の工夫の仕方

イメージ図

```
企業の理念（事業目的）
↓
従業員の各労働条件に反映・具体化させる
  ①服務規律（行為規範）
  ②採用及び試用
  ③人事異動
  ④休職
  ⑤退職
  ⑥労働時間・休憩・休日
  ⑦時間外・休日労働
  ⑧出退勤
  ⑨年次有給休暇
  ⑩その他の法定休暇・法定休業
  ⑪任意の休暇・休業
  ⑫災害補償
  ⑬表彰および制裁
  ⑭安全衛生
  ⑮賃金
  ・給与の計算等
  ・基準内給与
  ・基準外給与
  ・昇給
  ⑯賞与
  ⑰退職金
```

A．服務規律（行為規範）への反映（具体化）

　労働条件のうち，①服務規律（行為規範）を一例に挙げて，「具体化」の意味を説明します。本格的な展開は第2編で述べますが，我が社の企

業理念（事業目的）はきちんと服務規律（各従業員の行為規範）に反映されているか，市販の本や親会社あるいは業界の服務規律をただコピーしただけではないか，を検証してみて下さい。

ⅰ．食品販売会社Ａ社の例

例えば，我がＡ社は食品販売会社だが，企業理念として，健康で安全な食品を国民一般に届け社会に貢献すること，を挙げているとします。すると，「服務規律」として，健康で安全な自社の商品を他のライバル会社との相違を意識して一般消費者に届け（販売す）る努力，それによって我がＡ社の商品を社会により多く供給すること，そのことを我がＡ社の他の従業員と共有すること，という内容を入れたら，我がＡ社の企業理念（事業目的）は「服務規律」という労働条件に反映（具体化）されることになります。

ⅱ．運送会社Ｂ社の例

あるいは，我がＢ社は運送会社であるが，企業理念（事業目的）として，預かった顧客の商品の品質を損なうことなく，また安全・迅速に配送先に届けることで顧客の商品の販売拡大に貢献する，と挙げたとします。すると，「服務規律」には，ドライバーとドライバー以外の従業員で区別し，ドライバーには，顧客から商品を預かる際にこういうことを注意する，配送先に届けるまで安全・迅速に運ぶための注意事項，配送先での振るまいを服務規律の中に反映させることを考えます。ドライバー以外の従業員には，顧客からの注意やクレームに対応するための注意事項，届出先からのクレームに対応するための注意事項，ドライバーを管理する上での注意事項（例えば，配車にあたっては，公正に，そして一部のドライバーの過重にならないことを最優先に考える）を服務規律に反映させます。

Ｂ．採用及び試用への反映（具体化）

次の労働条件である採用及び試用の制度設計でも，この企業理念（事業目的）を反映させる何か工夫はないか，と考えます。当然，採用基準や試用期間（本採用するか否かを判断する期間）の設定，本採用するか否かの判断基準は，当該企業の理念（事業目的）に照らして，どういう人材が必要で（採用基準），それをどうやって見極めるか（試用期間中の判断期間と基準）を考えるはずで，それを実行するのに，制度として

2．人事労務管理の工夫の仕方

設計すべきことと運用（内規）に委ねるべきことを意識して区別し，前者を規程に反映させます。

例えば，前の例であれば，食品販売会社Ａ社の従業員の採用においては，採用段階で提出を求める誓約書の文言は，当然，その企業理念を反映した内容となるでしょうし，採用した従業員の食品の安全等への意識の有無・程度を試用期間で判断するのに3ヶ月は短いというなら，試用期間の設定は6ヶ月とする，という制度設計になり，本採用するか否かの基準（適格性）は，具体的には食品販売会社の正社員としての適格性となりますが，それは書かずもがなのことなので制度（規程）にわざわざ入れる必要はなく，他方，運用上，本採用時の判断者がこれをしっかり意識して判断するよう，内規でその基準を明記しておき，運用，つまり本採用するか否かの実際の判断においてこれを使うようにします。

Ｃ．その他の労働条件への反映（具体化）も作業は同じ視点から

その他の労働条件（人事異動，休職，退職，労働時間・休憩・休日，時間外・休日労働，出退勤，年次有給休暇，その他の法定休暇・法定休業，任意の休暇・休業，災害補償，表彰および制裁，安全衛生，賃金（昇給・降給を含む），賞与，退職金）についても，1つずつ，我が社の理念を反映させるのに，制度面に反映するのが適切なこと，運用面で反映するのに注意すべきことを考え，それぞれの面に具体化していく，ということです。

こういった作業は，高額の設備や広大な土地を購入したりといった多額のお金などかかりません。使うのは脳（頭）だけです。しかし，これをしないのと，するのとでは，中長期的にみてその企業に大きな差が出てくるはずです。

（2）ウィン・ウィン＝共存共栄の反映（具体化）

企業理念を従業員に語っても，人ごとのように聞く従業員がほとんどです。会社の美しい社会的使命を語っても従業員は一応は聞きますが，心底，毎日の労働日の中で（職務遂行の中で）意識する従業員はわずかでしょう。ところが，この企業理念を自分の職務遂行の中で分担し実現したら給与に加えて300万円払うとしたら，自分のことになります。つまり，会社の美しい社会的使命が，同時に全従業員の生活の豊かさに結

び付き共有化されるのです。このように「ウィン・ウィン」は，企業理念の具体化と強く結びつき，それを強化する関係です。

「ウィン・ウィン＝共存共栄」を制度（設計）に具体化する場合の企業の方の「ウィン」は，まさに上記の**企業の理念を具体化**することとオーバーラップします。なぜなら，企業の理念を具体化し，実現することが，当該企業にとって「ウィン」だからです。他方，労働者の方の「ウィン」は，当該労働者が具体化された企業の理念の実現にどれだけ貢献したかに応じて設計され運用される賃金制度等の運用によって待遇面で実現されることです。つまり，ウィン・ウィンといっても，そのウィンの対象は労使で違います。制度設計と運用に分けて，以下，概略を説明します（本格的な展開は，第2編（制度）と第3編（運用）でします）。

ア．制度（設計）への反映（具体化）

まず，企業の「ウィン」は，企業の理念を具体化する労働条件の遵守（実行）によって，達成されます。そこで，
①服務規律に，それに適合した行為規範を定め，
②人事考課制度の考課項目に①の行為規範の遵守の程度を反映する
ことになります。そして，上記に照らし，期待に著しく反した従業員（①に違反し，あるいは②の項目の未達が著しい者）は，共存共栄を期待することが出来ないものとして，指導・注意がされ，あるいは降格され，それでもダメなときは退職してもらうことになります。

他方，労働者側の「ウィン」は，その具体化された事項の実現の程度＝貢献に応じて，待遇を受けることになります。具体的には，
③企業の理念（事業目的）を具体化した賃金制度で，上記①服務規律の遵守，②人事考課でその貢献を適正に評価され，それに見合う月例賃金（年俸）及び賞与（ボーナス）の支給を受け
④上記③の評価の中で，特に貢献が高いとされた従業員は，昇格となります。

以上は，制度設計と運用をまとめて説明したものですが，これを制度設計と運用に分けて整理すると，①は就業規則，②は人事考課規程に定め（制度化）ます。実際の運用は，上司が①②を使って各従業員毎に評価するのです。降格，退職（解雇・合意退職）までするときは，就業規則にまずその根拠を定め，運用で，その要件のあてはめと降格権ないし

解雇権を行使することになります。③は，賃金規程（但し，労基法89条2号参照のとおり，法的には就業規則です。），④は，就業規則の異動の規定に定めて（制度化して）おきます。そして，運用で，上記の上司の各従業員毎の評価結果に基づき，月例賃金（年俸），賞与（ボーナス）を決め，場合によっては，昇格させる（人事権の行使）ことになります。

ウィン・ウィン＝共存共栄を制度・運用に具体化する整理表

制度	・服務規律に企業の理念を反映 ・人事考課の考課項目も企業の理念を反映し、これと賃金制度（昇・降給制度も含め）・賞与査定を結びつける、人事考課結果に関しフィードバック・不服申立て制度を整備 ・昇降格規定・解雇規定の整備

運用	・人事考課の適正な運用、上司のトレーニング。フィードバック・不服申立て制度の運用の適正 ・降格権・解雇権を行使する場合（特に解雇権行使の場合）は、その前に文書による注意・指導、具体的エピソードの証拠化

イ．運用への反映（具体化）

上記アを前提に説明すると，まず，企業側が人事考課規程の運用をその規程に則って統一的・公正に行う必要があります。そして，人事考課結果を，その対象者たる従業員にフィードバックし，さらに不服申立制度まで整備すれば，透明性は高まります。規律に反する従業員，さらには能力不足社員に指導・注意するのであれば，より，具体的な理由（就業規則の定める降格ないし解雇理由該当性・相当性）が必要なので，具体的なエピソードの用意が必要です。それによって，公正性・透明性が高まるからです。可視化することで，規律に反していることを労使で共

有化できるので，文書でこれらの指導・注意を行うことは不可欠です。

　他方，従業員側からしても，人事考課規程に則った公正な人事考課の結果の待遇であれば，納得感は高まるはずであり，その結果があまりに企業の期待に反した内容だとしたら，個別に降格や退職への対応をされても，その過程が可視化され，指導・注意のプロセスを踏むことで，納得感ないしあきらめ感を持つことになるでしょう。

2.「イ．適切な労務管理の工夫」の実行

　「適切な労務管理をする」とは，本来あるべき労務管理をすることですが，抽象的なので，分かりやすいように典型例をいくつか挙げて説明します。身近な例を2つ，配転と欠勤の年休への事後振替の例を挙げて，説明します。

A．配転の例

　例えば，配転は，後（第2編，第3編）で詳しく説明しますが，最高裁は，就業規則等で配転命令権が根拠付けられていれば，権利濫用とならない限り，従業員の同意なしに，使用者（企業）は一方的に配転を命じることが出来るとしています。そして，「権利濫用」となるか否かにつき，最高裁は，従業員に通常甘受すべき程度の不利益を著しく超えない限り権利濫用にならない，とします（労働契約法制定後は，その根拠規定は同法3条5項です）。

ⅰ．制度（設計）における適切な労務管理

　この知識を正確に持っていれば，まず，制度設計において，異動の規定に配転命令権を根拠付ける規定を設けるとともに，包括的な配転命令権をわざわざ自己抑制するような，「次の事由がある場合，配転を命ずることがある」などといった規定は，設けないはずです。

ⅱ．運用における適切な労務管理

　次に，運用においてポイントになるのは，配転対象となる従業員に配転によって通常甘受すべき程度の不利益を著しく超えるか否かなので，配転命令を拒否されたときには，当該従業員にその拒否する理由を，文書でその裏付けになる資料も合わせて提出するよう，業務上の指示を文書でするのが適切な運用の第1段階となります。

そして、それを受けて、提出してきた理由と資料が、裁判例に照らし、通常甘受すべき程度の不利益を著しく超えるといえるかを判断するのが、適切な運用の第2段階となります。

さらに、もしその判断の結果、そういった不利益がない（通常甘受すべき程度の不利益を著しく超えるとはいえない）ときは、通常は、普通解雇か懲戒解雇をするのが、適切な運用の第3段階になります。

最後の運用は、厳しい対応のようですが、長期雇用を前提とした人事制度・運用をしている企業であれば、正社員には何年か毎に配転を行うことになりますので、これを、通常甘受すべき程度の不利益を著しく超える理由もないのに拒否した従業員が、そのままその地位にいれるとなると、他の従業員に示しがつきません。誰れも配転に応じなくなります。配転における「適切な運用」とは、このように段階を踏んで毅然とした姿勢を示すことなのです。

配転での「適切な労務管理」の制度・運用への落し込み表

制度：異動の規定に明記する。但しその際、異動の事由を自己抑制的に記載しない

運用：異動対象者にとって異動が通常甘受すべき程度の不利益を著しく超える不利益かどうかを正確に判断する
　ⅰ．上記事由を、文書で裏付けとなる資料とともに提出させる
　ⅱ．上記ⅰを、上記事由を満たすかを判断する
　ⅲ．上記ⅱで、上記事由を満たさなければ、配転拒否を理由に解雇する

B．欠勤日へ年休を事後振替する例

もう1つ典型例を挙げます。

欠勤日への年休の事後振替です。カゼ等一時的な体調不良で欠勤した従業員に対し、体調が回復した翌日に年次有給休暇を事後振替することが多くの企業で行われています。ただ、これは、本来、欠勤日＝労働義

務があったのに出勤しない日，という債務不履行の日を，事後的に企業が福利厚生の観点から（生身の人間，誰しも年に1～2回はカゼにかかり体調不良で会社に出れないこともあるので，それに配慮して），その欠勤者の持っている年次有給休暇を事後的に振り替えるのを認めるものです。つまり，従業員の権利ではなく，企業が裁量で許すのです。

ⅰ．制度（設計）における適切な労務管理

この知識を正確に持っていれば，まず，制度設計において，こういう企業の裁量に属することを自己抑制するかのような事後振替の取扱いを就業規則に定めることは適切でないのが，分かります。

ⅱ．運用における適切な労務管理

運用面でも，欠勤者が当然のように事後振替を求め，ひどい者になると毎月平気で突発休（欠勤）し事後振替しその度に同僚が迷惑して職場を混乱させる，という状態であったとしたら，上司としては，平気で突発休を連発するその従業員に正確な知識に基づいて注意をするはずです。それでも改善しなければ，人事部（社長）と相談して注意書を出し，「こういったことが繰り返されるときは，福利厚生の観点からする事後振替の便宜は，今後あらたには行わない」と，きちんと指導する（運用）はずです。さらには，人事部と相談して事後振替のガイドラインを作ろう，と問題提起して，各従業員に対し，欠勤日の事後振替は原則年6日を限度とするとか，あるいは，1年に4日以上の欠勤日につき年休の事後振替を求めるときには診断書の提出を求めることとするとか，悪用への対応を考えるはずです。

3．人事労務管理は制度設計と運用の両面があることを強く意識する

欠勤日への年休の事後振替の「適切な労務管理」の制度・運用への落とし込み表

> 制度：一切定めない
>   むしろ、年次有給休暇の取得（労基法39条5項の時季指定）は、事前（例えば、取得する日の前日の午前中まで）に指定しなければならない、と明記すべき
> 運用：一般的には、多くの従業員があり得る程度の頻度は認めるが、それを超えるときは、認めない。
>   そのために、その一線をどこで引くかを企業として基準を考え、それに基づいて、その超えた従業員に注意（場合によっては文書で）し、それでも聞かないときは、振替の便宜を認めない。

　以上、配転と欠勤管理の2例を挙げましたが、こういった適切な労務管理は、あらゆる労働条件の面で、正確な労働法の知識があれば、制度面・運用面で出来るはずですし、それをしっかり行えば、「人」（従業員）は、適度な緊張感の下、「合理的・合目的的」に組織されることとなります。上記2例からも、適正に管理することで、他の従業員のモチベーションが確保される結果となることは、容易に分かると思います。

3　人事労務管理は制度設計と運用の両面があることを強く意識する

　人事労務管理を実現するには、
・まず、それを反映した制度設計をし（後記1．）、
・その設計された制度をそのねらい（目的）に合致するよう運用すること（後記2．）が重要であることは、既に述べましたが、以下ではこの点を詳しく説明します。制度と運用は、自動車に例えると左輪（制度）、右輪（運用、どちらが左でも右でもよいですが）のようなもので、両輪が真っ直ぐ目的地（企業理念の実現＝事業目的の達成）に向いていないと、自動車は目的地に到着（事業目的は達成）しません。

したがって，この両輪がいずれも劣らず大事であることを強く意識して，人事労務管理に従事する必要があります。

上記**2**の中でも例を挙げて一部述べましたが，ここでは，もう少し理論面から説明します。

1．制度設計

制度設計の結果は，企業が一方的に作成・変更できる就業規則に反映させ，実施します。人事制度は，統一的であるとともに，公正で透明である必要があります。そこで，設計し制度化したものは，就業規則に規定化する必要があります。労基法89条10号も「前各号に掲げるもののほか，当該事業場の労働者のすべてに適用される定めをする場合においては，これに関する事項」とあり，従業員に適用される定めは，必ず就業規則に定めないと労基法89条違反となります。

もっとも強調したいのは，違法になるから就業規則に規定する（消極的理由）のではなく，統一的・公正・透明性の観点という全従業員のモチベーション確保の人事労務政策的な視点（積極的理由）から，就業規則にしっかりと規定した方がよいのです。就業規則は，当該企業が，全従業員と当該企業の理念に代表される価値観を共有するために最も大切でかつ便利なものです。就業規則に規定することで，当該企業が全従業員と共有したい事項を伝え共有化することが可能となるのです。

当該企業が全従業員と理念等を共有するのに就業規則を最大限利用すべきという点を，念のため説明します。労働契約は，労使間の合意です。よって，労働契約の当事者は労使の2名だけです。しかし，当然企業において，従業員が10名いれば10個の労働契約があり，100名いれば100個の労働契約があります。ただ，それらが10個でも100個でも，契約の一方当事者の使用者は1人で当該企業です。図で示すと，次のようになります。

3．人事労務管理は制度設計と運用の両面があることを強く意識する

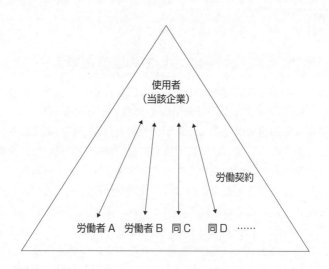

　つまり，従業員の人数分だけ労働契約がありますが，すべて使用者の方は唯一（単一）です。これは，どういう意味を持つかというと，労働者A，同B…は，それぞれの労働条件を他の労働者と比較する，ということです。比較して不公正と思ったらモチベーションが低下し，「人」の有機的結合体（「合理的・合目的的」組織）が弱体化するのです。逆に，公正と思ったらモチベーションは高まり，従業員はますます自分の能力を発揮して評価してもらいそれに見合う待遇を得ようとします。もちろん，それぞれの従業員が，自分の得た労働条件（ボーナスの金額，昇給額，昇格の時期，配転先・配転のタイミングetc）を公正と思うか思わないかは，その従業員の性格や思考パターンで大きく左右されます。よって，全従業員が100％公正と思うような労働条件の実現などできないことは分かった上で述べています。（言葉が適切でないかもしれませんが）平均的な性格の従業員であれば（普通は）公正と受け取れるようなことを実現する，ということです。そのレベルの制度を統一性に透明性を持たせて規定化することが不可欠です。つまり，各従業員が，少なくとも，制度内容には文句を言えないようにしておく，ということです。

　その結果，「人」の有機的結合体は強化され，企業の生産性が高まり，

企業自体が繁栄していくのです。

〈労働組合がある場合についての筆者の考え〉

　なお，このような制度設計をするのに，労働組合（企業内組合）がある場合，就業規則ではなく労働協約を利用する方法もあります。ただ，その場合は労働協約が企業と労働組合との合意が必要であること（労働組合法14条）から，企業によほど協力的な労働組合でないと，企業が思うような制度設計（労働協約の内容）は出来ません。もちろん，労働組合があるのにこれを無視するのは，労使関係がその後不安定になるのでダメです。一定の配慮は必要です。それは，就業規則の変更（新設）手続の中での労働者代表の意見聴取（労基法90条１項）をより踏み込んで実質的にすることで，「一定の配慮」をします。つまり，法令の要件は単純な意見聴取ですが，さらに踏み込んで，従業員説明会を何度か開催してよく説明・説得し，それを受けた多数の従業員から構成される企業内組合に意見を集約してもらい（手続的に組合大会を開催する必要があるかは，組合規約の定めによります），その意見を受け制度に反映できるものなら積極的に組み入れていくのです。

　もっとも，労働組合が労使協調の場合，労働協約を締結するところまで考えてよいのではという考えもあるでしょう。しかし，筆者は反対です。それは，将来の労働組合の執行部の構成までは分からないからです。一度労働協約を締結してしまうと，それを変更するには，新たにその変更する労働協約を締結するか，既に締結した労働協約を破棄しなければなりません。ところが，こういった対応は，労働組合の執行部が変わって前ほど労使協調ではなくなったとしたら，むずかしくなります。たしかに労働協約には有効期間の制限（労組法15条１項，３年）があり，また期間の定めのない労働協約は90日予告で解約でき（同条３項，４項）ますが，多くの組合員の労働条件を定めた労働協約が終了しても，組合員の労働条件は，簡単に，その協約の終了（消滅）を理由に白紙になりません。少しむずかしい議論ですが，労働協約終了後のそれまでの労働条件の将来に向けた処理方法として，ドイツのような立法的解決（「余

3．人事労務管理は制度設計と運用の両面があることを強く意識する

後効」＝Nachwirkung）がされていないわが国では議論があり，多数説は，労働契約当事者の合理的意思解釈をして決めるもの，としています（菅野和夫「労働法」11版補正版900頁・弘文堂）。そうなると，企業の方は，就業規則を改訂して新しい労働条件で今後の人事労務管理を展開しようとしているのに，労働組合の方は，旧就業規則と同内容の労働協約を終了（破棄）することに反対し，それまでの労働条件が適用されるべきと主張し，両者の考えがくい違い，とてもではないですが合理的意思解釈は出来なくなります。よって，労働協約は終了した，後は就業規則による労働条件の不利益変更（労働契約法10条）の問題だけである，とはいえず，複雑な法的問題になります。その行方（紛争となったとき，裁判所がどう判断するのか）は，正直どうなるのか分かりません（神のみぞ知る状態）。

よって，現時点で労使協調だから労働協約を使うという対応は，将来の人事労務管理が不安定になる可能性があるので，止めた方がよいです。あくまで，就業規則だけとし，労働組合からは意見を求める限りにしたおいた方がよいです。

2．運用

①運用者が、上記設計された制度内容と目的（理由）をよく理解する。
②運用者は、①に基づいて忠実に実行する。特に重要なことは，「可視化・記録化」する。
③上記②の運用上、忠実に実行すると不都合があるときは、
　ⅰ　なぜ不都合が生じたのかを分析し、
　ⅱ　その不都合に見合う、かつ必要な限度の例外的取り扱いを決め、
　ⅲ　それが制度を壊す悪しき先例にならないよう整理・記録化する。
④上記③の例外的取扱が相当数発生するときは、制度の変更（改訂）を検討する。
　運用にあたっての重要なポイントは，次の①～④です。

　以下，それぞれのポイント（段階）について説明します。
①運用者が，上記設計された制度内容と目的（どうしてそう制度化されたのかの理由）をよく理解することはきわめて重要です。②の実行する

第1編　人事労務管理の目的

上での自信にもなり，運用がブレることがなくなるからです。
②運用者は，①に基づいて忠実に実行する，その中で，特に重要なことは，「可視化・記録化」を強く意識する，典型的には，書面，メールで伝え，従業員からも書面で提出してもらう，ということ。なお，各場面の運用において，何が「特に重要なこと」かは，運用編（第3編）の各箇所で説明します。
③上記②の運用上，忠実に実行すると不都合があるときは，しっかりと，
ⅰ　なぜ不都合が生じたのかを分析し，
ⅱ　その不都合に見合う，かつ必要な限度の例外的取り扱いを決め，
ⅲ　そして，それを，制度を壊す悪しき先例にならないための整理をし，その結果を記録に残しておく，
ということが必要です。例を挙げて，もう少し説明します。

　例えば，企業Aでは，試用期間を3ヶ月と定め，延長規定はなかったとします。その制度の中で中途採用した従業員Bをこの試用期間中に働かせたところ，正社員としての適格性がないとまでいえないが，不充分であり，ただ，まだ企業Aに慣れていないことも原因のようで，もう少し働くところを見ないと正社員としての適格性の有無が判断できなかった，とします。

　この場合，試用期間3ヶ月の制度を忠実に運用すると，3ヶ月経過時点で，本採用するか解雇（留保解約権の行使）するか，のどちらかです。そして，正社員としての職務遂行が不充分であるというなら適格性はないわけで，解雇するのが制度の忠実な実行（上記②）です。ただ，そのような運用は，あまりに形式的です。せっかく採用のためのコストをかけたのに，改めて別の労働者Cを採用して同じことをしなければならなくなり，時間とお金のロスですし，解雇したBから解雇は無効であると訴えられる可能性もあり，その際，Bから，自分は適格性がないとは言い切れず，会社に慣れていなかったことも理由の相当部分を占めており，解雇権（留保解約権）の行使は権利の濫用である，と主張され，反論に苦労することになります。よって，実質的には，上記の運用は疑問でしょう。

　そこで分析・整理します。まず，ⅰ．なぜ上記②の制度の忠実な実行が不都合（現実的ではない）を生じ，では，ⅱ．どういう取り扱いをす

3．人事労務管理は制度設計と運用の両面があることを強く意識する

るのがよいのか，ⅲ．その場合，制度を壊す悪しき先例にならないための整理をし，記録化します。これは，具体的には次のようにします。
ⅰ．なぜ不都合が生じたのか，といえば，正社員としての適格性判断において，きわどく（ギリギリで），もう少し見極める時間が必要なのに，延長規定がない，あるいは試用期間が短い（6ヶ月にすればよかった），という点である。
ⅱ．では，本件で，あとどれくらいで正社員としての適格性判断の見極めがつくのか，と考えたとき，あと1ヶ月あれば判断がつく，よって，当事者の合意によって，就業規則の試用期間を延長する旨の合意をする，という取り扱いにする。
ⅲ．上記の限りでは，悪しき先例にならないだろう，つまり，3ヶ月の試用期間では際どくて判断できないとき1ヶ月延長する，というのは，そういった中途採用でいわば合格点にギリギリ未達の対象者に限定され，延長期間もさして長くないので，一般的（他の従業員が見て）に納得感はあるし，合理的といえます。ただこれは記録にしないと，この先例の射程（理由，対象者，期間の限定性）がはっきりしなくなり，そうなると制度（試用期間の3ヶ月）が，運用によって壊されてしまうので，しっかり可視化（記録）しておく必要があります。具体的には，労使双方で試用期間延長合意書を作成し，署名するのです。これをしないで口頭で延長すると，はっきりしなくなります。後から，従業員が口頭の延長などなかった，と主張してくれば，はっきりしないことはしっかり管理しなかった企業が悪い，となり，結局，本採用したことになります。おそろしい結果ですね。

　なお，この合意は，就業規則を下回る合意として無効か（労働契約法12条），が一応疑問となりますが，まず大丈夫です。なぜなら，前述したとおり，「適格性の有無」という本採用の基準において，「不十分」な状態は，「適格性は無し」（いわば80点が合格のテストで，79点なら問題なく不合格です）なので，本来（先ほどの形式的判断で）は，解雇（留保解約権行使）となる事案だったわけで，それを救済して「適格性の有無」のテストを，いわば追試のごとく1ヶ月チャンスを与えるわけですから，むしろ，就業規則の労働条件を上回る合意なので，有効と考えられるからです。

④上記③のいわば上記②(制度)に対する例外的取扱が相当数発生するときは、上記②の変更(改訂)を検討する。

　制度が予定していない例外的取扱いが相当数発生するということは、制度が現実を充分反映していない可能性がある、ということです。そうなると、その制度を守るためにも、現実に合致した制度への変更を検討する必要があります。

　例えば、上記③で挙げた例で、3ヶ月以内で正社員としての適格性があるか否かの判断が出来ず、4ヶ月とか5ヶ月まで見て判断するケースが相当数発生する場合は、当該制度(「3ヶ月の試用期間で、正社員としての適格性を見極める」)が、現実には無理な場合がある、ということです。その場合は、その現実に合致する限度で、変更を検討します。つまり、

・試用期間を6ヶ月とする

　　or

・試用期間は3ヶ月のままで、延長規定を入れて「3ヶ月を限度に延長することがある」とする

の、いずれかです。いずれにするかは、3ヶ月で判断できないケースの多さで決めればよいでしょう。例えば、3ヶ月で判断できないケースが10件(人)に2～3件発生するなら、制度が機能しなくなっている可能性があるので制度自体を変えて、それより長い4ヶ月でも5ヶ月でも6ヶ月でもすればよいです(4とか5ヶ月はあまり見ないので、6ヶ月でよいでしょう)。他方、10件に1件あるかないかなら、延長規定を入れれば済むでしょう。

　念のために申しますと、制度があるのに、これに違反する運用、あるいは無限定な例外的取扱いをすることは、企業としては自殺行為に等しいです。なぜなら、自分の作った制度を自らの手(運用)で壊していることになるからです。他方、作った制度が、設計時に分からなかったことや時代の流れで現実に合わなくなることも、当然あり得ます。その場合には、その現実を、上記③でやったように個別事案ごとに分析・整理していれば、それを集約することで、共通の傾向を捉えられます。そうなれば、制度がどの部分で現実と合わなくなっているのか、では、どの部分をどの程度修正(改訂)すれば現実との不一致を解消できるのか、

3．人事労務管理は制度設計と運用の両面があることを強く意識する

分かるようになります。それが分かれば，例えば，毎年4月1日に制度の定期的なメンテナンスの1つにして改訂すればよいです。

第2編　制度

　人事労務管理を目的地に向かう自動車に例えると，事業目的の達成（企業理念の実現）が目的地で，人事制度の「設計」とその「運用」が自動車の両輪で，その両輪がどちらも目的地に向いていないと，自動車は目的地に到着しない，という話を第1編でしました。

　その話の続きですが，その自動車が目的地に到着する（事業目的を達成する）には，まずは，制度「設計」の内容が事業目的に合致する必要があります。そうしないと，事業目的に合致した「運用」がそもそもできません。事業目的に合致した制度設計が，運用の前にあるのです。

　では，事業目的に合致した制度設計とは何でしょうか。それは，ア．その事業目的（企業理念）達成に必要なことを，企業の構成要素（従業員）である「人」の労働条件に具体化し，かつそれを労使間でウィン・ウィンの関係にし従業員が事業目的の達成を他人（企業）ごとではなく自分のこととしてやるように仕向ける必要があります。そして，イ．適切な労務管理の観点からも，設計する必要もあります。この2つ（アは，ウィン・ウィンで担保）を制度として設計するのです。

　その問題意識の下に制度設計をしたら，その内容を（使用者が一方的に制定・変更できる）就業規則の各労働条件に反映させることで規定化します。その際，（労使合意で作成する）労働協約を使うことも考えられますが，後の改定に不透明な不安定さを招来することになるので，お薦めできないことは第1編で説明したとおりです。

　そこで，各労働事件毎の具体化を，就業規則への規定の仕方に置き換えて，解説します。次の順序と項目で進めます。まず，正社員に関しての労働条件として，次のものを列記します。

　①服務規律
　②採用及び試用
　③人事異動

④休職
⑤退職
⑥労働時間・休憩・休日
⑦時間外・休日労働
⑧出退勤
⑨年次有給休暇
⑩その他の法定休暇・法定休業
⑪任意の休暇・休業
⑫安全衛生
⑬災害補償
⑭表彰および制裁
⑮賃金（昇給・降給を含む）
・給与の計算等
・基準内給与
・基準外給与
・昇給
⑯賞与
⑰退職金

　すなわち，①〜⑭までを「狭義の就業規則」，⑮，⑯を「賃金規程」と各まとめ，⑰を「退職金規程」と題して，就業規則への規定の仕方として解説します。

　さらに，有期労働者についても，この正社員への労働条件の設計を踏まえて，契約社員就業規則の作成として有期労働者の労働条件の設計に関し解説します。有期労働者は，全く別の観点から制度設計すべきですので，別章立てにして解説します。

　なお，事業目的（企業理念）が時代に合うよう，あるいは時代の流れの少し先を行くためには，その事業目的（企業理念）自体をメンテナンスする必要が生じ，その手段として就業規則の変更が不可避になります。もっとも，労働条件を就業規則の拘束力を使って不利益変更するときは，変更の合理性（労働契約法10条）が必要です。この点は，最初に解説しておいた方が便利だと思いますので，先に説明することにします。

第1章　就業規則の効力

I　就業規則の意義

　就業規則は，名称のいかんを問わず，「労働条件」と「職場規律」を定めた規則です。企業は多くの労働者を協働させるので，「労働条件」を集団的，公正に設定し，かつ「職場規律」を規則として明記することが効率的な事業運営に必要不可欠です。このような必要から定められたのが就業規則です。

　そして，事業場単位で常時10人以上労働者がいる場合は，それを作成する義務があります（労基法89条）。

II　就業規則の内容と形式

1．内容

　この「労働条件」と「職場規律」には，絶対的必要記載事項（就業規則を作成する場合には，必ず記載しなければならない事項，図1），相対的必要記載事項（その定めをする場合には，就業規則に必ず記載しなければならない事項，図2），任意的記載事項（就業規則への記載を義務づけられていない事項）があります。

II 就業規則の内容と形式

図1 〈絶対的必要記載事項〉

①労働義務の枠組みに関する事項(労基法89条1号,注1)
②賃金(臨時の賃金等を除く)に関する事項(同2号,注2)
③退職に関する事項(同3号,注3)

注1　始業及び終業の時刻,休憩時間,休日,休暇並びに労働者を二組以上に分けて交替に就業させる場合においては就業時転換に関する事項
注2　賃金の決定,計算及び支払の方法,賃金の締切り及び支払の時期並びに昇給に関する事項
注3　任意退職,解雇,定年制,休職期間満了による自然退職等の労働契約終了事由に関する定め

図2 〈相対的必要記載事項〉

①退職金制度に関する事項(労基法89条3号の2,注1),
②臨時の賃金等(退職金を除く一時金,臨時の手当など)及び最低賃金額に関する事項(同4号),
③食費,作業用品その他の負担に関する事項(同5号),
④安全及び衛生に関する事項(同6号,注2)
⑤職業訓練に関する事項(同7号,注3)
⑥災害補償及び業務外の傷病扶助に関する事項(同8号,注4)
⑦表彰及び制裁に関する事項(同9号,注5)
⑧その他の当該事業場の労働者のすべてに適用される定めをする場合は,それに関する事項(同10号,注6)

注1　適用労働者の範囲,額の決定,計算及び支払の方法,支払の時期
注2　なお,安衛法17条,18条参照
注3　訓練の種類,期間,受訓者の資格,訓練中の処遇,訓練後の処遇
注4　法定の補償の細目,法定外の上積み補償の内容など
注5　表彰の種類・事由及び懲戒の事由・種類・手続
注6　旅費規定,福利厚生規定,休職,配転,出向など

2. 形式

　この「労働条件」と「職場規律」を具体的に定める場合,多くの企業では一本の就業規則にまとめることはなく,賃金と退職金の事項は分けて,その残りの事項を「就業規則」として定めます。賃金や退職金は,それだけで詳細になりますし別表なども必要となるため,別規程にする

方が分かりやすいとの考えからです。

　企業によっては，その他の事項（例えば，慶弔関係，出向，休職，育児・介護休業，制裁（懲戒））も別規程にするところがあります。

　ただ本書では，一般的に多く見られる，賃金と退職金は別規程化するがそれ以外は「就業規則」（これを，狭義の就業規則といいます）で定めることを，前提に解説します。

したがって，

A．狭義の就業規則にて（規程例として，**書式2-1**（326ページ）の就業規則参照）
　・絶対的必要記載事項のうち賃金を除く事項
　・相対的必要記載事項のうち退職金，臨時の賃金を除く事項
　・任意的記載事項の労働条件

B．賃金規程にて（規程例として，**書式2-2**（341ページ）の給与規程参照）
　・絶対的必要記載事項のうち賃金
　・相対的必要記載事項のうち臨時の賃金（賞与）

C．退職金規程にて（規程例として，**書式2-3**（361ページ）の退職金規程参照）
　・相対的必要記載事項のうち退職金

として解説します。

III 労働条件を規律する法的規律の順位

労働者の労働条件は、入社時に締結した労働契約によって定められますが、さらに労基法、労契法を中心とする法令が規制し、また労働協約と就業規則が規範的効力によって規律する、という多重構造になっています（図3）。

図3　労働関係の多重構造

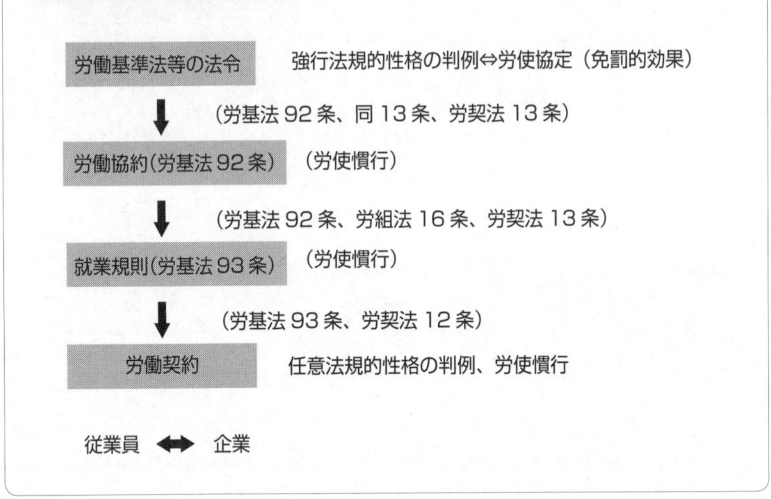

```
労働基準法等の法令    強行法規的性格の判例⇔労使協定（免罰的効果）
    ↓         （労基法92条、同13条、労契法13条）
労働協約（労基法92条）  （労使慣行）
    ↓         （労基法92条、労組法16条、労契法13条）
就業規則（労基法93条）  （労使慣行）
    ↓         （労基法93条、労契法12条）
労働契約        任意法規的性格の判例、労使慣行

従業員 ⇔ 企業
```

それぞれの優劣関係は、労基法92条、93条等に明記されています。まず「就業規則は、法令又は当該事業場について適用される労働協約に反してはならない」（同92条1項）ので、法令・労働協約が就業規則に優位します。

次に「就業規則で定める基準に達しない労働条件を定める労働契約は、その部分については無効とする。この場合において無効となった部分は、就業規則で定める基準による」（労基法93条、労契法12条）とあるので、就業規則が労働契約に優位します。

そして、労働協約が強行法規である労基法に違反すれば効力はありま

第 1 章　就業規則の効力

せんので，図 3 のとおり，法令，労働協約，就業規則，労働契約の順位になります。

Ⅳ 就業規則の効力

就業規則は，前記Ⅲのとおり，法令，労働協約に劣位しますが（労基法92条1項，労契法13条），労働契約には優位（労基法93条，労契法12条）します。

1．就業規則と法令，労働協約との効力関係

就業規則が法令に劣位するのは，労基法等が強行法規であることから当然ですが，労働協約に劣位するのは，労働協約が労働組合と企業との合意によって成立するものに対し，就業規則は企業が一方的に作成するものゆえ，上記合意たる労働協約よりは劣位となるのです。

2．就業規則と（個別の）労働契約との効力関係と優位する条件

他方，企業が一方的に作成する就業規則が労働契約に優位するのは，労基法自体が就業規則の意義（労働条件を集団的・公正に設定し，かつ職場規律を規則として明記することが効率的な事業運営に必要不可欠であること）を認め，その内容の妥当性は，労働者からの意見聴取（労基法90条）と労働基準監督署長（以下，労基署長）の指導等（労基署長への届出義務あり，労基署長には，法令，労働協約違反の場合には就業規則の変更命令権があります。同89条本文，92条2項）によって確保できると考えられていたと解されます（なお，就業規則の労働契約への拘束力に関し，就業規則を法規範とみるか否かの議論がありますが，本書では深入りしません）。しかし，労働者からの意見聴取義務は，文字どおり，労働者（代表）の意見を聞く義務であって，その意見が就業規則の内容に反映されることは保障されていません。そして，労基署長等の指導に強制力はなく，労基署長の変更命令も当然に就業規則を変更するものではなく，しかも同命令は就業規則の法令・労働協約違反に限定されてい

ます。他方で，意見聴取義務や労基署長への届出義務を履行していない就業規則も少なからずありますが，その就業規則とてそれを理由に効力を否定するのは現実的ではありません。

　そこで，判例は，法令所定の周知方法（労基法106条），意見聴取（同90条），届出（同89条）を欠く就業規則であっても，労働者に実質的に周知されていれば効力を否定せず（周知を欠くとして効力を否定したものにフジ興産事件最二小判平15.10.10がありますが，この事案は，法令所定の周知方法（労基法106条）のみならず，実質的周知も欠いており，「周知を欠く」として効力を否定されてもやむを得ないものでした），その内容に合理性があれば，個々の労働者が現実に知っていたかを問わず，拘束力があるとしています（秋北バス事件最大判昭43.12.25，電電公社帯広局事件最一小判昭61.3.13，日立製作所武蔵工場事件最一小判平3.11.28）。すなわち，判例の主流は，就業規則の（個別の）労働契約への拘束力を，実質的周知と内容の合理性を条件に肯定しているのです。そして，労契法7条は，この判例法理をそのまま条文化し，就業規則は合理性＋（実質的）周知があれば，その就業規則の定めがそのまま労働契約の内容となる，としています。

　かくして，労働契約のうち，就業規則に定める（合理性＋周知の要件を満たした）労働条件の基準に達しない部分は無効となり（強行的効力），無効となった部分は，就業規則に定める基準によることになります（直律的効力，以上，労基法93条，労契法12条）。

Ⅴ 就業規則による労働条件の不利益変更

1．労働条件の不利益変更の方法

わが国では，企業の多くは長期雇用システムを採っていて，18歳ないし22歳で新卒採用後60歳の定年まで雇用する前提で（なお，60歳から65歳までは，高年法9条の3つの雇用確保措置のうちから各企業が選択することで65歳までの雇用の確保が図られます。），賃金等の人事制度を構築しています。労働者の方も，途中で退職する者は少数で，通常，企業に長期間勤めるものです。

ところが労働条件は，入社時点の労働契約（及びそれを規律する労働協約と就業規則）によって決められるので，その後の企業を取り巻く環境や企業自体の経営状況の変化により変更する必要が生じます。

労働条件（労働契約）を変更する方法には，労働関係の多重構造（前掲図3）を利用して3つあります。すなわち，

・就業規則を変更（新設）することによる不利益変更，
・労働協約の締結，
・労働者の個別同意

です。もっとも，本書では，就業規則を変更（新設）することによる労働条件の不利益変更について，解説します。

2．就業規則による労働条件の不利益変更

これは，就業規則の個別の労働契約への拘束力を利用して，就業規則を変更することで労働条件を不利益に変更する方法です。

（1）就業規則による労働条件の不利益変更は判例法理であること

企業が就業規則を労働者に不利益に変更した場合（又は不利益な規定を新設した場合），反対の意思を表明する労働者を拘束するかは，就業規則における最大の問題です。

第1章 就業規則の効力

判例は,「新たな就業規則の作成又は変更によって,既得の権利を奪い,労働者に不利益な労働条件を一方的に課することは,原則として,許されない…が,労働条件の集合的処理,特にその統一的かつ画一的な決定を建前とする就業規則の性質からいって,当該規則条項が合理的なものであるかぎり,個々の労働者において,これに同意しないことを理由として,その適用を拒否することは許されない」(秋北バス事件最大判昭43.12.25)と,原則として企業による一方的な労働条件の不利益変更の効力を否定しながら,合理性があれば例外的に肯定します。

(2) 判例法理

最高裁は,上記(1)の大法廷判決以後も一貫して同判決を踏襲しており,就業規則の規定の不利益変更の拘束力を変更の合理性の有無によって判断するという枠組を確立し,その枠組を具体化することに傾注しました。

大曲市農業協同組合事件(最三小判昭63.2.16)では,この合理性の判断枠組を「右にいう当該規則条項が合理的なものであるとは,当該就業規則の作成又は変更が,その必要性及び内容の両面からみて,それによって労働者が被ることになる不利益の程度を考慮しても,なお当該労使関係における当該条項の法的規範性を是認できるだけの合理性を有するものであることをいう」と,合理性判断の枠組を,変更する条項(就業規則)の必要性と内容の合理性(但し,内容の合理性の判断の中では,労働者の利益との衡量もしている)とそれによって労働者の被る不利益性の利益衡量(相関関係)であることを判示した上,「特に,賃金,退職金など労働者にとって,重要な権利,労働条件に関し実質的な不利益を及ぼす就業規則の作成又は変更については,当該条項が,そのような不利益を労働者に法的に受忍させることを許容できるだけの高度の必要性に基づいた合理的な内容のものである場合において,その効力を生ずるものというべき」として,企業側と労働者側との利益衡量の中で,賃金,退職金等のような労働者にとって重要なもので労働者側の不利益性が大きい場合には,他方の衡量される(企業側の)利益としては,当該(変更)条項が高度の必要性と合理的な内容でなければならない,とし

V 就業規則による労働条件の不利益変更

ています。ただ、合理性の判断枠組が企業側の利益（変更の必要性と内容の合理性）と労働者側の利益（変更によって被る不利益性）の利益衡量（相関関係）である以上、後者が重要な利益（賃金，退職金等）であれば前者も厳格に判断するのは当然のことですから、「賃金」等以下の判示はその確認といえます。

さらに、第四銀行事件（最二小判平9.2.28）は、「合理性の有無は、具体的には、就業規則の変更によって労働者が被る不利益の程度、使用者側の変更の必要性の内容・程度、変更後の就業規則の内容自体の相当性、代償措置その他関連する他の労働条件の改善状況、労働組合等との交渉の経緯、他の労働組合又は他の従業員の対応、同種事項に関する我が国社会における一般的状況等を総合考慮して判断すべきである」とします。つまり、企業側の衡量される利益として、「使用者側の変更の必要性の内容・程度、変更後の就業規則の内容自体の相当性」、労働者側の衡量される利益として、「就業規則の変更によって労働者が被る不利益の程度」、「代償措置その他関連する他の労働条件の改善状況」です。さらにその他、「労働組合等との交渉の経緯、他の労働組合又は他の従業員の対応,同種事項に関する我が国社会における一般的状況を総合考慮して」判断されることとしています。

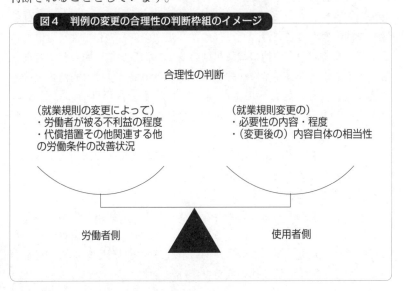

図4 判例の変更の合理性の判断枠組のイメージ

このような，判例の合理性の判断枠組を図にすると，図4のようになります。

(3) 判例法理は労働契約法に踏襲されたこと
　上記（2）の判例法理，すなわち就業規則による労働条件の不利益変更は，
・原則　×
・例外　（変更の）合理性＋周知あれば○
その合理性の内容は，
　・変更によって労働者が受ける不利益
　・変更を必要とする使用者の利益（必要性と内容の相当性）
　の相関関係である，
とまとめられます。そしてそれは，そのまま労契法9条，10条に反映されています。すなわち，第9条は「使用者は，労働者と合意することなく，就業規則を変更することにより，労働者の不利益に労働契約の内容である労働条件を変更することはできない。但し，次条の場合は，この限りでない。」と，原則×としながら，第10条で「使用者が就業規則の変更により労働条件を変更する場合において，変更後の就業規則を労働者に周知させ，かつ，就業規則の変更が，労働者の受ける不利益の程度，労働条件の変更の必要性，変更後の就業規則の内容の相当性，労働組合等との交渉の状況その他の就業規則の変更に係る事情に照らして合理的なものであるときは，労働契約の内容である労働条件は，当該変更後の就業規則に定めるところによるものとする。」と，例外的に（変更の）合理性＋周知があれば○とし，かつ合理性の内容を判例法理と同様の要素で判断する，としています。
　このような就業規則による労働条件の不利益変更への法規制を考えたとき，現実に就業規則で労働条件を不利益に変更するときは，図5の順に検討することになります。
　就業規則による不利益変更以外の方法，つまり労働協約の締結，あるいは労働者からの個別同意による方法も一応検討し，全従業員に統一的に労働条件を変更するには就業規則の不利益変更以外ないなら，就業規則の不利益変更で労働条件の変更を実施します。

V 就業規則による労働条件の不利益変更

　その際,第1に,現時点で変更の合理性があるか,をよく見極めます。その判断プロセスは,上述のとおりです。

　そして現時点で合理性ありと言い切れないときは,第2に,合理性が確保されるように,その変更する就業規則の内容に工夫を加えます。具体的には,変更によって労働者が受ける不利益と変更したい企業の利益を比較して企業の利益(必要性と内容の相当性)の方が大きい,というのが合理性が肯定される方向なので,その変更によって労働者の受ける不利益を緩和すれば,合理性は肯定されやすくなります。この変更による不利益を緩和するには,大別して2つの方法があります。

・不利益部分を補填する
・経過措置を設ける

両者はいずれかでもよいし,両者を組み合わせてもよい(段階的に不利益変更を実施する)のです。どの程度不利益を緩和させるかは,まさに労働者の不利益の大きさと変更の必要性の大きさを比較(衡量)して見極めます。

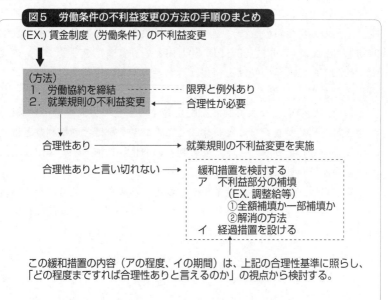

図5　労働条件の不利益変更の方法の手順のまとめ

3. 変更する労働条件によって判断が異なる

　就業規則によって労働条件の不利益変更を有効に実行するためには，上記2のとおり，変更に合理性が必要です。それは，要するに，その変更によって受ける労働者の不利益の程度と企業の変更の必要性・内容の相関関係（比較衡量）で判断します。したがって，最高裁も指摘するとおり，変更される権利・労働条件の重要度によって判断が異なります。

　賃金や労働時間といった重要な権利・労働条件の不利益は，不利益の程度は大きいといえます。その中でも，月例賃金，とくに固定的で基本的な権利になる基本給の不利益変更では，その不利益性の程度はきわめて大きいといえます。そうなると，その変更に合理性が認められるためには，企業側にきわめて高度の（不利益変更の）必要性とその必要性に則った内容の相当性が求められる，という関係になります。

　他方，表彰制度を不利益変更する場合，例えば，10年，20年といった永年勤続につき20万円，50万円の賞金を支給していたのを廃止する場合，表彰制度は企業秩序を高めるために労働者のモチベーションを高める制度（企業の人事政策の1つ）で，表彰の対象となった労働者はその反射的効果としてその利益（20万円，50万円という賞金）を享受するものです。したがって，その受ける利益は労働者の本来の権利，とは言いにくいといえます。

　そこで，このような表彰制度を廃止等する場合の労働者の不利益は，この反射的利益がなくなるということなので，それほどの不利益とは認められないでしょう。よって，表彰制度の廃止等に何らかの理由があれば，合理性は容易に認められると思われます。

　このように，労働条件を就業規則で変更する場合，不利益になる労働条件は何かということと，不利益変更する企業の利益を相関的に捉えて総合的にしっかり見極めることが，とにかく大事です。

第2章 狭義の就業規則

Ⅰ 服務規律

1．当該労働条件の戦略的意義

　服務規律は，当該企業が従業員に求める行為を規範（ルール）化するものです。よって，服務規律には，企業の構成員として当然守るべき内容だけではなく，当該企業の理念が反映されるべきです。当該企業が成長し続けるために必要な行為が，規範として具体化されるべきです。そして，その行為規範の遵守状況が表彰・制裁で担保され，当該年度の企業の業績に成果として表れれば賞与・昇給，さらには継続的に表れれば昇格という別の労働条件に反映されます。

　したがって，市販の就業規則の雛型にある服務規律（これはあくまでも企業の構成員として当然守るべき内容一般）を参考にしてもよいですが，当該企業が従業員に何を求めるのかを，その企業の理念（事業目的）から是非，具体化して下さい。

　なお，服務規律は，当該企業における従業員の行為規範である性質上，全従業員を対象とするので，労基法89条10号（「前各号に掲げるもののほか，当該事業場の労働者のすべてに適用される定め」）に該当し，よって相対的必要記載事項となります。したがって制度化する場合，就業規則に明記しなければなりません。

2．規定化する上でのポイントの内容

（1）規定化の方法

　規定化の方法は，
A．就業規則の「服務規律」の規定なり節で収まるときは，それでまと

める。

B．上記で収まらなければ，「～社員一般心得」，「～社員行動規則」，「職務遂行に関するガイドライン」，あるいは「～（企業名）の企業理念」に，別途まとめるとともに，それを就業規則の「服務規律」の規定に守るように定める。

　ただ，戦略的配慮として，重要な行為規範，つまり従業員に是非とも守ってもらいたい重要な行為は，「服務規律」の条文の中の1つとして入れるのではなく，独立の条文にした方がよいでしょう。これによって，従業員は，「うちの会社は，この行為（禁止，義務）を重視しているのだな」ということが，分かるのです。つまり，労使で重要な行為の共有を徹底するのです。そのような行為を一般的に挙げると，秘密保持義務，ハラスメントの禁止，情報機器の私的利用の禁止，といったものが挙げられます。これに，当該事業，あるいは当該企業に重要な行為規範を入れます。例えば，教育機関なら，学生への教育や研究機関としての質の向上は労使で共有した方がよいので，それを教員のみならず職員の行為規範に入れます。運送会社なら，顧客のため確実に，社会のため安全に，運送することを，各従業員の役割（職責）に落とし込んで行為規範にし，共有するということです。これは，下記（2）で詳しく述べることとし，以下は，一般的な行為規範を挙げます。

＜A　服務規律でまとめる例＞

（遵守事項）
　第18条　社員は，業務の正常な運営を図るため，次の各号を守らなければならない。
① 勤務中は自己の職務に専念し，許可なく外出しないこと
② 職場の風紀又は秩序を乱すような行為をしないこと
③ セクシャルハラスメントに該当するか又は疑われるような行為をしないこと
④ 会社の内外を問わずまた在職中のみならず退職後も，業務上の機密事項，在職中取得しえた個人情報（マイナンバーも含む）又は会社の不利益となるような事項を他に漏らさぬこと，及び事業目的以外に使用しないこと

⑤ 常に品位を持ち，会社の名誉を害したり信用を傷つけるような行為又は会社の不利益となるような行為をしないこと
⑥ 会社の設備，車両，機械，器具及びその他備品は善良なる管理者の注意義務をもって扱い，その保管を厳にすること
⑦ 許可なく職務以外の目的で会社の設備，車両，機械，器具及びその他備品を使用しないこと
⑧ 許可なく会社の文書・帳票，電子データ及びその他備品の社外への持ち出し又は送信をしないこと
⑨ 社員としての地位を利用し取引先又は関係業者等から金銭又は物品の贈与，借用もしくは供応その他の利益を受けたり，あるいはこれらの要求，約束もしくはこれらの行為の仲介をしないこと
⑩ 法令で認められた場合を除き，業務に関して取得した取引先もしくは会社の未公表の重要情報を知りつつ取引先もしくは会社の株式等を取引したり，又は取引先もしくは会社の重要情報をみだりに他に伝達しないこと
⑪ 社命によらず又は許可なく，他の会社の役員又は従業員となり，あるいは営利を目的とする社外の業務に従事しないこと
⑫ 許可なく社内において宗教活動又は政治活動など業務に関係のない活動を行わないこと
⑬ 許可なく社内において業務に関係のない集会，文書掲示，配布又は放送などの行為を行わないこと
⑭ 社員は，退職後6ヵ月以内に競業他社に就業しあるいは自ら競業を営む場合には，事前に会社に通知し了解を得なければならないこと

> <B 別規程化し，重要なものだけ服務規律に定める例>
>
> 第○章　服務規律
>
> (服務の本旨)
>
> 第18条　職員は，「××職員一般心得」，「××職員一般守則」及び「××管理職としての心得」の主旨に則り，全力を挙げてその職務を遂行しなければならない。
>
> (セクシャルハラスメント)
>
> 第19条　職員は，以下に該当することのないようにしなければならない。
>
> ① むやみに身体に接触したりするなど職場での性的な言動によって，他人に不快な思いをさせることや，職場の環境を悪くすること
>
> ② 服務中の他の職員の業務に支障を与えるような性的関心を示したり，性的行為をすること
>
> ③ 職責を利用して交際を強要したり，性的関係を強要すること
>
> (秘密保持義務等)
>
> 第20条　職員は，在職中知り得た秘密を在職中はもちろん退職後も，他に漏らしてはならず，事業目的以外に使用してはならない。在職中知り得た個人情報（マイナンバー情報も含む）も，同様とする。
>
> (競業避止義務)
>
> 第21条　職員は，退職後６ヵ月以内に競業他社に就業しあるいは自ら競業を営む場合には，事前に会社に通知し了解を得なければならない

(2) 通常の行為規範

秘密保持義務等の大切な行為規範は独立に設けるべきとして，ここでは通常の行為規範について説明します。

企業の構成員として当然守るべき内容（会社や上司からの指示は遵守する，会社の備品を私用に使わない，所定労働時間は職務に専念する等）は，やはり服務規律に明確に定めるべきですが，当然企業の事業からし

I 服務規律

てその構成員である従業員に守ってもらうべき行為規範も，当然あるはずです。これは，就業規則（服務規程）にはっきり定めるべきと考えます。

就業規則は，当該企業の労働条件を統一的に定める当該企業の基本ルールですので，ここにはっきり定めることで，従業員に「うちの会社はこのことを重視しているな」というのが伝わり，労使で重大性を共有できます。例として，第1編で2社の例を挙げましたので，ここでもこれを例に説明します。

ⅰ．食品販売会社A社の例

我が社は食品販売会社だが，事業目的（企業理念）として健康で安全な食品を国民一般に届け社会に貢献すること，を挙げているとします。すると，この事業目的の実行（企業理念の実現）にあたっては，その構成員である従業員には，この事業目的を日頃より念頭においた職務遂行をしてもらう必要があります。それを予め服務規律に入れることで，労使共有できます。

そこで，食品販売会社の事業は自社の商品を適切にその顧客に販売することなので，そのプロセスを服務規律に反映させます。例えば，健康で安全な自社の商品を他のライバル会社との相違を意識して一般消費者に届け（販売す）る努力，それによって我が社の商品を社会により多く供給すること，そのことを我が社の他の従業員と共感すること，という内容を入れます。こういう内容によって，当該企業の事業目的(理念)は，服務規律という労働条件に反映されることになります。

ⅱ．運送会社B社の例

我が社は運送会社であるが，事業目的（理念）として，預かった顧客の商品の品質を損なうことなく，また安全・迅速に配送先に届けることで顧客の商品の販売拡大に貢献する，ということを挙げているとします。

すると，服務規律は，この事業目的の達成（理念の実現）にあたっては，その構成員である従業員の中には，運送に直接かかわる者と間接的な者とに分かれるとしたら，それを類型化して服務規律に反映させるとよいでしょう。そして，運送に直接かかわる類型には，運送の各プロセスに応じた行為規範，間接的にかかわる類型には，そのかかわり方に応じた事業目的達成のための行為規範を設定します。例えば，ドライバー

第2章　狭義の就業規則

とドライバー以外の従業員で区別し，ドライバーには，顧客から商品を預かる際にこういうことを注意する，配送先に届けるまで安全・迅速に運ぶための注意事項，配送先での振るまいを，服務規律の中に反映させることを考えます。ドライバー以外の従業員には，顧客からの注意やクレームに対応するための注意事項，届出先からのクレームに対応するための注意事項，ドライバーを管理する上での注意事項（例えば，配車にあたっては，公正に，そして一部のドライバーの過重にならないことを最優先に考える）を，服務規律に反映させます。

　是非とも，当該企業の構成員として積極的に実行してもらいたい行動を，服務規律の中に入れて下さい。

　なお，秘密の保持義務と個人情報の保護義務は別なので，混同しないようにして下さい。後者は，あくまで企業がその活動で取得した個人情報（マイナンバーも含みます）につき，その個人に対して保護する義務を負うもので，ここに取り上げている秘密（機密）とは，保護の主体が違います。個人情報の保護の方は，事業目的（理念の実現）に直接必要不可欠というものではありません。ただ，制度（規程）設計上は，従業員には一つの条文にして義務として負わせてもよいかと思います（書式2－1・第6条参照）。

(3) 秘密保持義務，目的外使用の禁止について

　在職中の秘密保持義務は，労働者の誠実義務の1つの内容として認められます。就業規則等に明記しなくとも，労働者は，在職中は，秘密保持義務を負っていると考えられています。退職後も，秘密保持義務は，労働者の職業選択の自由と両立する（労働者が転職しても，転職先で，転職前の会社への秘密保持義務を遵守することは可能）ので，負担させても無効とはなりません。

　秘密保持義務が従業員に課す通常の行為規範に比べ重要と考えるのは，当該企業の大切な無形財産を守るものだからです。もちろん，不正競争防止法で「機密」は，損害賠償だけではなく差止請求や罰則でも守られてはいるところですが，同法の「機密」の要件は厳格で（罰則まで付いているので罪刑法定主義の要請から当然のことですが），なかなかこの要件を満たすのはむずかしいです。よって，私法上＝契約上の義務

として，在職中はもちろん退職後も（但し，退職後は雇用契約は終了しているので，法的には特約＝無名契約という整理になると考えます）負わせる必要があります。秘密は，当該企業の大切な無形財産であっても，その事業活動に従事する従業員の脳の中に記憶として残っている状況から，退職するときそれを企業に置いていってくれというのは物理的に無理なので，退職後も負わせるのです。よって，その秘密が陳腐化しない限り，期間無制限に負わせても有効と考えます。しかも，退職した企業の秘密を守りながら転職先で就業することも可能なので，退職者の職業選択の自由（憲法22条）にも抵触しません。秘密保持義務と競業避止義務の相違を参考までに表に整理すると，次のとおりです。よって，秘密保持義務は，制度設計では期間無制限に負わせるとよいと考えます。

〈秘密保持義務と競業避止義務〉

		秘密保持義務	競業避止義務
共通点		企業の営業の自由が根拠	同左
相違点		労働者の職業選択の自由への制約は軽微	労働者の職業選択の自由への制約は重大，特に，退職後
有効性	在職中	○	原則として，○
	退職後	○	利益衡量で有効性の有無、有効な範囲（期間，地域等）が判断される

　秘密保持義務は，企業の大切な無形財産保持のための服務規律なので，適切な労務管理の一つである以上に，各企業がその事業目的を達成（理念を実現）する上で不可欠のものといえます。

　また，守秘はするが自分の事業等のために使ってしまうという労働者もいますので，目的外使用の禁止を，在職中はもちろん退職後も負わすとよいでしょう。退職者が退職後にその企業の秘密を事業目的で使用することは通常ありえないので，これによって，退職後の自己目的の使用を全面的に禁止できます。

　以上，在職中だけではなく，退職後も，期間を限定しないで秘密保持義務を負わせるのが妥当です。通常は，前記Bの例の20条のようにします。

第2章　狭義の就業規則

＜秘密保持義務（目的外使用の禁止も含む）の実効性確保の工夫＞

　特に退職後の秘密保持義務（目的外使用の禁止も含む）の履行を確保する工夫を考える必要があります。

　1つは，退職時にも誓約書を採る，ということです。具体的には運用編になるので，第3編の該当箇所（第1章Ⅰ2（2），（4））で詳しく解説しますが，退職時点では，当該従業員が実際に当該企業のいかなる秘密に関与していたかがわかるので，その範囲の秘密を，「特に」退職後も遵守することを確認する誓約書を採ることで，退職者の自覚を促します。これによって，仮に違反しようとするときには，仮処分申立等の法的手段も容易に出来ます。

　そして，これを退職者に義務として負わせるため，退職時になすべきその義務の中に入れます。書式2－1の第21条2項がそれです。

　もう1つは，上記退職時の誓約書の提出義務を確実に履行させる工夫として，退職金制度がある企業の場合には支給制限条項の中に入れます。これは書式2－3の2第9条のようにです。

　これらの条項を入れることで，当該企業が退職後の秘密保持をいかに重視しているかが，退職者，そして（紛争になったときは）裁判所に伝わり有利に展開します。

（4）競業避止義務について

　在職中の競業避止義務は，労働者の誠実義務の1つの内容として認められます。特に就業規則等に明記しなくとも，労働者は，在職中は，競業避止義務を負っていると解されています（菅野和夫「労働法」（第11版補正版）151頁・弘文堂）。

　しかし，退職後の競業避止義務は，秘密保持義務と異なり，労働者の職業選択の自由（憲法22条）と両立しにくいことから，これを特約で負わせても，（争われたとき）裁判所により大幅な制約がされます。退職者は，転職にあたり，自分を高く売るために経歴をアピールして売り込むのが通常であり，同業他社への就業を禁止すれば，この転職行為と両立しません。そこで，事前申請の許可制で両者の調整を考えるのがよいでしょう。つまり，制度化するなら，次のようにします（前掲Bの第21条の例）。

I 服務規律

<競業避止義務規定例>

（競業規制）
第○条　社員は，退職後6ヵ月以内に競業他社に就業し，あるいは自ら競業を営む場合には，事前に会社に通知した上で了解を得なければならない。

　これは，第3編の運用のところでも解説しますが，競業避止を負わせるのは企業の営業の自由（憲法22条）に基づくので，退職者の転職（職業選択）の自由（憲法22条）との，いわば人権と人権との衝突の問題であり，裁判所は利益衡量してその調和点を見い出します。そこで，紛争になる前の運用段階で，当該企業の人事担当者が裁判官がするのと同じ作業ができるようにする，という設計です。
　競業避止義務は，企業の事業が不正の競争にさらされないための服務規律なので，秘密保持義務と同様，適切な労務管理の一つというだけでなく，企業の事業目的の確保に必要な施策の一つです。ただ，退職者の転職の自由（職業選択の自由）と両立しない場面（抵触する場面）が出てくる特徴があるので，制度上では，予めそれを念頭において設計する，ということです。

(5) 情報機器使用規程

　企業は，事業する上で多くの情報機器を購入し，それを従業員に貸し付けて事業に従事させます。その際には，情報機器を利用する上でのルールを作る必要があります。それをしないと，休憩時間中や所定労働時間終了後の私的利用は最低限許され，その限りで従業員のプライバシーは保護される，という評価をされかねません（F社Z事業部「電子メール」事件東京地判平13.12.3，日経クイック情報事件東京地判平14.2.26，グレイワールド事件東京地判平15.9.22，労働政策研究・研修機構事件東京地判平16.9.13）。そうなると，当該従業員との間で個別紛争が生じているとき（例えば，機密の漏洩疑惑，セクハラ・パワハラ疑惑），当該従業員のPC等を調査することに同意が必要とか，正当な目的に見合った相当な範囲といった制限が課されます。つまり，思いどおりの調査が

53

第2章　狭義の就業規則

できません。筆者は，企業が100％お金を出して購入した情報機器なのに，どうしてそのような規制を受けなければならないのか，と思います。そのような事態にならないためにも，情報機器使用規程，そしてその中で私的使用の禁止と企業の調査権の設定をしておくべきです。例えば，次の規程を作成します。

念のために申せば，この情報機器使用規程の整備は，適切な労務管理の一つです。よって，各企業毎に価値や文化は違うとしても，等しく整えるべき制度です。

＜情報機器使用規程例＞

情報機器使用規程

会社は，会社が社員に貸与する情報機器の使用について，次のとおり定める。

第1．会社の情報機器であること
1．会社は業務遂行のため情報機器を保有しており，いずれもが会社の財産です。
2．会社の情報機器で作成・送受信された内容も，会社の財産であり，社員の財産ではありません。

第2．社員の遵守義務
1．会社の情報機器は，私用に使ってはなりません。
2．会社の情報機器は，商業，宗教および政治的理由，外部の組織のため，あるいは業務に関連しないことに用いてはいけません。
3．会社の情報機器は，中傷的，破壊的な表現内容を作成するために用いてはいけません。
4．会社の情報機器を使用して，事前の許可なく著作権，企業秘密，企業の財務情報およびこれらと同様の資料・情報を送受信（アップロード・ダウンロード）してはいけません。

第3．社員のプライバシーはないこと
情報機器を使って取得しあるいは送受信したいかなる情報もその社員にプライバシーはありません。情報が消去されても，会社はその情報を復旧して読むこともあります。パスワード

があったとしても，同様です。

第4．会社の権利

会社は，会社の情報機器を使って作成・送受信されたいかなる情報内容も，検閲，検査，傍受，利用，公開する権利をもちます。業務目的で取得された音声および電子メールは，社員の許可なしで公開されることがあります。

第5．他の社員の遵守義務

当該情報機器を使った情報は，同機器の使用者によってのみ利用され，他の社員には機密として扱われます。他の社員がその情報を取得することは，禁止されます。

第6．違反した場合の対応

本規程に違反するか，あるいは不当な目的のために会社の情報機器を使用した場合は，解雇を含めた厳重な制裁処分の対象となります。

なお，かかる規定・規程（本書では，条文を規定，条文のまとまりを規程と表します）の有無がどういう差異をもたらすかを示すと，下表のとおりとなります。

〈メール・インターネットの私的使用とメールの調査等の可否〉

	情報機器使用規程を設け，その中で私的使用禁止規定があり，監視等の要件と権限を定めている場合	左の規程なし
メール等の私的使用	×	原則×，例外○（軽微な私的使用）
メールの監視・点検の可否	可能	業務上の必要性・合理性と態様の相当性（監視・点検される側の不利益との比較衡量）があれば，可能

3．規定変更（新設）による労働条件の不利益変更

　一度，就業規則で定めた服務規律を追加・変更することは，当該企業に雇われた労働者として守るべき行為規範の変更なので，当然，労働条件の不利益変更の問題になります。

　しかし，その追加・変更の理由がそれなりにあるのであれば，行為規範の変更が労働者に与える不利益は賃金等の労働条件に比べれば軽いものであり，変更の合理性は肯定されると考えます。

Ⅱ 採用及び試用

1．当該労働条件の戦略的意義

　採用及び試用の中で特に戦略的意義のあるのは，試用の規定です。すなわち，一旦採用した者がはたして当該企業の構成員としてふさわしいか否かを，実際に働かせることで見極め，ふさわしくないと判断したときは辞めてもらうことを容易にする意義があります。

　判例（三菱樹脂事件最大判昭48.12.12）は，試用制度は各企業毎に異なるものなので一律には評価できないが，本採用拒否がほとんどない企業における試用制度では，試用から本採用後は一本の労働契約で，ただ試用期間中は通常の解雇権より広い留保解約権がある，と判示しています。

　長期雇用（終身雇用）システムを背景に確立し実定法化された解雇権濫用法理（労契法16条）の下，わが国では解雇権が大幅に制限されているので，その解雇権の行使が本採用後より規律が緩い試用（期間）の規定は，とても重要です。当該企業の従業員としての適格性欠如が判明したら，試用期間中になんとかする（改善・向上可能性を見極めて，ダメなら退職してもらう）必要があり，判例上試用でこれが認められているのです。ですから，制度上も，こういう目的が叶うようにする必要があります。

　なお，採用及び試用は，企業が労働者と労働契約を締結する際の手続等を定めるものなので，労基法89条10号の「当該事業場の労働者のすべてに適用される定め」にはあたらず，相対的必要記載事項ではなく，任意的記載事項です（但し，争いはありますが）。よって，厳密には就業規則に明記する必要はありませんが，クリアーになるので，多くの企業では就業規則に明記しています。

2．規定化する上でのポイント

　採用及び試用の中で，採用の手続については，それほど神経を使う必要はありません。他方，試用の規定は，留保解約権の行使，つまり試用期間中の解雇ないし本採用拒否が，本採用後の解雇に比べ企業にとってハードルが低いので，それを有効に機能させるため神経を使った設計（規定化）が必要です。ちなみに，読者の中には，留保解約権と（通常の）解雇権はどう違うのか，あるいは同じかと疑問を持つ方もいると思います。労働法の本にはあまりこの点の解説はありませんが，筆者は次のように整理しています。すなわち，通常の解雇権は，民法627条（但し，有期労働者の場合，民法628条）に定める，いわば法定解雇権であるのに対し，留保解約権は，内定段階ないし試用段階の当事者間の雇用契約の合理的解釈から導き出される，いわば約定解雇権と考えています。両者は両立しますが，内定段階，試用期間を過ぎれば留保解約権の方は消えてなくなり，法定解雇権たる通常の解雇権だけになります。内定段階，試用期間に，わざわざ留保解約権を認めるのは，法定解雇権より広い解雇の自由があるからです。

　さて，この留保（約定）解約権たる試用段階の解雇権の設計における主なポイントは，次のとおりです。
・試用期間をどのくらいにするか。
・延長規定を入れるか。
・適格性がなければ，試用期間中に解雇されあるいは試用期間満了時に本採用とならないこと（留保解約権の行使）の明記
・試用期間の扱い
これらの点を考慮して規定化すると，次のようになります。

<試用の規定例>

第○条　試用
1　採用された者については，雇用開始日から6ヵ月の期間を試用期間とする。但し，会社が必要と認めた場合，3ヵ月を限度として試用期間を延長できる。

> 2 会社は，試用期間中社員として不適格であると判断した者を，試用期間中の任意の時点あるいは試用期間の終了時に，解雇することができる。
> 3 試用期間は，勤続年数に通算する。

上記規定例を参考に，それぞれのポイントを解説します。

・試用期間：正社員としての適格性があるかを見極める期間なので，それに必要な期間を設定します。3ヵ月や6ヵ月が多いです。当該企業が見極めるのに，例えば，経理なら1ヵ月，営業なら6ヵ月と期間が異なるなら，試用期間は長い方に合わせて6ヵ月とし，その期間内に見極められれば短縮する，とすればよいでしょう。つまり，長めにとっておいて不要なら短縮する，という発想です。

・延長規定：当初の試用期間内で見極められないときのために，延長できることを定めておく必要があります。ただ，試用期間は不安定なので，延長の限度期間を，例えば，「3ヵ月を限度として」というように，明記しておく必要があります。限度期間を明記せず，ただ「延長することがある」とするのは，問題とされやすいです（試用期間中は身分が不安定なので）。

そして，運用では，初めからその限度期間まで延長するのではなく，まず1ヵ月延長し，その1ヵ月間で見極められなかったらさらに1ヵ月，というように，短めにこま切れに延長するのがよいでしょう。それは，本来，当初の試用期間で見極められるべきなので，試用期間を延長するというのは，その時点では見極められない微妙な状態ということです。つまり，合格点（本採用）が80点としたら，78〜80点という状態です。それを延長の限度期間まで一気に延長するのは，おかしいです。この状態を果たして80点までいっているかを判断する期間としては，1ヵ月か2ヵ月で充分だから

です。そして，延長したけどそれでも79～80点か微妙というなら，また少し延長して見極める，という運用が適切と考えます。

・留保解約権：本採用後の解雇権より広い権利ですから，解雇の規定の中の解雇事由の１つとするのではなく，試用の規定の中にいわば自己完結的に規定するのがよいでしょう。上記規定例の２項のようにです。

・試用期間の扱い；処遇上，試用期間を本採用後の勤務期間と同様に扱う（通算する）か否かです。通常は，同様に扱います。その結果，退職金の計算では，試用期間は算入して計算します。他方，年次有給休暇（以下，年休と略します）の計算では，勤務の実態に基づいて計算されるので，就業規則にどう規定されようが，試用期間は「６ヵ月間継続勤務」の中に入ってきます（昭63.3.14基発150号）。

・そ の 他：年休を入社時から付与したり，私傷病休職制度に何も制限を付けないと，これらは試用期間中の労働者にも適用されることになります。つまり，試用期間中に自由に年休を取得し，私傷病休職の適用を受けられるのです。しかし，試用期間は，いわばテスト期間であり，年休を普通に取ったり，長期療養が必要になったら休職できる期間ではないはずです。そこで，私傷病休職は任意の制度（設計自由）で対象者も自由に決められるので，勤続１年未満の労働者は対象外とすべきです（休職の箇所で改めて説明します）。

　年休についても，入社時から付与するのは，労基法39条を上回る労働条件であり労基法の規制を受けず設計自由なので，せめて試用期間中の年休の取得は企業の同意（時季変更権ではなく）が必要とし，テストの見極めに支障が生ずるときには不同意にできるようにしておくことをお勧めします。

　なお，本採用基準を就業規則に明記するのはどうで

しょう。筆者は反対です。どのみち留保解約権の行使は，解雇権濫用法理ほどではないにしても権利濫用法理で規制されます。予め，自己抑制となりうる基準は足かせになります。定めるとしても，せいぜい「当社の正社員としての適格性がないときは」という程度でしょう。

3．規定変更（新設）による労働条件の不利益変更

　採用及び試用の定めは，労働契約を締結する際の手続等の定めであり，その定めを変更しても，既得の労働条件の不利益変更とはならないのが原則です。なぜなら，採用及び試用の定めを変更しても，これからその企業に応募し採用される者が対象になるだけであって，不利益変更ではないからです。

　したがって，原則として，変更の必要が生じたときは，企業は自由に変更してよいのです。ただ，現在の内定者ないし試用期間中の者に対して試用期間を変更するのは，さすがに不利益変更の問題となります。例えば，それまで3ヵ月の試用期間だったのを6ヵ月の試用制度に変更し，入社3ヵ月目の労働者にそれを適用するケースなどです。よって，変更する際，この者を適用除外にするのが妥当です。

第2章 狭義の就業規則

III 人事異動

1．当該労働条件の戦略的意義

　人事異動は，同一企業内の人事異動である配転，異なる企業への人事異動である出向・転籍を含む広い概念です。

　解雇権が大幅に規制（解雇権濫用法理，労契法16条）されるわが国の労働法制のもと，一旦採用した労働者を人事異動させられることは，非常に重要です。法規制も裁判例も，企業に業務上の必要性があれば，労働者によほど不利益が生じない限り，企業の異動命令権を尊重します（労契法3条5項，14条，東亜ペイント事件最二小判昭61.7.14）。

〈人事異動の種類〉
甲企業にいた労働者が配転，（乙企業へ）出向・転籍する場合の対比

	配転	出向	転籍
在籍関係	甲企業	甲企業（出向元）	乙企業
労務提供	甲企業	乙企業（出向先）	乙企業

　もっとも，人事異動でも，配転と出向さらには転籍では，類型的に労働者に与える不利益は異なるので，それらに配慮した規定化をしないと，上記法規制，裁判所により，その命令の効力が否定されます。すなわち，配転は同一企業内の人事異動なので，労働者は配転がありうることを予想して入社するし，配転では，通常，労働条件で不利益は生じない（理論的には，就業規則は事業場単位なので，事業場毎に労働条件を異にすることは可能ですが，企業は，定期的に従業員を配転することを前提に，事業場をまたいで労働条件を統一的に設定しています）ので，せいぜい配転に伴う生活上の不利益が労働者に大きすぎないか，がポイントです。ところが，出向は，異なる企業への人事異動なので，労働者は出向がありうることは当然に予想していないし，出向によって労働条件上の不利益は不可避的に生じます（別企業なので，労働時間等の労働義務の枠組

や賃金体系等，本質的な部分がむしろ異なって当り前）。よって，出向では出向する労働者の不利益を充分に配慮することが求められます。

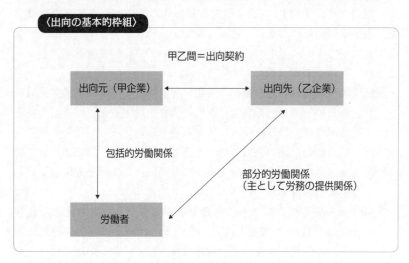

さらに，転籍に至っては，異なる企業へ在籍関係までが異動し，異動後に転籍先が倒産しても元の企業には戻れず失職するので，転籍者には決定的な不利益が生じます。よって，その点の配慮を充分にすることが求められるのです。就業規則に明記するだけで一方的に転籍を命ずることはできないのです。

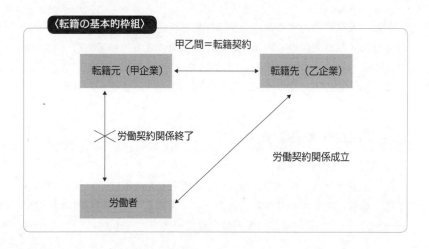

第2章　狭義の就業規則

　いずれにしても，人事異動は，長期雇用システムを採る企業において適切な人事労務管理の中心的な課題であり，また事業目的達成のためにも，適材適所を実現し，（人事異動を拒否する等の）わがままな従業員をそのままに絶対にしないことが大事です。それを実行するには，制度設計も大事ですが，運用の方が重要度は高いです。制度設計で注意することは，次の点です。

・配転：職種・地域限定合意がない限り，包括的な配転権が通常認められるので，自己抑制的に配転の条件を規定しない。降格もある配転では，それに伴って賃金も見直したいなら，就業規則の人事異動の規定の整備では不充分で，賃金規程に降格に伴って賃金が見直されることを定めないとダメ。年俸制を適用している従業員の降格も，同様。

・出向：出向者が出向によって労働条件がどうなるのかを定める規程（出向規程）を整備しておいた方が，出向を安定的に運用できる（出向規程がないと出向命令権が認められないのでは，といった議論を置いても，整備した方が得）。

・転籍：転籍時点の個別同意が原則必要なので，制度の整備はやってもムダ。なお，ホールディングス採用，グループ企業採用で同一グループ間の転籍は，出向に近づけ運用することは工夫次第で可能，それを行いたいのであれば，出向に準じて規程を整備すべし。

　なお，人事異動の定めは，企業に採用され労働関係が展開される従業員全員に対し企業がその職務・地域等を変更できる旨の定めなので，労基法89条10号の「当該事業場の労働者のすべてに適用される定め」であって，相対的必要記載事項で，就業規則に明記する必要があります。

2．規定化する上でのポイント

(1) 配転（降格も含む）

　同一企業内の人事異動で労働条件上の不利益も生じにくい配転においては，通常，配転がありうることの一文（**書式2－1**・第11条参照（329ページ））で，充分，企業の配転命令権は根拠づけられます。

III 人事異動

あとは、運用（配転命令権の行使）が権利濫用法理（前掲東亜ペイント事件、労契法3条5項）によって規制されることに、注意して下さい。念のため、最高裁の配転（命令）権への権利濫用の判断枠組を示すと、次のとおりです。

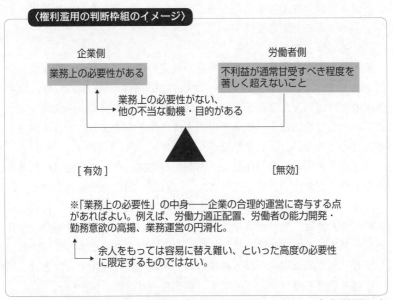

なお、最近降格をめぐる紛争が多発しているので、この点を説明します。降格は、通常、役職や職務を下位のそれに異動される人事上の処分であり、配転の一種です。配転という言葉は、通常、同一企業内の横の人事異動ですが、降格は、それが縦でかつ下に異動（上が昇進、昇格）する点に、違いがあります。

したがって、配転（命令）権と同様の観点から、企業の降格（命令）権は認められます。つまり、就業規則の異動のところに一文あれば、認められます。ただ、降格に伴って賃金等処遇が低下する場合（但し、降格が必然的に賃金の低下を伴うか否かは、当該企業の賃金制度の設計次第です）には、運用において上記権利濫用法理が適用されるので、労働者に与える処遇面での不利益が大きい降格では、配転より権利濫用の有無は厳格に判断されますので、注意が必要です。

（2）出向（いわゆる在籍出向）

　（籍を残したままとはいえ）異なる企業への人事異動である出向では，その企業に入社した労働者は当然には将来出向があることは予想しておらず，また，いざ出向となったとき出向先の労働条件は出向元と異なることから労働条件上の不利益が生じやすいので，それらを就業規則において手当することが必要です。

　具体的には，次の2点です。

　第1に，出向命令権は，人事異動の規定の箇所に正面から明記する必要があります。最高裁（日東タイヤ事件最二小判昭48.10.19）は，休職事由の中に出向とあることで出向を命じた事案において，明文の規定が必要，として当該規定（休職事由の中に出向とあること）では出向命令権は認められない，としました。

　第2に，出向者への出向発令，出向中の処遇，そして復帰に関し基本的な条件を明記する必要があります。これは，出向命令権の要件か，あるいは（出向も配転と同様に権利濫用法理で規制されますが）権利濫用判断の要素かは，争いがありますが（新日本製鐵〔日鐵運輸第2〕事件最二小判平15.4.18の判旨をどう読むかの争いでもあります。），いずれにしても，基本的な出向中の処遇について出向規程に明記することは，出向を巡る労務管理を安定させます（書式2－4参照（368ページ））。

（3）転籍

　（異なる企業に籍まで異動する）転籍における労働者の不利益は，異動先の企業が倒産しても元には戻れないという根本的なものなので，企業の一方的命令でできるわけもなく，いかに就業規則等に明記しても，定めのとおりに効力は生じません（唯一，転籍命令を有効とした日立精機事件千葉地判昭56.5.25は，実質，出向のような転籍でした）。

　もっとも，最近の問題として，グループ企業間で転籍することを予定して採用するケースが増えています。その前提は，グループ企業のそれぞれの労働条件はほぼ共通で，いずれの企業も同程度の優良企業で上記の根本的不利益（倒産したとき戻る企業がない）は心配する必要がない，というものであったりします。

そのようなケースでは，労働者がそのグループ企業（のいずれか）への入社にあたって，定期的（or 将来の然るべき時期）に転籍がありうることを了承した上で入社したのであれば，このグループ会社間の転籍が出向に近いものであることも合わせ考えると，グループ企業各社への転籍命令権は有効に根拠付けられる余地はある，と考えます。

以上の例外を除き，転籍を規定化しても，転籍命令権を創設することはできず，転籍時点で，個別に合意することで実施することになります（**書式３－５**転籍合意書参照（395ページ））。

3．規定変更（新設）による労働条件の不利益変更

ここでは，
- 配転，出向，転籍の根拠規定の新設の場合，
あるいは
- 配転，出向，転籍する場合の労働条件が不利益に変更される場合，
が想定されます。

ただ，転籍については，転籍時点の個別合意で実施するものなので，転籍命令の根拠規定を新設しても意味はなく，さらに，転籍時点の「労働条件の不利益変更」は，まさにその点につき転籍時点で個別同意を取るので，いずれも検討する必要はありません。よって，転籍は，本問の検討から除きます。

（1）配転
ア．根拠規定の新設

配転命令権自体，就業規則上の根拠がなくても根拠付けられる（総合職等）ことが多いので，その新設は不利益とはなりにくいといえます。ただ，場所の移転（例えば，広島→名古屋等）を伴うときは，たしかに生活上の不利益は生じうるので，その点では不利益変更といえなくはありません。もっとも，配転命令に対しては権利濫用法理（前掲東亜ペイント事件，労契法３条５項）が確立していて，その中で労働者の不利益を考慮することが可能であり，その限りで労働者保護は一定限図られます。したがって，配転命令権新設によって労働者が受ける不利益はそれ

ほどではない，といえます。よって，企業に配転（命令権）を新設する何らかの必要があれば，容易に変更の合理性は認められるでしょう。

イ．配転に伴う労働条件の変更

配転に伴う労働条件が不利益に変更されるといっても，賃金，労働時間等は同一企業内である以上，通常は共通なので，そういった労働条件が配転に伴って不利益に変更されること自体考えにくいです。ありうるのは，遠隔地への転勤の際単身赴任手当等があったのが廃止等不利益に変更された，といったケースです。その単身赴任手当の廃止のケースは，たしかに，労働条件の不利益変更といえます。ただ，この場合も，権利濫用判断の中で，配転命令を受けた労働者に通常甘受すべき不利益を著しく超える不利益が発生したか否かで，考慮することが可能です。したがって，前記アの論点と同様，変更の合理性は認められ，その上で，配転命令の権利濫用の判断の中で，単身赴任手当がないことが，不利益性の程度の点で（つまり，配転命令の権利濫用の判断で）より慎重に検討されるでしょう。

(2) 出向

ア．根拠規定の新設

異なる企業への人事異動である出向では，出向命令権の新設も出向の際の出向条件の変更も，労働条件の不利益変更の問題となりえます。

出向命令権の新設については，ゴールドマリタイム事件（最二小判平4.1.24）があります。同事件は，それまで就業規則になかった出向規定を昭和57年9月1日施行の改正就業規則に定め，懲戒事由の1つとして「正当な理由なく出向を拒んだとき」と入れたことの効力が，争われました。なお，労働協約には出向規定があり，労働者は昭和53年頃管理職になって組合を脱退したが，協約締結時，組合の執行委員長であった，という事案でした。最高裁は，合理性を肯定した上で，会社の出向命令を権利の濫用とした原判決を支持し，上告を棄却しました。その原判決の理由は，不利益性については，新たに出向に関する規定を設けたのは，労働条件の不利益変更にあたる。しかし，合理性については，

・規定内容が（元々あった）労働協約に基づくものであること，
・内容も出向先を限定し，出向社員の身分，待遇等を明確に定め，保障

する合理的なもの,
・関連企業との提携強化を図る必要が増大したこと,
から,この新設という不利益変更自体の合理性はある,と肯定しました。
　筆者も,この判断に賛成です。なぜなら,配転と同様,出向においても権利濫用法理（労契法14条）が確立していてその中で労働者の不利益は考慮されている以上,出向（命令権）の新設を認めても労働者の不利益はさほどではなく,よって,企業に出向制度を新設する何らかの必要があれば,変更の合理性は認められると考えられるからです。つまり,さらに権利濫用の有無の判断の中で慎重に利害を見れるので,そこで判断すれば充分だろうと考えるのです。

イ．出向に伴う労働条件の変更
　例えば,書式２－４（368ページ）の出向規程の中を不利益に変更（例えば,出向期間の３年→５年に長くする等）する場合です。やはり,（１）配転のイの論点と同様で,出向規程自体の不利益変更は合理性を肯定してよく,その代わり,出向命令権の権利濫用の判断の中の労働者の不利益の程度の点で,慎重に検討されるべきことと考えます。

Ⅳ 休職

1．当該労働条件の戦略的意義

　休職とは，ある労働者に労務への従事を不能（又は不適当）とする事由が生じた場合に，企業がその労働者に対し労働契約は維持しながら労務への従事を免除または禁止することです。

　休職制度は，法令に別段定めがあるわけではなく，企業が人事管理の観点から創設した任意の制度で，さまざまな種類があり，私傷病休職，事故欠勤休職，起訴休職，出向休職，自己都合休職，組合専従休職，企業が必要と認めた場合の休職があります。休職は任意の制度ですから，設けなくてもよいし，設ける際もどのような種類の休職をどのような要件，待遇とするかも，基本的には企業の裁量に属します。

　そして，休職の定めは，労基法89条10号の「当該事業場の労働者のすべてに適用される定めをする場合」で，相対的必要記載事項です（但し，休職期間満了で復職できないときに退職となる部分は，退職に関する事項となり，絶対的必要記載事項となります）。

（1）私傷病休職

　戦略的意義を有するのは，私傷病休職です。長期雇用システムを採るわが国の企業において，長い職業人生の中で，健康を害して働けなくなることは誰にでもありうるので，その場合，福利厚生の観点から，労働者に一定の期間（休職期間），療養の機会を与え，いたずらに退職とならないようにしようというのが休職の意義です。

　ただ，この「福利厚生の観点から」という目的は，もう少し深く戦略的意義づけの検討が必要です。以下，解説します。

ア．企業が営利企業の場合

　企業が会社といった営利企業なら，本来的に営利を目的とする以上，その目的に合致する範囲での福利厚生の観点からの配慮になります。つまり，会社には，病気になった労働者を一生（あるいは長期）面倒を見

ることはその目的にないはずです。会社の目的は、たくさん利益を上げ、その利益をよく働く労働者にたくさん還元し、株主にたくさん配当し、国にたくさん税金を納める、というものです。全く働けなくなった労働者を救済・保護するのは、税金を徴収した国や地方公共団体の役割です（憲法25条参照）。多くの会社が福利厚生の観点から私傷病休職を制度化するのは、それが営利目的に合致するからであり、その限りにおいてです。すなわち、長期雇用を前提に多くの時間とコストをかけて教育・訓練してきた従業員を一時的な病気で退職させたとしたら、投下した資本が回収できず無駄になるので、一定期間療養すれば治るならそれまで待とう、ということです。さらには、一時的な病気で退職せざるを得ないことを他の従業員が見たとき、自分の勤める会社は冷たい会社だと思って安心して働くことができなくなります。そのため、会社は、福利厚生の観点から、病気で働けなくても一定期間は失職しないように制度を整え、病気になっても大丈夫だから安心して働いて下さい、とシグナルを送り、当該企業にいる従業員全体のモチベーションを維持し、精勤を確保し、生産性を上げようとするのです。

イ．企業が公益法人の場合

　学校法人や医療法人等の公益法人においても、戦略的な意義づけの検討は、同様に必要です。これらの法人では、いかに公益が目的だからといって、自己の雇用する労働者を一生面倒みるべきだというのは、論理の飛躍です。学校法人の「公益」とは、社会の中で希望する人（学生、生徒）に教育（さらには研究）を受けさせるという目的の限りでの「公益」です。病気で働けない労働者の面倒を一生みることなど、学校法人の公益目的には入りません。医療法人の「公益」とて、社会一般の患者さんを治療して治す、という目的の限りでの「公益」であり、病気で働けない労働者の面倒を一生みることなど、医療法人の目的には入りません。もちろん労働者がその医療法人に患者として通院すれば、同法人は、患者としての労働者を治療することが目的に入りますが、それと、労働契約を維持し続けなければならないというのは、全く別のことです。

ウ．まとめ

　このように、私傷病休職を制度化する上で、きちんと当該企業の戦略的意義から位置づけて設計すべきであり、いたずらに福利厚生の観点（抽

象的な意義）だけから制度設計のアプローチをすると，際限がなくなります。後で不都合が生じ，手厚すぎた内容を変更したいと思っても，労働条件の不利益変更の問題が待っています。以上を第１編及び本編の総論の説明と関連付けるなら，私傷病休職は，法律で導入を求められているわけではないので，それをわざわざ導入するのは，当該企業の理念等からくる福利厚生の要請と他の労働条件とのバランスの話なので，従業員が病気となったときどこまで福利厚生を認めるのがバランスとしてよいかとの視点で検討すべき，ということです。

（２）その他の休職

筆者は，その他の休職のうち，制度化してもよいのは出向休職くらいで，あとは「企業が必要と認めた場合休職を命ずる」（包括的休職事由）というのを休職事由の中に入れれば，長期欠勤が必要な個別のケースへは充分運用で対応ができると考えます。つまり，制度上はこれで充分です。

２．規定化する上でのポイント

私傷病休職を中心に，解説します。

（１）必ず規定化すべき事項

この規定化にあたっての視点は，直接的には福利厚生の観点ですが，本来的にはその企業の事業目的・理念からの位置付けとその限りの内容（詳しくは前記１（１））となります。

①**休職制度の対象者**は，正社員に限る。但し，勤続１年未満は，対象外とする。

②**休職期間**は，在職期間に応じて設定するか否かを検討する（一律の期間でも，もちろん可）。ちなみに，長期雇用に価値を置く企業では，在職期間に応じて設定するでしょうが，そうでない企業では，一律の期間です（そもそもそういう企業では，休職制度がないところもあります）。

③**休職期間中**は，無給を原則とし，賞与の支給対象期間からもはずす。また，休職期間は退職金の算定基礎には入れない。

といったところです。

　①**休職制度の対象者**を，正社員に，しかも勤続1年未満は対象外とするのは，長期雇用システムのもと福利厚生の観点から私傷病休職制度があるからです。つまり，長期雇用システムのもとにおいては，福利厚生制度である私傷病休職制度の対象としては，正社員に限り契約社員（有期労働者）は除き，しかも正社員の中でも勤続が1年に達しないものについては除こう，というのが一般的です。

　②**休職期間**を在職期間に応じて設定するかを検討する，というのも，上記①と同様，長期雇用システムにおける福利厚生の観点からの考えです。つまり，長期雇用システムのもとにおいては，解雇の猶予である私傷病休職期間は，在職期間が長い者には長い休職期間を設定し，在職期間が短い者には短い休職期間を設定する，ということになります。例えば，下表のとおりです。

＜休職期間の設計例＞

① 勤続1年以上3年未満の者　6ヵ月
② 勤続3年以上5年未満の者　1年
③ 勤続5年以上の者　1年6ヵ月

　もちろん，一律の休職期間でも有効です（**書式2－1・第13条**（329ページ）参照）。長期雇用システムを採用しない外資系企業では，休職期間は一律の期間とする傾向が強いです。長期雇用に価値を置かないと，そのような設計になります。

　③**休職期間中の処遇**は，給与は原則無給とし，賞与についてはその支給対象期間からはずし，また退職金の算定基礎から除く，というのが通常の取り扱いです。これは，休職期間中は，当然のことながら，労務の提供ができない以上，ノーワーク・ノーペイの考え方に則って，月例賃金は不発生，賞与も支給しない，退職金も算定基礎には入れない，ということです。

　ただ，企業によっては福利厚生の観点から一定の期間，例えば，休職期間の最初の1ヵ月とか3ヵ月を有給にする制度設計もあり得ます。それは，企業の財務の余裕の有無と企業の文化によって各自で判断するこ

とです。なぜなら，上記有給は，他の元気で働く従業員の稼ぎが引き当てになっているからです。

（2）規定化した方がよい事項
その他是非入れておくべき事項として，次の事項があります。
④復職の条件・判断
休職規程には，
ⅰ「復職においては産業医ないし産業医の推薦する医師の診断書の提出が必要である」旨，
さらには，
ⅱ「復職が可能かは，産業医の意見に基づいて会社が判断する」旨の規定を入れておくべきです。以下，その理由を説明します。

休職規定に上記ⅰ，ⅱの規定を入れるのは，復職にあたって治癒しているかどうかの判断で紛争になることが非常に多いからです。

すなわち，休職者は主治医の診断書を提出し，主治医が治癒していると診断しているから自分は復帰できると訴えて復職を求めます。他方，企業は，その診断書の内容が不自然であるということで，セカンドオピニオンをとって復職が可能かどうかを判断したいと考えます。

このため，前記ⅰのとおり，まず，主治医の診断書だけでは復職は認めない，産業医もしくはその指定するあるいは推薦する医師の診断書が必要であることを明記することで，その復職に当たっての資料をめぐる紛争を回避するのです。

前記ⅱは，復職の有無の判断者を明記するということです。つまり，最終的に復職の有無を判断するのは企業であることを明記し，復職の有無をめぐる紛争をできるだけ少なくしようということです。理論的には，人事権を有し安全配慮義務を負う企業が復職の有無の判断をするのですが，それを誤解のないように明記するのです。

いずれの規定も，適切なる労働管理を円満に行うために定めておいた方がよいものです。
⑤リハビリ勤務期間の処遇
このリハビリ勤務は債務の本旨に従った労務の提供（民法415条）ではないので，賃金を100％支払う義務はなく（双務有償契約，民623条，

労契法2条)，それなのに，相当の期間（1～3ヵ月）100%の労働の出来ない者に100%の賃金を支払うのは（企業の文化にもよりますが）適切ではないでしょう。そこでこの場合の賃金等の処遇をどうするかを就業規則に明記しておいた方がよいと考えます。通常，リハビリ勤務の内容は個別に決めるもので，制度上一律に金額を明記することはできないとしても，賃金等の処遇を決める考え方・規準を明記しその上で当該労働者と協議のうえで企業が決める旨くらいは，就業規則に明記しておくとよいでしょう。

⑥通算規定

「〇ヵ月以内に同一又は類似の傷病で欠勤するときは通算する」旨の規定（通算規定）は入れておくべきです。これは，休職期間満了間近にかかりつけの医師の診断書を提出して復職したが，1～2ヵ月後再び病気欠勤となり，再度休職となるケースがあります。私傷病休職制度を悪用している場合もあり，それに対応するためです。つまり，適切なる労務管理から必要です。

仮に，既存の就業規則に通算規定がなかったとき，改定によって同規定を入れることは，いわゆる就業規則による労働条件の不利益変更の問題となります。しかし，前記内容程度の改正（追加）であれば，それは病気休職制度の濫用防止ですから，変更の合理性は認められるでしょう。

(3) 規定例

休職の規定例は，書式2－1に第12条以下として就業規則の中に定める例を掲げましたが（329ページ），別規程にする企業も多いので，別規程とする場合の休職規程を，書式2－5（370ページ）として掲載しました。但し，いろいろな休職制度事由へ対応するための雛型です。筆者の考えは，私傷病休職と出向以外は，包括的休職事由で個別に対応すればよいと考えているので（書式2－1・第12条参照），この雛型は，筆者の考えとは異なるものです。あくまで参考です。

3．規定変更（新設）による労働条件の不利益変更

最近，手厚すぎた私傷病休職制度を変更したい，という企業が多いで

す。
　その中でも,
・(休職の前提となる) 欠勤期間や休職期間自体を短縮したい
・同期間の有給を廃止・縮少したい
というものです。
　これらの不利益変更で,検討すべき点を解説します。
　まず,現に私傷病になって働けなくなっている労働者だけでなく,健康でバリバリ働いている労働者にとっても,(潜在的ですが) 労働条件の不利益変更になります。
　ただ,その不利益は,月々の賃金や毎日の労働時間といった重要な権利や労働条件についてではありません。私傷病休職制度は,福利厚生の観点からの制度だからです。したがって,その不利益変更は,賃金等の変更に比べると,重要度はそれほど高くない労働条件の不利益変更になります。もっとも,変更の内容は,休職命令発令の要件を,例えば,連続欠勤3ヵ月→1ヵ月に短縮するということは,この連続の欠勤中,解雇されることはないことを考えると,大幅な不利益変更といえます。同様に,休職期間を2～3年→1年以内とすることも,大幅な不利益変更といえます。さらには,それらの期間のうち一定の期間有給としてきたものを廃止・縮少するのも,大幅な不利益変更です。
　もう1つ別の重要な視点があります。それは,現に私傷病で働けない労働者と健康でバリバリ働いている労働者では,不利益の程度は全く違うということです。前者の労働者からすれば,きわめて深刻な不利益変更になりますが,後者の労働者からすれば,健康で働く限り,顕在化しない不利益変更といえます。
　就業規則による労働条件の不利益変更は,それが個々の労働者の労働条件を変更する効力があるかの問題なので,相対的に考えることになります。つまり,上記の現に私傷病で働けない労働者には不利益は大きいので,その労働者に対しては配慮が必要になります。
　以上まとめると,合理性判断の重要な要素である「労働者の受ける不利益の程度」においては,重要な権利・労働条件に関するものではないものの,現に私傷病で働けない労働者に不利益の程度はきわめて大きいので,その労働者に手当てをしないと,変更した就業規則の効力はその

労働者に対して否定されかねない，ということです。

　そこで，変更の合理性を統一的に確保するためには，一律に欠勤・休職期間（あるいは有給の期間）の短縮をするのではなく，不利益の大きい労働者には，除外規定か経過規定を設けて救済する必要があります。これによって，不利益の大きい労働者の受ける不利益の程度を緩和する効果となり，変更内容の相当性の点も肯定的に評価されて，すべての労働者に対し変更の合理性が肯定され統一的に変更が実現できることになります。そして，除外規定か経過規定を設ける場合には，就業規則の本文に入れるのではなく，附則に入れるのが目立たなくてよいです。

＜休職命令発令の前置要件の長期欠勤期間の短縮について＞
　休職制度そのものではありませんが，多くの企業の私傷病休職制度で，（私傷病）休職命令発令の要件に，例えば，1ヵ月の連続した長期欠勤とか定める例があります。この解釈は，通常は，休職命令発令してまで長期療養が必要なほどの健康状態か，を見極めるものです。上記の例でいえば，1ヵ月も連続して長期欠勤しているのだから，今後も長期の療養が必要だろう，それならゆっくり安心して療養してもらうため休職命令発令しよう，ということです。もちろん，通常は連続した長期欠勤という過去の事実と，今後も療養が必要との専門家の診断書の2つの資料で，そう判断します。

　この通常の解釈では，休職命令発令の前置要件としては，1ヵ月の連続欠勤で充分です。2週間でもよいくらいです。それを，相当数の企業の私傷病休職制度では，3ヵ月であったり，6ヵ月であったりし，場合によってはそれらが有給であったりします。そうなると，これは，休職命令発令の前置要件という説明は，つきません。別の目的を持った独立の制度です。

　筆者が考えるに，欠勤が長期になるか分からない段階の欠勤において，その間の債務不履行（欠勤）は，福利厚生の観点からまあ大目に見よう。そして，長期になるか分からない期間については，賃金カットもやめてあげよう，ということです。私傷病休職制度を自企業の事業目的・理念（文化）から出発して福利厚生制度としてどこまで認めるのがバランスがよいか検討する必要がある，という説明をしましたが，こういった制

度までも採る場合は，この（有給の）長期欠勤制度と私傷病休職制度を，併せて１つのものとして，その当否を検討する必要があります。

　３ヵ月，６ヵ月の有給の長期欠勤はやりすぎでバランスが悪いというなら，私傷病休職制度の要件としては１ヵ月の長期欠勤とし，短期の病気・ケガの欠勤には単年度で10日を限度とする私傷病休暇を認める，などとすることも考えられます。この変更も，労働条件の不利益変更になるので，上記の休職制度の不利益変更とパラレルに検討し，実行すればよいでしょう（やはり，除外規定か経過規定を入れるときは，附則に規定するのがよいでしょう）。

1. 当該労働条件の戦略的意義

わが国では一旦採用した労働者を解雇するのはとても難しいので（解雇権濫用法理，労契法16条），退職に関する事項を明記することは，大切です。つまり，義務（絶対的必要記載事項，労基法89条3号（「退職に関する事項」）といわれなくても明記することが，企業にとってメリットです。以下，各退職事由ごとに，規定化する戦略的意義を解説します。

（1）定年

長期雇用システムを採るわが国の多くの企業では，一定の年齢に達したときは一律に退職となる旨の定め，つまり定年の規定は，とても重要です。定年の定めがなければ，極端な話ですが，従業員を亡くなるまで雇用し続けなければなりません。適切なる労務管理の一つとして，定年は明記する必要があります。わが国の多くの企業の定年年齢は60歳です。そして，高齢者雇用安定法（以下，高年法と略します）では65歳までの雇用確保措置を採ることを企業に義務づけているので，各企業毎に，その事業目的とその戦略の中でいかなる雇用確保措置をどう設計するかは，重要な意義を持ちます。

（2）辞職（あるいは合意退職）

辞職とは，労働者からの労働契約の一方的解約です。任意退職あるいは自主退職ともいわれます。労基法は何ら規制せず，したがって民法の原則どおり，理由のいかんを問わず（辞職の自由），申入れから2週間経過時点で労働契約は終了（退職）します（民法627条1項）。

合意退職（合意解約ともいいます）は，企業と労働者が労働契約を合意によって将来に向け解消するものです（継続的契約の合意解約の1つ）。お互いの自由意思で合意するので，その合意内容に従って労働契

約が解消されます。

　要するに，企業の了解が不要なとき（退職届）が辞職，必要なとき（退職願）が合意退職の申込みです。その実益は，退職の効力の発生時期と撤回の可否です。前者なら，辞職の意思表示が到達した段階で撤回はできず，かつ，2週間（就業規則で別段の定めがあればそれによる）で退職の効果が生じます（民法628条）。後者（合意退職ないし合意解約）なら，企業の承諾の意思表示がない限り退職の効果は生ぜず，かつ，承諾の意思表示があるまで労働者は撤回が原則としてできます。

　下級審判例では，どちらの意思表示かはっきりしないとき，労働者の退職の意思表示を慎重に認定する観点から，後者とするのが多いです。

〈辞職と合意退職（合意解約）の相違の整理〉

	法的性格	退職の効果発生時期	労働者の退職の意思表示の撤回の可否
辞職	労働者の単独行為	企業に到達後2週間後の日	企業（の人事権者）に到達するまでは可能
合意退職（合意解約）	契約	企業の承諾後，双方で合意した日	企業（の人事権者）が承諾の意思表示をするまでは原則可能

　よって，就業規則では，労働者からの退職の形態を辞職とするのか合意退職（合意解約）とするのか，就業規則上明確にする必要があります。

　実際，労働契約が終了する場合，定年も多いですが労働者からの退職の意思表示によることも多いので，退職を巡る労務管理を不安定にさせないためにも，辞職，合意退職のいずれの形態を選択するかを，その実益を認識した上で選択して定める必要があります。

（3）解雇

　解雇は，企業からの労働契約の一方的解約です。手続的には30日前の予告又は30日分の予告手当金の支払い，実体的には解雇理由が充分あることが求められ，「客観的に合理的な理由を欠き，社会通念上相当であ

ると認められない場合は，その権利を濫用したものとして，無効」（労契法16条，解雇権濫用法理）となります。

したがって，解雇事由を就業規則に明記するだけでは，解雇を有効とするのに充分ではありませんが，客観的合理的理由を満たす前提として必要です。つまり，充分条件ではないが，必須条件ということです。そして，労基法は，「退職に関する事項」を就業規則に定めるとき，「解雇の事由」も明記することを義務づけています（同89条3号カッコ書き）。

このように，解雇事由を制度上整備することは充分条件ではなく必須要件ということですが，その場合，就業規則所定の普通解雇事由は例示列挙か限定列挙か（懲戒事由では，限定列挙であること通説・判例争いなし）の議論があるので，（そういった議論がそもそも発生しないよう）解雇事由を制度上整備するのが適切な労務管理の一つとなります。

（4）その他の退職事由

最近の企業は，長期無断欠勤者への対応のため，就業規則の退職事由に，例えば，「2週間以上欠勤して連絡がとれないとき」と規定したりします。そして，「2週間以上欠勤して連絡がとれないとき」は，この規定によってその欠勤者を自然退職とするのです。長期無断欠勤者には普通解雇又は懲戒解雇が可能ですが，解雇は労働者にその通知が到達しないと効力が生じません（民法97条参照）。無断欠勤者が企業への届出住所に不在であったり1人暮らしの場合は，解雇通知が到達しにくく，いつまでたっても解雇の効力が生じない事態となり，その対応としてこのような規定が考えられたのです。

2．規定化する上でのポイント

（1）定年

現在の高年法では，60歳未満の定年は無効（同法8条）となり，加えて，65歳までの雇用確保措置である①定年延長，②継続雇用，③定年廃止のいずれかを採る必要があります（同法9条1項）。

多くの企業は，65歳までの雇用確保措置としては，②継続雇用を採り

ます。

そこで、それを有効に行うためには、就業規則の定年規定の整備と定年後再雇用規程（書式2－6（373ページ）参照）の整備が必要となります。

大事なのは、定年後再雇用者の労働条件を定める就業規則の整備です。お勧めは、契約社員就業規則とは別に定年後再雇用規程を新設することです。その理由は、定年後再雇用者は、どうしても契約社員とは更新基準、処遇内容で違いが生じるので、別規程にした方が分かりやすいからです。

そして、定年後再雇用規程では、定年後再雇用は「会社の業績が再雇用を許さない状況であったときは、この限りではない。」との条文を入れておくことは、意外に重要です。これを入れないと、不況等で企業を取り巻く環境が人員削減が必要なのに、定年退職者を再雇用しなければならない、と矛盾が生じます。そのような事態になっては、60歳未満の削減される労働者は、到底納得しません。

加えて、
・更新基準
・更新する契約の考え方
を明確にしたほうがよいでしょう。

更新基準は、60歳を超えた労働者には、健康、能力の衰えで個人差がだいぶありますので、更新にふさわしくなければ、更新できないことをはっきり基準化するとよいでしょう。ただ、他方、高年法の趣旨に反しないようにも配慮する必要があります。

次に、更新する契約の内容を、労働日、労働時間、賃金で個人差が反映できるようにする余地を残した規定にすると使いやすいです。

書式2－6（373ページ）にて定年後再雇用規程を掲載したので、参考にしてください。

(2) 辞職（あるいは合意退職）

ア．辞職

制度設計として、（合意退職ではなく）辞職を選択したときは、まず、就業規則にその選択結果を明記する必要があります。例えば、次のよう

にです。

> <辞職の規定例>
>
> 第16条　退職
> 従業員が次の各号の1に該当するときは，退職とする。
> ①辞職するとき
> (②以下は，省略)
>
> 第17条　辞職
> 従業員は，辞職するときは，退職日の14日前までに所定の退職届を所属長（受理先）に提出し，退職日まで指示された仕事をしなければならない。
> 2．前項の期間経過により，従業員は退職となる。

　第17条2項は念のための記載です。第16条，第17条1項により，労働者による一方的退職，つまり辞職であることをはっきり規定するのです。次に，運用上も，労働者から提出してもらうものは，退職届とし，文面も，「退職します」（辞職は，法的には労働者の単独行為）という，一方的言い切りの文章にします。

イ．合意退職（合意解約）

　次に，制度設計として，（辞職ではなく）合意退職（合意解約）を選択したときは，やはり就業規則にその選択結果を明記する必要があります。例えば，次のようにです。

> <合意退職の規定例>
>
> 第16条　退職
> 社員が次の各号の1に該当するときは，退職とする。
> ①退職を願い出て会社の承認を得た（合意退職）とき
> (②以下は，省略)
> 第17条　合意退職
> 社員が退職を希望するときは，退職日の1ヵ月前までに所定の退職願を提出し，会社の承諾を得なければならない。但し，会社が特に認めたときはこの限りではない。

第16条、第17条により、合意退職であることをはっきり規定します。
　ただ、その場合でも、労働者が企業の承諾の如何に関係なく自分は退職する、と申し出たときは、いかに就業規則で労働者の意思による退職の原則的形態を合意退職と定めても、上記申し出は、民法627条1項に基づく辞職として効力が生じます。つまり、就業規則で上記規定にしても、民法の627条1項に則って辞職することまで止められないのです。
　次に、運用上も、労働者から提出してもらうものは、退職願とし、文面も「退職する旨申し入れるので承諾を願う」という、申込の文書にします（合意退職は、労働者からの退職の申込みに対し、企業の承諾の意思表示により成立します）。

(3) 解雇

　就業規則に定めた解雇事由が限定列挙（その事由以外で解雇はしないというもの）か例示列挙（その事由は例示で、それ以外の事由でも解雇をするというもの）かは労働法の争点の1つですが、裁判例の傾向は、就業規則の合理的解釈をして、企業が就業規則に定めた事由以外では解雇しないとする趣旨か（限定か）否か（例示か）を判定しています。そして、筆者の知る限り、限定を肯定する裁判例は皆無で、限定した趣旨とは解されないとする裁判例ばかりです。
　とはいえ、就業規則に定めた解雇事由が不備のため争点となるのは是非とも避けたいので、さまざまなことを類型化して解雇事由を規定化すべきです。**書式2－1・第19条**（331ページ）は、その一例です。
　付言すると、筆者がお勧めしたいのは、解雇事由の最後に「その他前各号に準ずるやむを得ない事由があるとき」（同 第19条6号）と、包括（解雇）事由を入れるべきだということです。これを入れることで、前各号と相まって（よって、「前各号」が1つや2つだと抽象的になるので、同第19条1～5号のように、多くの事由を挙げる必要があります）、あらゆる事態に対応できます。これによって、上記の限定列挙、例示列挙の論争も無意味にできます。

(4) その他の退職事由

　上記1（4）の退職事由の実質は、長期の無断欠勤者に対する解雇で

あり，解雇権濫用法理（労契法16条）が類推適用される問題です。よって，自然退職の要件としての欠勤期間が短期では，場合によってはその退職の扱いが権利の濫用となります。前記の例の「2週間」は判断が難しいですが，慎重を期するなら，1ヵ月といった，誰がみても解雇やむなしという程度の期間を設定したほうが妥当です。なぜなら，かかる退職事由は，解雇ができない場合の補充的手段だからです。

3．規定変更（新設）による労働条件の不利益変更

各退職事由に応じて解説します。

（1）定年
ア．定年年齢の引き下げ

例えば，（大学等教育機関などで）定年年齢を70歳→65歳に引き下げることが争われた裁判例があります。退職時期が早まるので，重要な労働条件の不利益変更になり，定年引下げに高度の必要性とその高度の必要性に見合った内容が相当なものである必要があります。

なお，高年法は60歳未満の定年を無効（8条）としているので，60歳未満の年齢への引き下げは，労働条件の不利益変更の検討を待つまでもなく，強行法規違反ゆえ無効です。

イ．雇用確保措置の変更

高年法9条1項各号の雇用確保措置（①定年延長，②継続雇用，③定年廃止）のうちで，①や③を一旦選択した後に，②に変更し1年毎の有期雇用の制度にした，という場合はどうでしょう。

①や③を選択した結果，期間の定めのない労働者の身分のままであったわけで，それを②の有期労働者に変えるのは，身分が不安定となり労働条件も悪くなるでしょうから，労働条件の不利益変更となります。

ただ，既に60歳を過ぎ①や③の雇用確保措置が適用されている労働者と，まだ60歳よりかなり前の若い年齢で同措置が適用されてない労働者とでは，当然ですが，前者の方が不利益は大きいといえます。

就業規則による労働条件の不利益変更の合理性が，変更による労働者の不利益と，変更を必要とする企業の利益の相関関係で判断される問題

である以上，その判断において，当該変更の必要性がどの程度あるかが大きなウェートを占めますが，労働者の不利益の程度の面だけ検討するとすれば，不利益の大きい労働者（特に61歳前後）と，そうでない労働者（20歳代，30歳代は，遠い将来の労働条件の不利益変更となる）があることに配慮した対応をとるのがよいでしょう。

具体的には，中・長期的な経過措置を設けた不利益変更にします。例えば，現在適用を受けている60〜65歳及び近い将来適用を受ける55歳以上には変更前の制度の適用を続け，それより若い労働者には②の有期による継続雇用に移行，ただし，その有期労働契約の内容を54歳とか53歳の労働者には，55歳以上の者とほぼ同様のものを保証し，暫次，内容を引き下げていく，といった設計です。

ウ．継続雇用対象者の再雇用時の労働条件の再設定基準の低下

高年法9条1項各号の雇用確保措置（①定年延長，②継続雇用，③定年廃止）のうちで②継続雇用を選択したが，再雇用対象者の再雇用時の労働条件を，それまでの継続雇用の内容より低下させる場合はどうでしょう。例えば，これまで再雇用では時給1500円としていたのを時給1300円とする場合です。

これは，定年後再雇用の労働条件が低くなる方向で変更するのですが，定年前の労働条件との比較での労働条件の不利益変更の問題ではありません。なぜなら，既に②の措置を採っている企業においては，法的には，労働者は定年到達により「退職」となるのであり，再雇用はあくまで「新たな労働契約の締結」であって，既存の労働条件の不利益変更の問題ではないからです。筆者は，労働者の再雇用の際それまで時給1500円で締結されていたため，同じようにしてもらえると期待を持った労働者が時給1300円で締結せざるを得なくなったことが，その期待を裏切る不法行為（民法709条）となるかの問題と考えます。そして不法行為が成立するか否かは，時給をそのように改定した理由に帰着するでしょう。

エ．再雇用後の賃金等の変更

高年法9条1項各号の雇用確保措置（①定年延長，②継続雇用，③定年廃止）のうちで②継続雇用を選択したが，再雇用後の賃金等の労働条件を就業規則（定年後再雇用規程）で変更する場合はどうでしょうか。つまり，ウの再雇用するときの労働条件ではなく，再雇用した後に更新

するときの労働条件の低下の問題です。例えば，60歳定年で時給1300円で雇用されたが，61歳の更新時点で時給1100円での更新条件が提示された，という場合です。

　これは，**第5章**の有期労働者の更新条件の不利益変更の問題とパラレルなので，これに譲ります（317ページ）。

（2）辞職（合意退職）
ア．辞職→合意退職，合意退職→辞職

　労働者が自主的に退職する場合の就業規則所定の形態を，辞職から合意退職に，あるいは合意退職から辞職に変更することは，不利益変更となるでしょうか。まず，辞職から合意退職に変更しても，企業が承諾しなければ，労働者は，（就業規則所定の手続ではなく）民法627条によって辞職できるので，不利益はありません。他方，合意退職から辞職に変更することは，企業の承諾が不要になるだけで，利益にはなっても不利益に変更されたとはいえないでしょう。ただ，労働者が辞職の意思表示をすると，そのとおりの効力が生ずるので，労務管理上は注意が必要です。

イ．辞職の予告期間を長くすること

　辞職の予告期間を14日→1ヵ月，さらには3ヵ月と延ばす変更はどうでしょうか。退職時期が遅くなるということは，転職の時期も遅くなり労働者の退職の自由（職業選択の自由）への規制も強くなるので，不利益変更といえます。しかし，退職後の競業避止とは全く異なります。なぜなら，いまだ在職中で賃金もこれまでどおり支給されている労働者と退職者では，全く身分が違うからです。付言すると，在職者は，使用者である当該企業への誠実義務の一環として当然に競業避止義務を負っています。在職中の転職は，それ自体が債務不履行で違法です。よって，辞職の予告期間を延ばすことの不利益性は，直截に退職の自由への強い規制で合理性が認められない不利益ではないか，という問題提起の方が分かりやすいです。

　そしてこの問題提起に対しては，予告期間を長くすることで退職を遅する企業の利益は何かを分析して，その企業の利益（営業の自由）と労働者の退職の自由とを相関的総合的に検討して判断することになります。

(3) 解雇…解雇事由の追加

（普通）解雇事由の追加が不利益変更かは，当該就業規則の解雇規定がその合理的解釈からして事由を限定していたといえるか否かで，問題の捉え方が異なってきます。限定していたといえなければ，不利益変更の問題ではありません。限定していたとは容易に認めない前掲裁判例の傾向からすれば，不利益変更の問題とはならないでしょう。

(4) その他の退職事由…退職事由の追加

上記2（4）のような退職事由の新設は，退職事由が増えることで身分が不安定になるので，不利益変更といえます。

しかし，上記2（4）のような事由は，要するに，長期欠勤で本来解雇されてもやむを得ないのに，物理的に解雇通知が到達されず中途半端な状態となっている者との法律関係を解決するためなので，その退職事由の新設に必要性はあるし，労働者の不利益はさしてないので，合理性はあると考えます。つまり，本来解雇されてもやむを得ない労働者の不利益はさほどなく，他方で中途半端な法律関係を解決する企業の必要性はあり，内容も，「2週間欠勤して連絡がとれない」状態であれば相当（慎重を期すなら，前述したとおり，「1ヵ月」がよい）といえるので，このような退職事由の新設は，合理性あり，となるでしょう。

VI 労働時間・休憩・休日

1. 当該労働条件の戦略的意義

　労働義務の枠組（労働時間・休日・休憩）は，企業の構成員である従業員を毎日何時間働かさせられるかということなので，それを規定化することはきわめて重要です。適切な労務管理の主な制度面での具体化の一つです。

　この労働義務は，
①毎日同じ枠組で働かせる場合（これが原則）と，
②変形した枠組で働かせる場合，
③労働者の裁量を前提にみなしの労働時間で働かせる場合，又は事業場外労働のみなし制を適用する場合
があります（現在，不活発のフレックス制は，省略します）。

　それぞれ法規制がされているので，それを踏まえた規定化が必要です。特に，②変形した枠組で働かせる場合や，③労働者の裁量を前提にみなしの労働時間で働かせる場合は，法規制に合致しないと，その変形ないしみなしの効果が生じず，その結果，①原則規定（労基法32条，同37条）が適用されて，思わぬ膨大な人件費が発生するリスクが生じるので，要注意です。

　労働時間・休憩・休日に関する事項は，労基法89条１号（「始業及び終業の時刻，休憩時間，休日，休暇並びに労働者を２組以上に分けて交替に就業させる場合においては就業時転換に関する事項」）にあるとおり，絶対的必要記載事項であり，当該事業場に労働者が10人以上いるとき作成が義務づけられている就業規則には，必ず記載しなければならない事項です。

第2章　狭義の就業規則

```
〈労働時間規制の整理〉
法定は、週40時間　　　←→　規制外…法内残業、法定外休日の労働
1日8時間（労基法32条）
  │
  │    ・法定労働時間の弾力化…変形労働時間制（労基法32条の2、
  │      32条の4、32条の5）
  │
  │    ・みなし制… 事業場外労働（労基法38条の2）、
  │      専門業務型・企画業務型裁量労働制
  │      （労基法38条の3，4）
  │
  │    ・フレックスタイム制（労基法32条の3）
  ↓

・適用除外（但し、深夜労働、年次有給休暇は除く）
　…管理監督者、秘書等（労基法41条1号～3号）
```

＜国の「働き方改革」に対応する自企業の働き方改革＞

　2017年3月28日，働き方改革実現会議は，「働き方改革実行計画」をいよいよ決定しました。今後は，法制度の整備も進むことになります。この国の法制度の整備は，わが国の生産人口減少，イノベーションの欠如による生産性向上の低迷という問題に正面から向き合い，日本経済の再生を実現しようというものです。

　もっとも，自企業の将来に置き換えて考えるとき，国の政策方針を一旦自企業の将来の成長に置き換えて取り入れるものとそうでないものを冷静に選択した上で，実行する必要があります。「働き方改革」にある13項目の提言の中で，自企業にこれを置き換えたとき，どういう視点で選択し，そして選択したものをどのように制度化（設計）し，運用するのがよいかを検討する必要があります。国の政策を主体的に，かつ先手を打って自企業に取り込むことを目的とします。

　国の「働き方改革」の中で，各企業に影響を与える項目を抽出し，それに対応して自企業「働き方改革」を検討すると，次の整理が可能です。

1.「同一労働同一賃金」対応

(1) 国の基本的考え方と規制の方向性を確認する
 ア．基本的考え方：年功→能力
 イ．規制の方向性：賃金のみならず教育訓練・福利厚生まで裁判で争えるよう根拠となる法整備がされる

(2) 自企業における留意点を分析し制度設計を行う
 ア．自企業における正規，非正規の処遇の差異を整理（企業の理念，事業目的から整理する）
 ・基本給，各種手当，教育訓練・福利厚生，派遣労働者の取扱はどうなっているか
 イ．上記労働条件の差異が不合理でないかを検証する。不合理であれば修正する。

2.「賃金引上げと労働生産性向上」対応

(1) 国は，労働分配率を上昇させ，経済の好循環により総雇用者所得の増加を目標とし，最低賃金引上げ，支払条件改正の方向であることを確認する

(2) 企業は，労働生産性向上のための制度設計（賃金・賞与等）と運用（考課，昇給・表彰の活用）が不可欠である認識を強く持ち，自企業の理念・事業目的から制度設計し，運用者に研修をする

3.「長期間労働の是正」対応

(1) 国は，罰則付で長期間労働の是正を実行する

(2) 企業は，現場の従業員が長期間労働をしないよう労働時間設計し，それに沿った運用する必要がある。上記2（2）と重なると思われる

4.「柔軟な働き方がしやすい環境整備」対応

国の方針にある雇用型・非雇用型テレワークの導入を，企業理念・事業目的の観点から検討する

5.「病気」を持つ労働者への対応

(1) 国は，労働人口3人に1人いるといわれる病気を持つ労働者が仕事と両立すべく，各種支援をする方針である

(2) 企業は，企業の理念（及び事業目的）に合った制度整備と運用をすべき
  ア．制度整備（休職制度等のメンテナンス）
  イ．運用（産業医の活用と主治医への対応）

6.「子育て・介護と仕事の両立，障害者の就労」への対応

(1) 子育て・介護と仕事の両立
  ア．国は，これらの支援を強化する方向である
  イ．企業において休業・休暇・処遇等での工夫どこまでできるかを，企業の理念（及び事業目的）から検討する

(2) 障害者の就労
  ア．国は，2018年4月より法定雇用率引上げ等支援強化の方向である
  イ．企業において従事業務や就業環境での工夫，これも上記（1）イと同様の観点から検討する

7．転職・再就職支援

(1) 国は，転職・再就職＝労働市場の流動化を支援する方向である
(2) 企業も，中途採用であるいは早期退職で，事業の必要に応じてその方向に寄り添う
  ア．中途採用を活用する上での留意事項（企業の理念・事業目的の観点から採用基準の設計と試用期間での判断をする）
  イ．早期退職実施における留意事項（視点は，アと同様）

8．高齢者・外国人材の有効活用

 制度設計と運用上の留意点＝上記1～7と同様，企業の理念・事業目的を視点に，当社にとって何が「有効活用」となるかを考え，設計　→　運用する

Ⅵ 労働時間・休憩・休日

2．規定化する上でのポイント

（1）所定労働時間等の規定化

　企業は労働者に，1週間につき40時間（労基法32条1項），1日につき8時間を超えて（同2項）労働させられません（1項が基本，2項が1項の週の労働時間を各日に割振る基準）。これらの労働時間を，法定労働時間といいます。「1週間」とは，「就業規則その他に別段の定めがない限り，日曜日から土曜日までのいわゆる暦週」であり（別段の定めをすれば，その定めの区切りが可能），また，「1日」とは，「午前0時から午後12時までのいわゆる暦日をいうものであり，継続勤務が2暦日にわたる場合には，たとえ暦日を異にする場合でも一勤務として取り扱い，当該勤務は始業時刻の属する日の労働として，当該日の『1日』の労働と」されます（昭63.1.1基発1号）。そして，所定労働時間は，始業終業の時刻を特定しなければならないので（労基法89条1号），これを規定化すると，例えば，次のとおりとなります。

＜労働時間及び休憩の規定例＞（書式2-1・第22条，第23条を転記）

（労働時間及び休憩）
第22条　所定労働時間は1週（週の起算日は土曜日とする）40時間，1日8時間とし，始業・終業の時刻及び休憩時間は次のとおりとする。
　　　始業　8時30分　　終業　17時30分
　　　休憩　12時から13時まで
2　業務上の都合により前項の時刻を臨時に繰り上げ，または繰り下げることがある。この場合においても，1日の労働時間が8時間を超えることはない。
（休日）
第23条　休日は，次のとおりとする。
　①土曜日，日曜日（法定休日）
　②国民の祝日（振替休日を含む），年末年始（12月30日から

第2章 狭義の就業規則

> 　　1月3日まで）
> 　　③会社創業記念日

　他方，休憩時間，休日については，同条を読んで分かるとおり，特定は不要です。もっとも，特定できるならしたほうが望ましいので，多くの就業規則では，上記規定例のとおり，特定しています。

（2）変形労働時間制，変形休日制の規定化
ア．変形労働時間制
　労基法は，変形労働時間制の規定として，1ヵ月以内単位（労基法32条の2），1年以内単位（同32条の4），1週間単位（同32条の5）の3種類を用意します。このうち1ヵ月以内単位と1年以内単位が基本的で，他方，1週間単位は事業の種類と規模が限定された特殊なものです。

　もっとも，労基法が用意する変形労働時間制の定め（要件）は，あくまで法定労働時間（1週40時間，1日8時間，同32条）を弾力化（週平均40時間が確保されていればよい）するのを適法（免罰的効果）にするためだけの要件です。労働者にこれらの変形制による労働を義務として課す（私法的効力を持たせる）には，労働協約，就業規則又は労働契約上の根拠が必要です。

①1ヵ月以内単位
　1ヵ月以内単位の変形制は，
・労使協定（但し，有効期間の定め，労基署長への届出が必要）又は就業規則その他これに準ずるもの（「これに準ずるもの」も，労働者への周知が必要）で，
・1ヵ月以内の期間を平均して一週の法定労働時間（40時間）を超えないよう，各労働日の所定労働時間を定めたとき（但し，当該期間の起算日の定めは必要）は，
法定労働時間（1週40時間，1日8時間）を超えても労働させられる，とするものです（労基法32条の2，労基則12条の2～2の2の2）。

　この変形労働時間制に適するものは，1ヵ月以内単位で業務の繁閑のある事業，例えば，銀行等金融機関などです。

　以下は，就業規則で1ヵ月以内単位の変形制を定める場合で，a．月

末多忙で労働日を変形させる規定例と，b．やはり月末多忙で始業終業時刻を変形させる規定例を示します（規定例の中の「前条の規定」とは，上記（1）の規定例第22条を受けております）。

＜a．労働日を変形させる規定例＞

（1ヵ月単位の変形制）
第22条の2 前条の規定にかかわらず，○○部の社員に対しては，各月1日を起算日とする1ヵ月単位の変形労働時間制を適用する。但し，会社は，業務上の必要があるときは，適用を取り消すことがある。
2 始業・終業時刻及び休憩時間は，以下のとおりとする。労働日は，各単位期間の開始日の前日までに，各社員に書面にて通知するとともに，掲示する。
　始業　8時30分　　終業　17時30分
　休憩　12時から13時
3 休日は，第23条の定めにかかわらず，前項の労働日を定めることで合わせて特定するが，1週に1日以上の休日を確保するようにする。

＜b．始業終業時刻を変形させる規定例＞

（1ヵ月単位の変形制）
第22条の2 前条の規定にかかわらず，会社が適用を認めた社員に対して，各月1日を起算日とする1ヵ月単位の変形労働時間制を適用する。但し，会社は，業務上の必要があるときは，適用を取り消すことがある。
2 所定労働時間，始業・終業時刻及び休憩時間は，以下のとおりとする。労働日は，各単位期間の開始日の前日までに，各社員に書面にて通知するとともに，掲示する。

時期	所定労働時間	始業時刻	終業時刻	休憩時間
1日〜24日	7時間30分	8時30分	17時	12時〜13時
25日〜末日	9時間30分	8時30分	19時	12時〜13時

第2章　狭義の就業規則

> 3　休日は，第23条の定めにかかわらず，前項の労働日を定めることで　合わせて特定するが，1週に1日以上の休日を確保するようにする。

②1年以内単位

　1年以内単位の変形制は，

　労使協定（但し，労基署長への届出が必要）で，

ⅰ．対象労働者の範囲，

ⅱ．対象期間（一週を平均して法定労働時間を超えないよう定める一年以内の単位期間，但し，起算日の定めが必要），

ⅲ．対象期間における労働日（但し，対象期間が3ヵ月を超えるときは，1年当たり280日以内）とその労働時間（但し，1日10時間，1週間52時間以内。対象期間が3ヵ月を超えるときは，週の限度時間がさらに制限される），

ⅳ．有効期間を定めたときは，

法定労働時間を超えても労働させられる，とするものです（労基法32条の4，労基則12条の2，同12条の4）。

　この変形労働時間制に適するものは，1年以内単位で業務の繁閑のある事業，例えば，百貨店，ゴルフ場，学校などです。

　規定例を示すと，次のとおりです。

> ＜就業規則例＞
>
> （1年単位の変形労働時間制）
> 第22条の3　第22条の規定にかかわらず，労使協定の定めるところに従って，△△部門の社員に対して，毎年4月1日を起算日とする1年単位の変形労働時間制を適用する。但し，会社は，業務上の必要があるときは，適用を取り消すことがある。
> 2　1日の所定労働時間は8時間とし，始業・終業の時刻及び休憩時間は次のとおりとする。
> 　　始業　8時　　終業　17時
> 　　休憩　12時から13時

3 休日は，第23条の定めにかかわらず，労使協定で定める年間休日カレンダーによる。
4 所定労働時間を超え又は休日に労働させた場合は，賃金規程第〇条に定める割増賃金を支払う。期間途中で入社ないし退社した者には，当該勤務期間を平均して適用し，その結果，所定労働時間を超えたときは，同様に割増賃金を支払う。

＜労使協定例＞

　　〇〇株式会社と〇〇労働組合は，□□支店に勤務する社員の1年単位の変形労働時間について，以下のとおり協定する。
（対象者）
第1条　本協定の対象者は，□□支店勤務の社員全員とする。
（対象期間）
第2条　本協定に定める1年単位とは，平成〇年4月1日を起算日とする翌△年3月31日までの1年間とする。
（労働日・労働時間等）
第3条　各労働日の所定労働時間は8時間とし，その始業・終業時刻および休憩時間は次のとおりとする。
　　始業　8時　　終業　17時
　　休憩　12時から13時
（休日）
第4条　休日は，別紙の年間休日カレンダーのとおりとする。なお，連続労働日数は6日までとする。
（期間途中の入社・退職者）
第5条　期間途中で入社ないし退社した者は，当該勤務期間を平均して適用する。
（協定の有効期間）
第6条　本協定の有効期間は，起算日より1年間とする。
平成〇年〇月〇日

　　　　　　　　　〇〇株式会社代表取締役■■■■
　　　　　　　　　〇〇労働組合執行委員長××××

③１週間単位

１週間単位の変形制は,
・繁閑の差が著しく就業規則等で各日の労働時間を特定することが困難な事業で, 常時使用する労働者数30名未満の事業場において,
・労使協定（但し, 労基署長への届出が必要）で１週間を平均して法定労働時間（１週40時間, １日８時間）を超えない旨定めたときは,
１日10時間まで労働させることができる, とするものです。

但し, １週間の各日の労働時間の通知は, 当該１週間の開始する前に書面により当該労働者に通知しなければなりません（労基法32条の５, 労基則12条の５）。

この変形労働時間制に適するものは, 小規模（労働者30名未満）なホテル, 旅館, 飲食店, 販売店などです。

この変形制は対象事業, 規模が限定されている特殊なものなので, 規定例は省略します。

イ．変形休日制

企業は, 労働者に週１回の休日を付与しなければなりません（週休制の原則, 労基法35条１項）が, ４週間を通じて４日以上の休日を付与すれば, 週休制の原則の適用はありません。これを変形休日制（同条２項）といいます。１項が原則で２項は例外であり（昭22.9.13発基17号）, ２項の変形休日制を導入するときは, ４週間の起算日を明示しなければなりません（労基則12条の２の２項）。

（3）裁量労働制の規定化

①専門業務型

専門業務型裁量労働制は, 労使協定（但し, 労基署長への届出が必要）で,

ⅰ．対象業務（労基則で定める業務のうち, 労働者に就かせるものとして特定した業務, 以下の図参照),
ⅱ．みなし労働時間,
ⅲ．企業が労働者に具体的指示をしないこと,
ⅳ．健康・福祉を確保するための措置,

ⅴ．苦情処理措置，
ⅵ．有効期間，
ⅶ．ⅳ．ⅴの記録をⅵの期間及び満了後3年間保存すること
を定めたときは，
ⅰ．対象業務に従事する労働者は，ⅱ．労使協定で定めた労働時間労働
したものとみなされる，というものです（労基法38条の3，労基則24条
の2の2）。

対象業務は，労基則24条2の2で定め，さらに厚労省告示354号（平
15.10.22）で指定されています。

〈労基則24条2の2で定める対象業務〉
① 新商品・新技術の研究開発又は人文・自然科学に関する研究の業務
② 情報処理システムの分析又は設計の業務
③ 新聞・出版の記事の取材・編集の業務，放送番組制作のための取材・制作の業務
④ 衣服，室内装飾，工業製品，広告等の新たなデザインの考案の業務
⑤ 放送番組，映画等の制作のプロデューサー・ディレクターの業務
⑥ その他厚生労働大臣が指定する業務

〈厚生労働大臣が指定（厚労省告示354号平15.10.22）する業務〉
① コピーライターの業務（注1）
② システムコンサルタントの業務（注2）
③ インテリアコーディネーターの業務（注3）
④ ゲーム用ソフトウェア開発の業務
⑤ 証券アナリストの業務（注4）
⑥ 金融工学等を用いて行う金融商品開発の業務
⑦ 大学における教授研究の業務（注5）
⑧ 公認会計士の業務
⑨ 弁護士の業務

> ⑩ 建築士の業務
> ⑪ 不動産鑑定士の業務
> ⑫ 弁理士の業務
> ⑬ 税理士の業務
> ⑭ 中小企業診断士の業務
>   注1 広告,宣伝等における商品等の内容,特長等に係る文章の案の考案の業務
>   注2 事業運営において情報処理システム(労基則24条の2の2第2項第2号に規定する情報処理システム)を活用するための問題点の把握又はそれを活用するための方法に関する考案,助言の業務
>   注3 建築物内における照明器具,家具等の配置に関する考案,表現又は助言の業務
>   注4 有価証券市場における相場等の動向又は有価証券の価値等の分析,評価又はこれに基づく投資に関する助言の業務
>   注5 学校教育法に規定する大学における教授研究の業務－主として研究に従事するものに限る

　専門業務型裁量労働制の対象業務とされる労基則の規定は,限定列挙です。よって,これらに含まれない業務を対象業務として労使協定で定めても無効であり,「みなしの効果」は生じません。その結果,「みなされた労働時間」を超えれば,割増賃金を支払わなければなりません。

　もっとも,この労基法の定め(要件)は,専門業務型裁量労働制による労働を義務として課すためには,労働協約,就業規則又は労働契約の根拠が必要です(これは,後記②企画業務型も同様です)。

　就業規則及び労使協定の規定例を示すと,次のとおりです。

> ＜就業規則例＞
>
> (専門業務型裁量労働制の労働時間等)
> 第22条の4 第22条の規定にかかわらず,労使協定で定める社員
> 　(以下,本条において「適用社員」という)に対して,専門業

務型裁量労働制を適用する。但し，会社は，業務上の必要があるときは，適用を取り消すことがある。
2　適用社員が所定労働日に勤務した場合，労使協定で定める時間労働したものとみなす。
3　始業・終業時刻は，第22条に定める所定労働時間を基本とするが，業務遂行の必要に応じ適用社員がその裁量により具体的な時間配分を決定する。
4　休憩時間は，第22条に定めるところによる。
5　休日は，第23条に定めるところによる。
6　適用社員が休日または深夜に労働するときは，あらかじめ所属長の許可を受けなければならない。許可を受けて休日または深夜に労働した場合，会社は，賃金規程の定めるところにより割増賃金を支払う。

＜労使協定例＞

　　○○株式会社（以下,「会社」という）と○○労働組合（以下,「組合」という）とは，労働基準法第38条の3第1項に基づき，専門業務型裁量労働のみなし労働時間制に関し，次のとおり協定する。
（対象業務・対象者）
第1条　本協定は，商品開発部において新商品の開発業務に従事する社員（以下「適用社員」という）に適用する。
（みなし労働時間）
第2条　適用社員の労働時間は，1日8時間とみなす。
（裁量労働制であること）
第3条　適用社員は，原則，その業務の遂行の手段及び時間配分につき裁量があり，会社は適用社員に具体的指示は一切しない。
（欠勤等の取り扱い）
第4条　適用社員が欠勤，休暇等によって労働しなかった日は，第2条は適用しない。
（休憩時間）

第5条　適用社員の休憩時間は，就業規則第22条に定める時間を原則とし，業務の進捗状況等を勘案して各自が取得する。
（休日労働・深夜業）
第6条　適用社員は，休日，深夜に勤務してはならない。業務の都合上やむを得ず休日，深夜に勤務する場合は，あらかじめ上長に許可を得なければならず，許可を得た場合にのみ勤務できる。許可を受けて休日，深夜に勤務した場合は，本協定の定めにかかわらず，実労働時間で労働時間を算定するものとする。
（健康・福祉確保措置）
第7条　会社は，適用社員の健康・福祉確保措置として，次の措置を講ずる。
① 上長は，タイムカード，本人提出の業務報告書で労働時間の状況を把握する。
② 会社は，適用社員の1月の総労働時間が○○時間以下になるよう，業務の遂行方法や時間配分について当人と協議をし，必要があれば改善のための措置を講じる。
③ 会社は適用社員につき，半年ごとに1回，会社が指定する病院で健康診断を実施する。
④ 適用社員は，半年ごとに1回，①，②の結果をもとに会社指定の産業医と面接を行い，必要な場合は保健指導を受ける。
2　前項の措置の結果を受け必要がある場合には，会社は産業医と相談の上，以下の措置を講ずる。
① 労働時間の短縮措置を実施し，この間は本協定のみなし労働時間制を適用しない。
② 必要な期間の代償休日を与える。
③ 適用社員の配置転換を実施する。
（苦情処理措置）
第8条　会社は，適用社員の苦情処理措置として，苦情内容ごとに下記の相談室を設ける。
イ　健康管理に関する相談室を総務部健康管理室に設け，下記の時間，適用社員からの相談を受け付ける。

> ・相談時間　各労働日の12時～13時，18時～19時
> ・相談員保健師　○○○○　○○○○
> □　評価制度，賃金制度等人事制度に関する相談室を組合管理部に設け，下記の時間，適用社員からの相談を受け付ける。
> ・相談時間　各労働日の12時～13時，18時～19時
> ・相談員　○○○○　○○○○
> （記録の保存）
> 第9条　会社は，第7条，第8条の規定を基に講じた措置の内容を，適用社員ごとに記録し，本協定の有効期間中及び有効期間満了後3年間保存する。
> （有効期間）
> 第10条　本協定の有効期間は，平成○年○月○日から3年間とする。
>
> 　　　　　　　　　　　　　　　　　　平成○年○月○日
>
> 　　　　　　　　　　　　　　　　　　○○株式会社
> 　　　　　　　　　　　　　　　　　　代表取締役■■■■
>
> 　　　　　　　　　　　　　　　　　　○○労働組合
> 　　　　　　　　　　　　　　　　　　執行委員長△△△△

②企画業務型

　企画業務型裁量労働制は，
　労使委員会（構成は労使半数）の委員の5分の4以上の多数による決議（但し，労基署長への届出が必要）で，
ⅰ．対象業務，
ⅱ．ⅰに就かせる労働者の範囲，
ⅲ．みなし労働時間，
ⅳ．健康・福祉を確保するための措置，
ⅴ．苦情処理措置，

ⅵ．当該労働者の同意が必要であることと不利益取扱の禁止，

ⅶ．有効期間，

ⅷ．ⅳ．ⅴ．ⅵの同意の記録をⅶの期間及び満了後3年間保存することを定めたときは，

ⅰ．対象業務にⅱ．従事する労働者は，ⅲ．同決議で定めた労働時間労働したものとみなされる，というものです（労基法38条の4，労基則24条の2の3）。

この対象業務となる企画業務は，「事業の運営に関する事項についての企画，立案，調査及び分析の業務であって，当該業務の性質上これを適切に遂行するにはその遂行の方法を大幅に労働者の裁量にゆだねる必要があるため，当該業務の遂行の手段及び時間配分の決定等に関し使用者が具体的な指示をしないこととする業務」であり，厚労省告示第353号（平15.10.22）は，これにつき詳細に定めています。

当該厚労省告示において対象業務に該当しないものをいくら労使委員会で対象業務として決議しても，「みなしの効果は生じ」ません（同告示第3.1（2）イ）。

就業規則及び労使委員会の決議の例を示すと，次のとおりです。

＜就業規則例＞

（企画業務型裁量労働制の労働時間等）

第22条の5　第22条の規定にかかわらず，労使委員会の決議で定める社員（以下，本条において「適用社員」という）に対して，企画業務型裁量労働制を適用する。但し，会社は，業務上の必要があるときは，適用を取り消すことがある。

2　適用社員が所定労働日に勤務した場合，労使委員会の決議で定める時間労働したものとみなす。

3　始業・終業時刻は，第22条に定める所定労働時間を基本とするが，業務遂行の必要に応じ適用社員がその裁量により具体的な時間配分を決定する。

4　休憩時間は，第22条に定めるところによる。

5　休日は，第23条に定めるところによる。

6　適用社員が休日または深夜に労働するときは，あらかじめ所属

長の許可を受けなければならない。許可を受けて休日または深夜に労働した場合，会社は，賃金規程の定めるところにより割増賃金を支払う。

＜労使委員会の決議例＞

　　○○株式会社本社事業場労使委員会は，企画業務型裁量労働制につき，下記のとおり決議する。
（対象業務）
第1条　企画業務型裁量労働制を適用する業務の範囲は，次のとおりとする。
　　① 企画部で経営計画を策定する業務
　　② 人事部で人事計画を策定する業務
（対象社員）
第2条　企画業務型裁量労働制を適用する社員（以下,「適用社員」という）は，前条で定める業務に常態として従事する者のうち，入社して7年目以上でかつ職務の級が主事6級以上である者（ただし，就業規則第○条で定める管理監督者を除く）とする。
（事前の同意等）
第3条　適用社員を対象業務に従事させる場合，事前に本人から書面による同意を得なければならない。この同意を得るに当たっては，使用者は，本決議の内容，同意した場合に適用される評価制度及び賃金制度の内容，同意しなかった場合の配置及び処遇について適用社員に説明するものとする。
2　前項の場合に，同意しなかった社員に対して，同意しなかったことを理由として，処遇等で，本人に不利益な取扱いをしてはならない。
（みなし労働時間）
第4条　第2条に定める者のうち第3条に基づき同意を得た者（以下「裁量労働従事者」という）が所定労働日に勤務した場合の労働時間は，8時間とみなす。
（裁量労働従事者の健康と福祉の確保）

第5条　使用者は，裁量労働従事者の健康と福祉を確保するために，次の措置を講ずる。
①　裁量労働従事者の健康状態を把握するために，次の措置を実施する。
イ　所属長は，入退室時のIDカードの記録により，裁量労働従事者の在社時間を把握する。
ロ　裁量労働従事者は，2ヵ月に1回，自己の健康状態について所定の「自己診断カード」に記入の上，所属長に提出する。
ハ　所属長は，ロの自己診断カードを受領後，速やかに，裁量労働従事者ごとに健康状態等についてヒアリングを行う。
②　使用者は，前号の結果をとりまとめ，産業医に提出するとともに，産業医が必要と認めるときには，次の措置を実施する。
イ　定期健康診断とは別に，特別健康診断を実施する。
ロ　特別休暇を付与する。
③　精神・身体両面の健康についての相談室を○○に設置する。
（裁量労働従事者からの苦情の処理）
第6条　使用者は，裁量労働従事者から苦情等があった場合には，次の手続に従い，対応するものとする。
①　裁量労働相談室を次のとおり開設する。
イ　場所　○○労働組合管理部
ロ　開設日時　毎週金曜日12：00～13：00と17：00～19：00
ハ　相談員　○○○○　○○○○
②　取り扱う苦情の範囲は，次のとおりとする。
イ　裁量労働制の運用に関する全般の事項
ロ　裁量労働従事者に適用している評価制度，これに対応する賃金制度等の処遇制度全般
③　相談員は相談者の秘密を厳守し，プライバシーの保護に努める。
（勤務状況等の保存）
第7条　使用者は，裁量労働従事者の勤務状況，裁量労働従事者の健康と福祉確保のために講じた措置，裁量労働従事者からの

VI 労働時間・休憩・休日

> 苦情について講じた措置，企画業務型裁量労働制を適用することについて裁量労働従事者から得た同意に関する従業員ごとの記録を，決議の有効期間の始期から有効期間満了後3年間を経過する時まで，保存する。
>
> （決議の有効期間）
> 第8条　本決議の有効期間は，平成○年○月○日から3年間とする。
>
> 　　　　　　　　平成○年○月○日
>
> 　　　　　　　　　　○○株式会社本社事業場労使委員会
>
>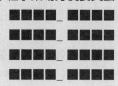

③事業場外労働のみなし制

事業場外労働のみなし制は，
・労働者が労働時間の全部又は一部について事業場外で業務に従事した場合において，
・その労働時間を算定し難いときは，

「所定労働時間」労働したものとみなし，ただ，当該業務を遂行するためには通常「所定労働時間」を超えて労働することが必要となる場合には，当該業務の遂行に「通常必要とされる時間」労働したものとみなすものです。

この場合，労使協定（但し，有効期間を定め，労基署長への届出が必要，ただ法定労働時間以内なら届出不要。また，三六協定の届出に付記することでこれに代えることも可能）によってその協定で定める時間を「通常必要とされる時間」とできます（以上，労基法38条の2，労基則24条の2）。

事業場外労働のみなし制の対象は，事業場外で業務に従事し，かつ，企業の具体的な指揮監督が及ばず労働時間を算定することが困難な業務である場合です。

但し，次の場合は，事業場外で業務に従事する場合でも企業の具体的な指揮監督が及んでおり，労働時間の算定が可能なので，みなし労働時間制の適用はありません（昭63.1.1基発１号）。すなわち，

① 何人かのグループで事業場外労働に従事する場合で，そのメンバーの中に労働時間の管理をする者がいる場合
② 事業場外で業務に従事するが，無線やポケットベル等によって随時使用者の指示を受けながら労働している場合
③ 事業場において，訪問先，帰社時刻等当日の業務の具体的指示を受けたのち，事業場外で指示どおりに業務に従事し，その後事業場にもどる場合

です。

(4) 適用除外（管理監督者）の規定化
ア．適用除外（管理監督者）についての法的規制（労基法41条２号前段）

　管理監督者とは，労務管理（労働条件の決定その他）について経営者と一体的立場にある者の意であり，名称や各企業での取扱いにとらわれず，実態に即し判断されます（昭22.9.13発基17号，昭63.3.14基発150号）。その実態に即した判断では，「職務内容，責任権限，勤務態様に着目する」とともに「賃金等の待遇面について」「その地位にふさわしい待遇がなされているか否か」等に留意する必要があります（前掲通達）。

　要するに，労務の実態（ⅰ．出退勤の時刻が管理されているか，という量的側面，ⅱ．職務内容が経営者に近いか否か，という質的側面）と賃金（ⅲ．時間外勤務手当が支給されない代わりにその地位にふさわしい待遇がされているか）の３つの要素の実態に則した客観的総合的な判断です。その判断の結果，前記の実態があれば，部下を持たない，いわゆるスタッフ職でも管理監督者です（前掲通達）。

　したがって，企業がそれぞれの就業規則等で，「課長以上の者を管理監督者とする」とか，「五等級以上のものを管理監督者とする」と，職位や職能を基準に管理監督者の線引きをしても，そのとおりになるとは限りません。

　この３つの要素をこれまでの裁判例を参考にチェックリスト化すると，次のとおりです。

Ⅵ 労働時間・休憩・休日

<チェックリスト>

ⅰ. 職務内容, 権限, 責任等 (労働条件の決定その他労務管理について経営者と一体的な立場にあるかどうか)	ⅱ. 勤務態様 (出退勤について厳格な規制を受けずに自己の勤務時間について自由裁量を有しているかどうか)	ⅲ. 待　　遇 (賃金についてもその地位にふさわしい待遇を受けているかどうか)
【労務管理】 ▶募集・採用権限の有無・範囲（アルバイトだけか等）・採用条件の決定権限 ▶人事考課権限, 賞与額決定権の有無・範囲 ▶昇進・昇給権限 ▶人事計画の作成権限, 他の社員への指揮・命令権限（どの範囲の社員まで指揮・命令出来るのか） 【経営参画】 ▶重要事項を決定する会議への参加権限 ▶重要な職務と決定権限（裁量性）	▶出退勤管理の有無（一般社員と変わらないか） ▶遅刻, 早退のとき賃金が控除されたり, 注意されたりするか ▶自己の勤務時間について, 実質的に見て裁量権が行使できるか（自由といっても, 仕事量からおのずと勤務時間帯が決まってしまってないか）	▶役職手当を含めた待遇が管理監督者に見合うものか。当該企業の中でどの位高い待遇であったか ▶すぐ下の非管理監督者の賃金水準と比較して充分といえるか ▶当該手当（待遇）が, 当該役職に就くことからではなく, 別の理由から決められたことはないか

　もっとも, この３つの要素は（判断する際）同じ価値（配点）かというと, 違います。これまでの裁判例を見ると, 仮に３つの要素の合計点（満点）が10点とすると, ⅰが６点, ⅱとⅲが各２点ずつ, という印象です。なぜなら, ⅰの要素につきほとんど評価すべきものがない事案では, 裁判所は, ⅱやⅲの事実認定すらせずに, 管理監督者性を否定しているからです。いかにⅰの要素を重視しているかが, 分かります。

　以上を参考に, 自企業において, どの職責・役割から上の者を管理監督者とするか, を決めて下さい。ただ, 注意すべきは, ほとんどの企業で管理監督者と非管理監督者の線引きは甘くなりがちです。甘い線引きは, その後, 労基署が入ったり, 裁判になったとき大きなリスクになることをよく理解して行う必要があります。例えば, A企業で課長以上を

第2章　狭義の就業規則

管理監督者として深夜割増以外の割増賃金を支払わないと線引きをし，3年後にこれが否定されたとします。そのＡ企業に課長が50名いたら，過去2年（労働債権の時効は2年なので）に遡って，その間に課長で退職した労働者も含め，法定週40時間超の労働時間を125％で，（法定）休日は135％で賃金を支払わなければならないばかりか，今後も，同様にしなければならなくなります。仮に1人1年間で200万円の未払賃金があるとしたら，過去分で200万円×2年×50名＝2億円（これに年6％，退職者は退職時から年14.6％の損害金を付加），加えて，将来分で1年毎に1億円，余分に人件費が発生することになります。こういう大きなリスクになるので，慎重に見極める必要があるのです。

イ．規定化

その慎重な検討の結果，規定化するのであれば，就業規則，賃金規程に，次のようにすればよく，規定自体はとても単純です（適用除外を示すだけなので）。すなわち，労働時間，休憩，休日は労働の枠組の規制なので，それを定める就業規則の当該部分の定めの後に，除外規定を定めます。割増賃金（労基法37条）は賃金の定めなので，それを賃金規程として別規程化する企業ではその別規程の中に，その部分だけ定めます。

＜労基法32条～36条関係の就業規則での除外規定＞

（適用除外）
　第△条
　　課長以上の役職にある者については，労基法32条以下の労働時間，休憩，休日に関連する規定（第×条…）は適用しない。

＜労基法37条関係の賃金規程での除外規定＞

（適用除外）
　第○条
　　課長以上の役職にある者については，第21条（時間外労働手当），第22条（休日労働手当）の適用はない。

管理監督者の規定化，つまり，どの範囲の職責（役職）から適用除外

Ⅵ 労働時間・休憩・休日

にするかについては以上のような法的規律を踏まえる必要がありますが，筆者としては，もう一歩踏み出し，企業がその事業目的（理念）を実現するために管理監督者をより戦力化したい，と考えるなら，その視点から，設計（制度化）で留意すべき点を述べたいと思います。

　企業が，自企業の従業員を管理監督者に位置付けようとするとき，それらの範囲の従業員は，法的にはどうであれ，当該企業にとって中核となるべき従業員のはずです。それらの範囲の従業員を，新入社員からいわば階段状に設計した人事制度の中（延長）に位置付けることが果たして企業の繁栄に役立つかを，よく検討した方がよいと考えます。つまり，これらの中核となる従業員は，企業の事業目的（理念）を一般の従業員に比べ，より企業と共有し率先して実現すべき立場（役職）になっているはずです。これらの中核となる従業員が有機的に機能するかどうかは，「人」と「物」との有機的結合体である企業にとって，それは核心的関心事であるべきことです。

　そうであるなら，中核となる従業員には，その中核となるべき職責（職務内容と責任）を付与するとともに，それにふさわしい待遇とし，且つ，企業の業績結果とそれへの貢献度を，他の従業員に比べよりストレートに示すことが，人を有機的に結合し企業の事業目的（理念）を共有するのに役立つと考えます。他の従業員達も，自分達もそうなりたいと思えるほどの内容にします。この「よりストレートに示す」ということの代表例は，賞与であり，もっと強化するなら，月例賃金（役職給）に反映させる（年１回，月例賃金を改定し，この業績への貢献を反映させる），さらにドラスティックにするなら，昇格・降格人事を活発化させることです。

第2章　狭義の就業規則

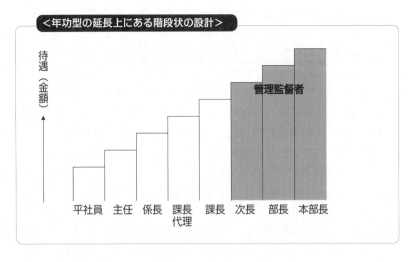

　これまで，管理監督者の線引きだけにフォーカスしてどこで線引きするかは慎重にして下さい，と解説しました。しかし，それには続きがあります。それは，管理監督者の線引きを慎重にすると管理監督者の線引きが上位職まで上がり（今までの「課長以上」が「部長以上」になる），月額の人件費が増えます(課長に残業代を支払うことになるので)。他方，課長以上の中間職には，職務の遂行により結果を出しているかを厳格に査定し，それを賞与に反映させ（例えば，入社2～3年目の従業員の賞与が40～50万円に対し，そういった中間職はゼロか5万円というように），1年間企業業績への貢献がゼロであれば，職責に対応する月例賃金もそれを反映させて変動させ（但し，賃金規程に労働者が予想できる計算式が必要です），さらに，企業業績への貢献が1年どころか何年にも亘って悪いなら，降格をする，というメリハリをきかせた人事処遇です。制度面でそれが可能な設計をし，運用上はきっちり考課査定をして，争われても，充分説明が出来るようにします。日本の「管理職」の生産性の低さは，先進各国との比較データで示されているとおり明らかであって，これは年功的人事制度の悪しき点です。日本の多くの企業が，ホワイトカラーの生産性を少なくとも先進国と同じレベルにするには，こういった検討をすることは，今後は絶対必要です。

　そのためには，月例賃金の決め方，賞与の設計，降格を含めた人事異

VI 労働時間・休憩・休日

動の3つを，上記のような一つの問題意識から出発し，統一した施策・運用方針とし，そのもとに各中核となる従業員の労働条件の設計の中に反映させ，運用で活かすことが必要です。その統一した施策・運用方針の中で，課長を管理監督者から外すことが，法的には正解でも職場（課長）のモチベーションが低下するというのであれば，そのモチベーションに配慮して「管理者」としては位置付けるが，労基法41条2号前段の適用は困難なので残業代が支払われる「管理者」として，労基法41条2号前段を適用しないとします。しかし，課長の賞与は，それより下のものより考課査定を厳格にします。他方，次長以上の役職者については，それぞれ高度の職責を持ち，賞与だけでなく，賃金もこれに見合うものとし，その職責の遂行結果，企業の業績結果とこれへの貢献により処遇が決定されるものとし，それ由，管理監督者と位置付ける，とすればよいです。

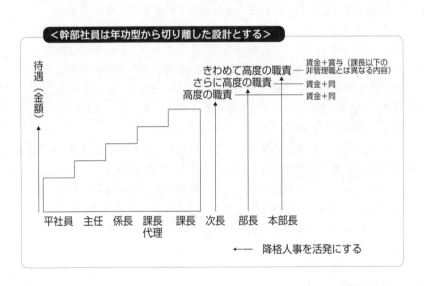

3. 規定変更（新設）による労働条件の不利益変更

（1）所定労働時間等の変更
ア．所定労働時間を増やす等時間数を変更する場合
ⅰ．所定労働時間の増加（延長）

　例えば，1日7時間30分，週37時間30分（7.5時間×5）を，法定労働時間ぎりぎりに，1日8時間（＋0.5時間），週40時間（＋2.5時間）と増加させる変更です。労働契約にとって労務の提供は重要な要素であり，その中でも，労働義務を負う時間数を長くするのは，重要な労働条件の大きな不利益変更といえます。他方，所定労働時間の延長に伴って当該時間分の賃金が支払われるか否かは，法的には，労働時間を延長される労働者が受ける不利益の程度の中で検討されることになります。

　そこで検討しますと，まず，増加（延長）時間分の賃金が支払われないときは，働く時間が毎日30分ただ増えることになるので，労働時間という重要な労働条件が何の代償もなしに大幅に不利益変更されることになります（しかも，残業代の単価まで下がります）。よって，法内残業代を支払い続けると企業の経営が悪化する等，変更の必要性がきわめて高度にないと，合理性は認められないでしょう。

　次に，増加（延長）時間分に見合う賃金が支払われるときは，有給の法内残業を所定労働時間化し，それに伴って賃金も増える，ということです。そして，多くの企業では，1日30分程度の法内残業はしていることにかんがみると，労働者の不利益はさしてないと考えます。よって，当該企業に法内残業が常態化している等の変更の必要性があれば，合理性は認められるでしょう。

ⅱ．休憩時間の増減
①休憩時間の増加

　1日の休憩時間を増やすことは，利益の面もありますが，拘束時間が増える（当該企業の施設に居なければならない時間が増える）ことになるので，不利益ともいえます。

　例えば，休憩時間を1日30分とか1時間増やすことで拘束時間が増え

VI 労働時間・休憩・休日

ても，たいした不利益変更ではないといえますので，残業の多い企業で，夕方30分の休憩時間を認めてリフレッシュし，効率の良い残業にして長時間残業をなくそうということであれば，変更の必要性，相当性はあり，全体として合理性は認められるでしょう。

では，休憩時間を３時間とか５時間とか大幅に増やすことで拘束時間が増えるときはどうでしょう。不利益性は高まるといえます。企業側に相当程度の必要性がないと，合理性を否定される可能性が多分にありますので，慎重に検討しなければなりません。例えば，１日５店舗は回るトラック運転手に配送先の店舗等で納品のための順番待ちの手待時間があったとします。それを，顧客である店舗と交渉した結果，店舗に到達後15分は店舗の駐車場を使用でき，その間はトラックから離れることが可能になりました。するとその時間は手待ではなく，労働から解放することができるので，その時間数×店舗数の合計時間数分が休憩時間として付与が可能です。そこで，その分，法定外休憩時間を付与し，他方，手待時間（労働時間）を減らすとします。この場合，手待時間は，ただ運転席に座り，順次トラックを前に進めて自分の荷降ろしの番が来るまでトラックを動かすだけの時間なので，きわめて労働密度の低い時間です。これを上記交渉の結果その作業が消滅し労働から解放されるので，労働者の受ける不利益は，（賃金が発生していた）労働密度のきわめて低い労働の消滅に伴うその時間分の賃金の不発生で，賃金は減ってもさしたる不利益はないと分析できます。他方，非効率な納品作業の効率化，無駄な人件費の圧縮を目的とする変更に必要性は充分あり，内容も納品作業の効率化に伴ってその分の時間を法定外休憩時間として付与するわけなので，相当といえます。よって，この場合であれば，合理性は認められるでしょう。

②休憩時間の減少

労基法34条の時間数は確保した上で１日の休憩時間を減らすのは，不利益な面もありますが，拘束時間が減るので利益ともいえます。

この問題も，上記①と同様で，減る時間がそれほど多くなければ，同時に拘束時間も減るのであり，不利益はたいしたものではないといえます。よって，変更の何らかの必要性があれば，合理性は認められるでしょう。

次に、長時間の休憩時間によって長い拘束時間があったのを休憩時間の短縮によって拘束時間も減らす場合は、休憩時間が減っても、拘束時間も同時に減り、早く帰宅できることになるので、通常は、利益の方が大きいといえ、合理性は容易に肯定されるでしょう。

iii．休日の増減
①休日の増加

月給制で賃金はそのままにしながら休日を単純に増やす（例えば、月2日増）のは、不利益変更ではありませんが、その休日分相当の時間数分（上記例で、月2日×7時間＝14時間）で所定労働時間（但し、1日の法定労働時間の範囲内）を長くする（上記例で、月初、月末の各7日の労働日の所定労働時間を各1時間増やして8時間とする）のであれば、その点が労働条件の不利益変更となります。そして、その労働時間が不利益に変更されたことのその不利益の程度の検討の中で、休日の増加が考慮されます（羽後銀行事件最三小判平12・9・12、函館信用金庫事件最二小判平12・9・22参照）。

次に、日給制では、休日を増やせば、労働日が減るのでそれに比例して賃金も減り、やはり不利益変更の問題となります。労働日と賃金が減少する中で休日の増加がその不利益の程度の検討の中で考慮されます。まず、休日増とその分の賃金減は、労働者の受ける不利益は賃金減の点で、それに相当する休日増は逆に利益といえ、これを形式的に見ると、プラスマイナスゼロで不利益はほぼないとなります。しかしながら、労働日が減ることで賃金が減るのは、単純な算数の問題ではなく、実質的観点から検討されるべきで、不利益性は相当程度あります。したがって、企業業績の悪化からワークシェアリングで雇用を守る必要等、変更の必要性が相当程度ないと、合理性は否定されかねません。

②休日の減少

休日を減らすのは不利益変更ですが、その分労働日の所定労働時間も減るのなら、休日の日数減の不利益の程度の検討の中で、1日の所定労働時間の減少が考慮されます。

これは、上記①の月給制のケースと反対のケースです。形式的には総労働時間はプラスマイナスでゼロとなりますが、いかに労働時間数が減っても労働日が増えるのは、労働者から見れば実質的には不利益でしょ

う。よって，相当程度の必要性がないと，合理性は否定されかねません。
イ．所定労働時間等の枠組を変える場合
ⅰ．所定労働時間等の枠組の変更
　例えば，9時～17時30分（12時～13時に1時間休憩）の所定労働時間等の枠組を，8時～16時30分（休憩時間帯は変更なし）に変更する場合です。
　この問題は，次のように考えます。朝9時に出社すればよかったのが，8時に早くなったのは不利益変更となるが，退社時刻は逆に1時間早くなったから，それは利益であり，それらを考えると不利益変更の程度はさほどない。そうなると企業に所定労働時間等の枠組を変更する必要性がそれなりにあれば，相関的に見たときは合理性あり，ということになるでしょう。
ⅱ．休憩時間の枠組の変更
　例えば，上記ⅰの例で，休憩時間を11時～12時に変更する場合です。上記ⅰと同様に考えます。そうすると，労働者の不利益はさほど（ほとんど）なく，企業にその変更の必要性がそこそこあれば，合理性は肯定されるでしょう。
ⅲ．休日の枠組みの変更
　例えば，週休2日制で，それまで土曜日，日曜日だったのを，水曜日，木曜日に変更する場合です。やはり，上記ⅰ，ⅱと同様に考え，土曜日，日曜日休みで子どもたちと一緒に過ごせたのが労働日になる点は不利益だが，水曜日，木曜日が休日になることで一般の人が働いている日が休みになる結果，どこに行くにもそれほど混み合わない，という利益であり，加えて，子どもたちの行事で土日休む必要があれば年休を取得することもできるわけであり，これら労働者の不利益を考えると，不利益の程度はほとんどありません。そうなると，企業に休日を変更する必要性が相当程度あれば，合理性は肯定される，ということになります。

（2）変形労働時間制，変形休日制の変更
　変形労働時間制や変形休日制の新設は，不利益変更の問題となるでしょうか。
　たしかに，変形労働時間制や変形休日制は，通常の労働時間で休日を

特定した勤務体制に比べれば不規則で不安定なので，通常の労働時間で休日を特定した勤務体制と同じ労働時間数や休日日数の枠内で変形労働時間制や変形休日制にしたとしても，労働条件は不利益になります。

　しかしながら，変形労働時間制や変形休日制自体，労基法の制度であり，その法令で労働者保護のための規制がされているので，労働者に生ずる不利益は一応の配慮がされているといえます。したがって，その不利益の程度は，通常の労働時間で休日を特定された勤務体制と同じ労働時間数や休日日数であることが条件ですが，変形労働時間制や変形休日制の新設（就業規則を変更する）では，労働者の受ける不利益はさほどの程度とはいえず，したがって，新設の必要性がそれなりにあれば，その変更には合理性が認められると考えます。

（3）裁量労働制の変更

　変形労働時間制等の議論と同様です。つまり，裁量労働制の新設は，労働条件の不利益変更といえますが，裁量労働制は労基法の制度であり，その法令の中で労働者保護のために規制がされているので，労働者に生ずる不利益には一応の配慮がされているといえます。よって，その制度の新設によって労働者の受ける不利益の程度はそれほどのものではなく，裁量労働制を新設する必要性があれば，その変更には合理性が通常は認められると考えます。

（4）適用除外（管理監督者）の範囲，処遇の変更

　管理監督者の範囲を課長以上としていたのを，次長以上にしたり，管理監督者たる課長の権限が労務管理権限が少なかったので，権限を増やすとか，役職手当を増やすとして，法的規律（昭63.3.14基発150号）を意識した変更をすることが考えられます。

　権限の強化は，労働義務の質的側面が重くなるので，労働条件の不利益変更といえるでしょう。単純に，職責を重くすることは，それに不満を持った課長が，労基署に労基法違反で申告する（労基法41条2号前段の適用間違い，よって同24条ないし同37条違反で申告する，といったことが想定されます）ことを誘発するのと，法的にも単純な労働義務の質的側面の加重化に合理性があるかは，疑問です。よって，上記の例でい

うと，同時に役職手当を増やし，職責の過重に見合う手当を厚くすることで，労働者の実質的不利益を少なくできます。これらは，前記2（4）で解説した管理監督者となる適用条件のⅰとⅲの要素を強化することにもなり，労働条件の変更後（制度改正後）の管理監督者性を肯定する方向にも行きます。つまり，管理監督者の範囲を変更する際には，2（4）の要素を前提に，それに適合するように，ⅰ～ⅲの要素を変更することで，変更の合理性を担保しながら，せっかく変更した管理監督者性が否定されないようにする，ということです。

Ⅶ 時間外・休日労働

1．当該労働条件の戦略的意義

　時間外・休日労働は，三六協定を締結し労基署長に届出しても，それだけでは私法的効力が生ずるものではなく，企業は労働者に時間外・休日労働を命ずることはできません。企業が労働者に時間外・休日労働を命ずるため（私法的効力の発生）には，労働契約上の根拠が必要です。その根拠を取得するのに一番手っ取り早いのは，就業規則に明記することです。

　時間外・休日労働自体は，労働義務の枠組（労基法89条１号「始業及び終業の時刻，休憩時間，休日，休暇並びに労働者を２組以上に分けて交替に就業させる場合においては就業時転換に関する事項」）ではありませんが，すべての労働者を対象に時間外・休日労働を義務づけることは，同条10号「当該事業場の労働者のすべてに適用される定めをする場合」（相対的必要記載事項）に該当するので，それを制度化するのであれば，就業規則への明記が必要です。

　時間外・休日労働は，三六協定の締結と労基署長への届出によって可能となりますが，あくまでこれは，企業が従業員に権利として命じるものである，という認識を強く持つ必要があります。労働は，労働者にとって義務，使用者にとって権利です。時間外・休日労働もその延長上にあります。ただ，労働者の健康が害されないよう，三六協定の締結等の規制をしているのです。

　よって，制度化してこのことを明確にするとともに，運用で非効率な時間外・休日労働をさせないよう，もっと言うと，注意・指導しても非効率な時間外・休日労働をする従業員にはこれを禁止することも可能です。これは，適切な労務管理として大切です。非効率な時間外・休日労働の従業員の方が，効率的な従業員よりもらう賃金が多くなる，など絶対に発生させてはなりません。

Ⅶ 時間外・休日労働

2．規定する上でのポイント

　時間外・休日労働の私法的効力取得のためにどこまで明記する必要があるかは，議論がありますが，日立製作所武蔵工場事件で最高裁（最一小判平3.11.28）は，協定により時間外労働をさせることができる旨の就業規則の規定を根拠に，労働者の時間外労働義務を肯定しました。就業規則上の規定は合理的なものであれば労働契約の内容になるとの判例（現在は，労働契約法7条により実定法化）に従い，基本的には包括的同意説を採用したものですが，就業規則上の規定（三六協定を引用したもの）の合理性の判断にあたり，時間外労働の事由（「納期に完納しないと重大な支障を起こすおそれのある場合」，「生産目標達成のための必要ある場合」，「業務の内容によりやむをえない場合」などの時間外労働の事由）が限定されていることも考慮したものです（山川隆一『雇用関係法』第4版175頁参照）。

　一般的には，書式2－1・第27条（332ページ）のような，簡単な内容で規定化されていますが，三六協定の届出が時間外・休日労働義務が生ずる効力要件であること，同協定は，事業場の労働者へ周知する義務があること（労基法106条1項，労基則52条の2）も合わせ考えると，労働者は周知された三六協定の範囲内で時間外休日労働義務を負うであろうことは認識できるので，その私法上の効力を認めても，上記最高裁判例に反するものではない（現在でいえば，労働契約法7条の要件を充足する）と考えます。

3．規定変更（新設）による労働条件の不利益変更

　時間外・休日労働の規定がなかったのに新設したり，規定はあるものの同命令発令の事由が厳格なのを広げたりするときは，労働者にとって時間外・休日労働（義務）をする可能性が高まるので，労働条件の不利益変更になります。

　そこで，労働者が受ける不利益変更の程度を考えると，時間外・休日労働を義務とする規定の新設や事由の拡張をしても，企業の同命令権は権利濫用法理（労契法3条5項）によって規制されるので，かかる義務

の新設等で直ちに無条件に時間外・休日労働をするものではないこと，また，仮に時間外・休日労働を行えば，それに対応する賃金の支払が通常されるので，不利益の程度はそれほどのものではないと考えます。加えて，元々法定労働時間は「絶対的な上限ではなく，それをこえる労働を一定の要件の下に例外的に許容する…原則的上限」（菅野和夫『労働法』第11版補正版460頁・弘文堂）であり，時間外・休日労働が法定労働時間（労基法32条）を超え法定休日（同35条1項）に労働することになっても，法が予想していたものといえます。

　以上から，時間外・休日労働の義務規定の新設又は事由の拡張は，企業にある程度の必要性（例えば，所定労働時間内では業務がまわらない程度）があれば，合理性は認められると考えます。

　後は，運用において，権利濫用法理（労契法3条5項）によって，個別事案における労働者の利益と企業の利益が調整されることになります。

Ⅷ 出退勤

1．当該労働条件の戦略的意義

　企業が自己の雇用する労働者の出退勤を管理することは，義務であるとともに権利です。きちんと出退勤を管理することは，職場のモラルを維持する上で必要不可欠です。つまり，適切な労務管理の一つです。

　自己の雇用する労働者の出退勤を管理することは，通達（平13.4.6基発339号）からも企業の（行政法上の）義務ですが，同時に，就労請求権（労働を求める権利）を有する企業の（私法上の）権利でもあります。その管理は，企業と労働契約を締結する全従業員に対してすることになるので，労基法89条10号の「当該事業場の労働者のすべてに適用される定めをする場合」（相対的必要記載事項）に該当し，それを制度化するのであれば，就業規則への明記が必要です。

2．規定化する上でのポイント

　労働時間の把握ですが，これは，労基法が「労働時間，休日，深夜業等について規定を設けていることから，使用者は，労働時間を適正に把握するなど労働時間を適切に管理する責務を有していることは明らかであ」（平13.4.6基発339号）り，かかる観点から，同通達が定める企業の「労働時間の適正な把握のために」必要な措置は，次のとおりです。
 ⅰ　企業が始業・終業時刻を確認し，記録すること。
 ⅱ　原則として，次のいずれかの方法によること。
　・企業が，自ら現認することにより確認し，記録すること。
　・タイムカード，IC カード等の客観的な記録を基礎として確認し，記録すること。
 ⅲ　ⅱの原則的方法ではなく自己申告制によりこれを行わざるを得ない場合は，労働者に労働時間の実態を正しく記録し，適正に自己申告を行うことなどについて十分な説明を行い，自己申告により把握した労

働時間が実際の労働時間と合致しているか否かについて，必要に応じて実態調査を実施すること。
iv 労働時間の記録に関する書類は，労基法109条に基づき3年間保存すること。

以上の通達を尊重して規定化します。**書式2－1**・第28条（333ページ）以下がその例です。

3．規定変更（新設）による労働条件の不利益変更

企業が自己の雇用する労働者の出退勤を管理することは，（行政法上の）義務であるとともに（私法上の）権利であり，その管理の仕方は，上記通達を尊重しながら，企業がその責任と権限に基づいて行うものであって，そのことで労働者に固有の不利益が生ずるものではないので，その出退勤の管理の仕方を変更しても，労働条件の不利益変更の問題ではないと考えます。

IX 年次有給休暇

1．当該労働条件の戦略的意義

　年次有給休暇（以下，「年休」と略す）は，法律（労基法39条）どおり付与するだけなら，就業規則にわざわざ多くのスペースをさいて明記する必要はなく，ただ，「社員は，労基法39条の定めに則って年次有給休暇を取得でき，会社は同条に則って時季変更権を行使できる」とだけ，規定すればよいのです。

＜労基法39条，労規則24条の3による年休日数＞

雇入れの日からの継続勤務期間		6カ月	1年6カ月	2年6カ月	3年6カ月	4年6カ月	5年6カ月	6年6カ月
年休付与日数	原則	10	11	12	14	16	18	20
	例外（但し，週労働時間30時間以上を除く）							
	4日または年169〜216日	7	8	9	10	12	13	15
	3日または年121〜168日	5	6	6	8	9	10	11
	2日または年73〜120日	3	4	4	5	6	6	7
	1日または年48日〜72日	1	2	2	2	3	3	3

　しかし，多くの企業では，法律どおりではなく，斉一的付与，事前申請等独自の設計をして年休を付与します。その場合は，就業規則にその独自設計の趣旨から，クリアーに明記する必要があります。年休に関しては，筆者の認識では，適切なる労務管理の観点から問題となることが多く，それも，制度に問題があるケースはさほどなく，運用に問題があるケースが多い，という印象です。後者は，第3編で説明し，前者について，以下，説明します。

強く意識すべきなのは，労基法39条を上回る休暇は，法律の規制は及ばず，労使自治，よって，就業規則に自由に定めることが出来る，ということです。典型的には，入社と同時に年休を付与したとしたら，その年休は6ヵ月経過までの期間は労基法39条の年休ではないので，その規制は及ばず，例えば，その取得に使用者の同意が必要としても，有効なのです。このように，法令を上回る部分と法令の範囲内の部分を明確に区別することが，制度設計のポイントになります。

いずれにしても，年休に関する事項は，労基法89条1号（「…休暇…に関する事項」）にあるとおり，絶対的必要記載事項であり，当該事業場に労働者が10人以上いるとき作成が義務づけられている就業規則には，必ず記載しなければならない事項です。

2．規定化の内容

(1) 斉一的付与

労基法39条は，年休を雇入日から最初の6ヵ月で10日，その後1年6ヵ月で11日etcと，雇入日を起算日として付与しています。当該企業の労働者の雇入日が皆共通（例えば，4月1日）であれば，年休の管理は容易ですが，中途採用を行ったりしていると，労働者によって年休の起算日が異なり，管理が大変です。そこで多くの企業では，斉一的付与といって，起算日をそろえることで労働者の年休の付与日をそろえます。そのために用いられる最も多い方法は，雇入年度に前倒しで付与し，次年度以降は，年休取得日を，例えば1月1日とか4月1日というように，統一するやり方です。**書式2－1・第31条**（333ページ）は法令どおりですが，斉一的付与の例としては，次のようなものです。

<斉一的付与の例>

第○条　年次有給休暇
1. 従業員には，次項以下の年次有給休暇を与える。但し，3項の規定は前の年次休暇年度（年次休暇年度とは，1月1日より12月31日までの1年の期間）の出勤すべき日における出勤率が80％以上の場合のみ適用する。
2. 従業員には，入社日の属する年次休暇年度（初年度）は，次の年次有給休暇を与える。但し，会社が個別に定める場合には，その定めのとおりとする。
　　・1月〜6月入社　　　12日
　　・7月〜9月入社　　　6日
　　・10月〜12月入社　　3日
3. 従業員には，次年度の年次休暇年度から，毎年1月1日に，次の年次有給休暇を与える。但し，会社が個別に定める場合には，その定めのとおりとする。
　　　2年度から7年度　　20日
　　　8年度以降　　　　　25日
4. 当該年次休暇年度内に退職することが明らかな場合には，その年度の年次有給休暇は按分付与する。
5. 当該年度において付与された年次有給休暇日数が年度末に残存する場合は，翌年に限り繰り越す。年次有給休暇を繰り越した場合，翌年度における休暇の請求は，繰り越し日数より請求したものとみなす。
6. 年次有給休暇を受けようとするときは，3日前までに所定の手続きにより会社にその請求をしなければならない。
7. 会社は，年次有給休暇の請求について業務遂行上支障のある場合には，従業員の請求する時季または期間を変更することがある。但し，第2項の年次有給休暇の請求については，その従業員の試用期間中に限り，会社の承認を必要とする。

第2章　狭義の就業規則

　この斉一的付与において，戦略的観点から注意すべきは，前倒しで付与した年休権は，法所定の要件を上回る，ということです。したがって，法所定の要件を充足するまでは(例えば，初年度の年休なら6ヵ月以内)，労基法の規制はされないのです。よって，上記規定例7項但書のように，試用期間の年休取得を会社の承諾を条件とすることも，できるのです。

(2) 法令を上回る日数の付与等

　法令は，上記1のとおりの年休日数を付与しますが，多くの企業では，これを上回る日数の年休を付与したり，あるいは法令所定の時期前に付与したりします。この場合，上回る日数分の年休は，労基法39条の年休ではなく任意に付与されたものです。また，法令所定の時期前に付与されたものは，法令所定の時期が到来する期間中までは任意のものです。例えば，上記(1)の規定例の付与日数のうち，
・初年度で10日を上回る日数及び6ヵ月経過前に付与されるその経過前の期間，
・2年度以降も，労基法39条を上回る日数及び法令所定の計算よりも早く付与された場合のその早く付与された期間，
がこれにあたります。

　これらの日数及びその期間中は，時季変更権等の労基法の規制はされないと考えます。ただ，これを区別して定めておかないと，取得した年休が労基法39条の年休か任意の有給休暇か分からないので，結果，法令所定の規制がされることになります。

(3) 事前申請義務

　最高裁(電電公社此花電報電話局事件最一小判昭57.3.18)は，年休取得にあたって労働者に年休の事前申請義務を定めても，合理的なものである限り有効としています。
　よって，上記(1)の規定例6項では，事前に所定の手続により請求することを義務づけていますが，この所定の手続が特に問題なければ有効です。

(4) 按分付与

　年休の付与を，当該年度中に退職することが分かっている労働者に按分して付与することは可能でしょうか。例えば，1月1日が年休付与日の企業で2月末日に退職することが分かっている労働者に，その1月1日に付与する年休日数20日につき，20日÷12ヵ月×2ヵ月≒3日付与，というようにです。

　その按分付与日数とそれまで付与してきた年休日数の合計が法律（労基法39条）で発生する日数を下回らない限り，労基法39条違反の問題は生じないでしょう。その条件を満たす限り，按分付与も可能です。

3．規定変更（新設）による労働条件の不利益変更

(1) 斉一的付与の変更

　例えば，起算日を1月1日から4月1日に遅らせる場合は不利益変更になるでしょうか。もちろん，4月1日に遅らせることで労基法39条1項を下回ってしまうことがないことが，前提です（下回ってしまえば，労働条件の不利益変更の問題どころではなく，違法で直ちに無効となります。労基法92条1項，同13条）。

　上記の例は，移行に伴ってその移行年度は3ヵ月付与が遅れる以上，不利益変更となります。

　当該遅れる3ヵ月分を按分で付与すれば，労働者の受ける不利益はさほどないといえるので，変更の必要性として一応のものがあれば，容易に変更は可能（合理性あり）です。

　他方，当該3ヵ月分を按分で付与しないときは，丸々その間不発生となるので，不利益の程度はそこそこあります。よって，合理性を肯定するためには，それなりの必要性と按分付与できない理由が必要です。仮に合理性が否定されたら，前の要件（条件）のもとで計算された年休日数が付与されていることになります。

(2) 法令を上回る日数等についての規制

　例えば，入社日に付与した年休につき，3ヵ月の試用期間中は会社の承認を要する（時季変更権ではなく）と変更することは可能でしょうか。

第2章　狭義の就業規則

　不利益変更問題は，既得の権利ないし労働条件を不利益に変更されたときに生ずる問題なので，既に入社した労働者に対して発生するものです。ですから，来年入社する労働者には，そもそもが労働条件の不利益変更の問題にはならず，何の問題もなく出来ます。

　そこで問題になるのが，4月1日入社した者が入社日に（前倒しで）付与された年休を試用期間中に取得しようとしたところ，5月1日に就業規則が変更された結果，会社の承認が必要となり，そして会社は試用期間中の大事な時期なので承認しないとすることが可能か，です。この場合には当然，労働条件の不利益変更となりますが，法令を上回る年休に関するものであり，しかも，賃金等のような重要な労働条件でもないこと，承認が必要としているだけで禁止ではないことからすれば，労働者への不利益の程度はそれほどではない，と評価できます。よって，変更の必要性がそれなりにあれば（例えば，試用期間は正社員としての適格性があるかのテスト期間なのに，試用期間中に年休取得する者が最近目立ち，適格性の見極めに支障が生じている，という場合など），合理性は肯定されるでしょう。

（3）事前申請義務の新設

　例えば，それまで特に手続の定めのなかったところ，3日前に所定の申請をしなければならないという手続規定の新設は，可能でしょうか。当初からかかる定めをすることは，上記2（3）で紹介した最高裁判例に照らし可能です。新設は，それまで手続的制約のなかったところに新たな制約を創設するので，やはり不利益変更です。

　ただ，3日前の会社所定の申請義務は，別に無理のあるものではなく，年休権を実質的に制約するとはいえないので，かかる内容の手続を新設する必要性がそれなりにあれば（例えば，所属部門が業務の繁忙期への対応に必要であれば，それなりに必要性があります），合理性はあります。もっとも，仮に，3日前の事前申請ができない状況のため前日に申請したいという場合（例えば，前日に子供の面倒を見てくれたベビーシッターが病気になって翌日手配がつかない）に，会社がその申請された日に当該労働者が年休を取得しても業務に支障はないなら，年休取得を認めなければならないと考えます。ただこれは，変更規定の合理性の問題では

なく，個別ケースにおける年休権行使の有効性の問題です。

（4）按分付与の新設

　例えば，上記2（1）の規定例のように，退職日が当該年次休暇年度が始まって早々（1月末，2月末）というとき，丸々（法律を上回る）年休は付与したくないと考えたとき，これは可能でしょうか。

　前述したとおり，その按分付与日数とそれまで付与してきた年休日数の合計が法律（労基法39条）で発生する日数を下回らない限り，労基法39条違反か否かの問題は生じません。

　問題は，それを新設することが不利益変更となるが可能か，です。法律を上回る休暇の付与はさほど重要な労働条件ではないこと，それまで法律を上回る休暇を付与されてきたこと，他方，当該年度は退職予定で実質そのような豊かな年休を行使する期待はさほどないことからして，不利益の程度は大きくないといえます。他方，他の労働者のモチベーション等に照らすと，按分付与の新設は，それなりに必要性は認められ，内容も相当であって，合理性が認められる可能性はあると考えます。

第2章　狭義の就業規則

X その他の法定休暇・法定休業

1．当該労働条件の戦略的意義

　有給が保障されていない法定休暇・法定休業は，まず労基法の定めるものとしては，
・公民権行使（労基法7条）
・産前産後休業（同65条）
・育児時間の請求（同67条）
・生理休暇（同68条）
があります。
　労基法以外の法律が定める主なものとしては，
・育児休業（育介法5条以下）
・介護休業（同11条以下）
・子の看護休暇（同16条の2以下）
・介護休暇（同16条の5以下）
があります。なお，休日，休暇，休業の区別を確認すると，休日とは，労働者が労働契約において労働義務を負わない日です。これに対して，労働者が労働義務を負いながら企業から就業させないとする日を休業日，労働者が権利として労働義務から離れることができる日を休暇といいます。
　これらの法定休暇・法定休業を，（法定を超えて）さらに長く（多く）認めるとか有給にするとかは，企業の全くの裁量です。よって，この労働条件の設計においては，当該企業の事業目的から必要な範囲で検討すべき問題です。つまり，他の福利厚生制度と同様，当該企業の規模（体力）に見合うもので，かつ当該企業の事業目的，それに基づく人事政策に合う内容に設計するべき，ということです。
　もっとも，有給が保障されていない法定休暇・法定休業でも，労基法89条1号（「…休暇…に関する事項」）にあるとおり，絶対的必要記載事項であり，当該事業場に労働者が10人以上いるとき作成が義務づけられ

ている就業規則には，必ず記載しなければならない事項です。

2．規定化する上でのポイント

　これらの休暇・休業を法律の定めるとおり付与する限りでは，そのことを就業規則に明記すれば（例えば，「育児休業については，育児介護休業法に定めるとおり認める」というように），それで足ります。しかし，法律の定めるものより長く（多く）認めるとか（例えば「育児休業を子供が小学校2年生終了まで認める」），有給にするとか（例えば，「公民権の行使のうち裁判員としての活動は有給」），他方，法所定の手続で限定する（例えば，育児介護休業につき，労使協定等で申出対象者を限定する）ときは，就業規則に具体的に明記する必要があります。

3．規定変更（新設）による労働条件の不利益変更

　法律で定められた休暇・休業を就業規則で制限する変更（例えば，産前6週間の休業を4週間に短縮する等）は無効ですが（労基法92条1項，同13条），法律を上回る労働条件を設定していた（例えば，休暇・休業を有給としていた）のを無給に変更することは，違法にはなりませんが，労働条件の不利益変更となります。

（1）（無給の）休暇・休業期間を短縮する場合

　例えば，産前10週間の休業を法定どおり（労基法65条）6週間にする場合などです。

　（無給の）休暇・休業期間の短縮は，重要な労働条件に関する不利益変更ではないので，変更する必要性が高度であることは求められません。それなりの必要性があれば，足ります。加えて，産前6週間に短縮後，もしそれまで休業を認めてきたその4週間分を欠勤したとしても届出すれば別に不利益に取扱わない，ということであれば，（無給の）休業と実質的に同様の取扱いをするわけで，労働者の受ける不利益の程度は軽いといえます。よって，一応の変更の必要性があれば，合理性は認められるでしょう。

(2) 有給を無給とする場合

　例えば，産前6週間の休業をそれまで有給としていたのを無給に変更する場合などです。

　上記（1）と同様，この不利益変更は，重要な労働条件に関する不利益変更ではないので，変更する必要性が高度であることは求められません。それなりの必要性があれば，足ります。ただ，上記（1）と異なり，それまで有給にしたのを無給にするので，労働者の受ける不利益の程度は相当程度あります。したがって，上記（1）よりは，変更の合理性の判断は慎重にされるはずです。例えば，能力（成果）主義への転換の下，福利厚生制度全体の見直しの中で他の福利厚生給与と同様に削減し，他方で賞与等の原資を手厚くするとか，あるいは，当該企業業績が長期低下したため人件費を削減する必要があり，そのためまずは福利厚生制度の廃止・縮小をせざるを得ない，といったことが挙げられます。

XI 任意の休暇・休業

1．当該労働条件の戦略的意義

　慶弔休暇，病気有給休暇等の任意の休暇・休業を導入するか否かは，全くの企業の裁量であり，通常，企業は，私傷病休職の導入と同様，福利厚生の観点から導入の有無，導入する場合の制度設計を決めます。その背景には，当該企業の理念（事業目的）からくる人事政策からどの程度の福利厚生にするのか，ということになります。ただ，一度導入し具体化した制度は，労働者の既得の権利となり，それを縮小することは労働条件の不利益変更の問題となるので，導入するときは，とりあえずは控えめにし，その後実際の運用状況等を検証して内容を充実させるか否かを決めるのがよいでしょう。いずれにしても，X（他の福利厚生制度）と同様，当該企業の規模（体力）に見合うもので，かつ当該企業の理念（事業目的）からくる人事政策に合う内容に設計するべき，ということです。

　もっとも，法定休暇以外で企業が任意に制度化するものは，労基法89条10号の「当該事業場の労働者のすべてに適用される定めをする場合」（相対的必要記載事項）に該当するので，それを制度化するのであれば，就業規則への明記が必要です。

2．規定化する上でのポイント

　多くの企業で導入されている制度を挙げて解説します。

(1) 慶弔休暇

　慶弔休暇の事由及び日数の設計は，企業の全くの裁量です。最近は，例えば，結婚などの事由による休暇を，忙しい時期にとれなかったとして結婚から1年以上経過した時期に取得され，どうしたものかと考える事態が発生してます。たしかに結婚後，相当期間経過後の休暇取得は，

制度の予定していないことといえます。よって、制度設計の段階で、例えば、取得するときは1年以内との制限をすることも当然可能です。
なお、慶弔休暇を有給にするか無給にするかは、企業の全くの裁量ですが、日数が少ないことと、めったにあることではないので、導入する以上は有給とするのが圧倒的に多いです。

(2) 病気有給休暇

これは例えば、2年経過して失効した年休を最大50日まで病気有給休暇として認めるとか、毎年10日病気有給休暇を認めるというのが、典型的です。さらに、それらの変形で、自分の病気のときだけでなく同居の親族の病気のときも認めるものもあります。

毎年付与する例では、1年限りとするものがほとんどです。労働債権の消滅時効は2年（労基法115条）ですが、この休暇が任意の制度の内容として発生する性格からして1年限りも有効と考えます。

3．規定変更（新設）による労働条件の不利益変更

任意の休暇・休業の不利益変更という場合、前記Xと同様、
・（無給の）休暇・休業期間の短縮
・（それまで）有給であったのを無給とする
という場合が想定されます。

(1)（無給の）休暇・休業期間の短縮

例えば、毎年20日付与する病気休暇で、5日を有給で、15日を無給で付与していたのを、15日の無給休暇を5日（10日減）とする場合などです。

（無給の）休暇・休業期間の短縮は、重要な労働条件に関する不利益変更ではないので、変更する必要性が高度であることは求められません。それなりの必要性があれば足ります。加えて、無給休暇を15日から5日に短縮後、もしそれまで休暇を認めてきたその10日分を欠勤したとしても届出すれば別に不利益に取扱わなければ、（無給の）休暇と実質的に同様の取扱いをするわけで、労働者の受ける不利益の程度は軽いといえ

ます。よって，一応の変更の必要性があれば，合理性は認められるでしょう。

（2）（それまで）有給であったのを無給とする

例えば，上記（1）の病気休暇制度で，5日の有給を無給とする場合などです。

上記（1）と同様，この不利益変更は，重要な労働条件に関する不利益変更ではないので，変更する必要性が高度であることは求められません。それなりの必要性があれば足ります。ただ，上記（1）と異なり，それまで有給にしたのを無給にするわけなので，労働者の受ける不利益の程度は相当程度あります。したがって，上記（1）よりは，合理性の判断は慎重にされると考えます。前記X3（2）の例のような場合などであれば，合理性は認められる方向かと考えます。

第2章 狭義の就業規則

XII 安全衛生

1. 当該労働条件の戦略的意義

　筆者の知る限り，就業規則に安全衛生に関する事項を細かく明記する例はありません。もっとも，現場の危険作業などでは，作業を始める前や定期的に，作業手順や危険回避のための注意等の安全教育をしないと，事故が発生したとき安全配慮義務違反を問われることが多いといえます。したがって，実際の作業に対応した安全衛生教育が求められます。特に，製造業，運送業等，危険作業や公共の安全に直面する企業においては，むしろ，適切な労務管理の1つとして，また企業価値を棄損しないためにも，その危険業務に従事する従業員を対象に，具体的な注意・行動内容を明記するとよいでしょう。

　なお，安全衛生に関する事項は，労基法89条6号（「安全及び衛生に関する定め」，相対的必要記載事項）に該当するので，それを制度化するのであれば，就業規則への明記が必要です。

2. 規定化する上でのポイント

　上記1のとおり，就業規則で細かく明記する例はありません。ただ，定期健康診断等は，就業規則に明記して，企業への義務とする例はあります。安衛法上の定期健康診断の労働者の受診義務は，公法上の義務であって私法上の義務ではないので，同法から，企業の労働者への定期健康診断の受診命令を根拠付けられません。

　また，上記1のように，製造業，運送業等，危険作業や公共の安全に直面する企業においては，適切な労務管理の1つとして，また企業価値を棄損しないために具体的な定めを創設した方がよいです。つまり，就業規則に明記することで，私法上の義務を創設するのです。

　さらに，2015年安衛法が改正となり，12月1日よりストレスチェックの実施が義務付けられました（但し，従業員50名未満の事業場は当分の

間は努力義務)。近年メンタルによる休業が増加しており，メンタルで一旦，健康を害して休業になると回復するのが難しいことから，早期予防の観点から，上記法改正で導入されたものです。ストレスチェックは，受検を全従業員の自主性に委ねるものですが，安全衛生の観点，つまり，企業が大切な企業の構成要素である「人」(従業員)を戦力として保全する上で，このストレスチェックは積極的に評価すべきと考えます。そこで，各従業員には，就業規則上，自己健康義務の延長上として努力義務を課し，他方，上司等が誤解から部下へストレスチェックの受検を強制したり受検結果を知ろうとしないよう，服務規律に注意的に入れておくことが妥当と考えます (書式2-1・第5条9号，第49条)。

3．規定変更 (新設) による労働条件の不利益変更

健康診断等の一定の受診義務等を新設することが，不利益変更として問題となることがあります。その場合，受診義務等を新設する必要性がそれなりにあれば，合理性は認められると考えます。

XIII 災害補償

1．当該労働条件の戦略的意義

（1）法的規制の変化－過失責任→無過失責任→保険化

　労働者が労務に従事したことによって被った死亡，負傷，疾病を労働災害といいます。近代国家の私法の一般原則では，労働災害が発生しても，企業に故意または過失がなければ責任を負うことはありません（過失責任の原則）。

　しかし，企業は事業活動で利益を得ているのに過失がなければ責任を負わず，その結果を労働者が負うのは公平ではない，との考え方が支配的となり，企業に労働災害につき無過失責任を負わせる労災補償制度が各国において法制化されました。わが国も同様で，労基法75条～88条がこの規定です。

　ただ，企業に無過失責任を負わせても，補償をするだけの資力がなければ絵に描いた餅になり，被災労働者の救済になりません。そこで，国家が保険を運営し，企業を強制的に加入させることで，被災労働者の救済を十分なものにする労災保険制度が各国で法制化されました。わが国でも労働者災害補償保険法（以下，労災法）が制定されました。

　現在では，労災法の充実（全事業が強制加入となる，本来的には労働災害ではない通勤災害を労働災害に準じて扱う―そのため，本来的な労働災害を業務災害という概念で通勤災害と区別する，労働福祉事業の創設）により，労災補償制度（労基法78～88条）は，法的には労災補償の基本法でありながら，実際上は限られた機能（最初の3日間の休業補償，業務災害の定義など）しか持たなくなっています。

（2）業務災害の保険給付

　業務災害の保険給付の対象は，災害が「業務上」（労災法7条，同12条の8，労基法75条）である場合ですが，「業務上」の判断は，**業務遂行性**（労働者が企業の支配・管理下にある中で）と**業務起因性**（企業の

その支配下にあることに伴う危険が現実化したと経験上いえる）の**総合判断**（両方の要件が一応必要ですが，業務遂行性が強い場合には業務起因性は原則認められ，逆に，業務遂行性が弱い場合は業務起因性は慎重に判断する，という判断）です。

　もっとも，上記基準での判断は，事故による負傷の事案では比較的容易ですが，病気の事案では難しいものです。そこで，労基法75条2項に基づく労基則35条は，「業務上の疾病」の範囲を定めます。すなわち，職業病を有害因子ごとに分類し整理し，医学の知識上業務上の疾病として定型化できるものを定型化（別表第1の2の各号）しました。脳・心臓疾患の業務上の認定は8号，精神障害の業務上の認定は9号で，定型化しました。もっとも，8号は，7号までに比べ，定型化が抽象的です（「長期間にわたる長時間の業務その他血管病変等を著しく増悪させる業務による脳出血，くも膜下出血，脳梗塞，高血圧性脳症，心筋梗塞，狭心症，心停止（心臓性突然死を含む。）若しくは解離性大動脈瘤又はこれらの疾病に付随する疾病」）。それは，脳・心臓疾患は個人的疾病であり，特定の業務と結びつくことが明らかな職業病ではないからです。そんなこともあり，労基則の上記別表改正の10年以上前から，脳・心臓疾患における業務上の認定基準が出ているところです（平13.12.12基発1063号）。もっともこれは，運用において留意すべき重要な基準なので，第3編第1章XIで詳述します。

　また，精神障害の業務上の認定も9号に定型化してますが，これも抽象的です（「人の生命にかかわる事故への遭遇その他心理的に過度の負担を与える事象を伴う業務による精神及び行動の障害又はこれに付随する疾病」）。ただこれも，具体的な認定基準が平成23.12.26基発1226第1号として発せられています。

　これと関連して，自殺した場合も業務災害となりうるかは，実務上大問題です。なぜなら，死の結果が労働者の自由な意思決定（自殺）に基づけば，通常は，業務と因果関係がないからです（労災法12条の2の2条1項参照）。裁判実務上は，業務に起因する精神障害等で自由な意思決定が機能していない場合に限り，業務との因果関係を認めます（平11.9.14基発544号，上記平成23.12.26基発1226第1号でも，同じ枠組で判断がされています）。これも，運用において留意すべき重要な基準なので，

第2章　狭義の就業規則

第3編第1章ⅩⅠで詳述します。

保険給付は，療養補償給付，休業補償給付，障害補償給付，遺族補償給付，葬祭料，傷病補償年金，介護補償給付です（労災法12条の8～同法19条）。

(3)　安全配慮義務違反等民事責任

安全配慮義務は，平成19（2007）年成立の契約法において「使用者は，労働契約に伴い，労働者がその生命，身体等の安全を確保しつつ労働することができるよう，必要な配慮をするものとする」（5条）と明文化されましたが，これは，これまで集積された判例を実定法化したものです。この義務の具体的な内容（具体的安全配慮義務）は労働者に主張立証責任があります。しかし，事案によっては困難なものも多々あります。その結果，今日では，立証の困難さを考えれば，わざわざ債務不履行と構成をする実益は希薄となり，不法行為による過失責任の追及と大差ない，と批判されています。

最近の有名な労災事件である電通事件（最二小判平12.3.24）では，原告は使用者責任（不法行為）と安全配慮義務違反（債務不履行）の2つで主張を立てました（選択的併合）。そして，裁判所は第一審，原審とも使用者責任を選択して会社の責任を認め，最高裁ではこの使用者責任の有無と損害の範囲（過失相殺の適否）につき判断（会社の主張をすべて棄却）しました。

損害額の算定は，民事上の損害賠償なので，労働者側にも損害の発生・拡大に寄与要因があれば，過失相殺法理の類推適用や過失割合の按分によって損害額が決められます。また，労働者が外国人の場合には，予測される日本での就労可能期間は日本での収入をベースにし，その後は出国（帰国）先での収入をベースにして，逸失利益を計算します。

XIII 災害補償

> **＜各制度・責任の整理＞**
>
> 労働災害（災害が業務に起因すること）
> 　　　→企業に無過失責任＝労災補償制度（労基法 75 条～88 条）
> 　　　　　　　　　　　　　　　　↑
> 　　　（国が運営する）保険で担保＝労災保険制度（労災法）
>
> さらに企業に責任がある場合は，企業に民事責任追及
> 方法としては，
> 　A．安全配慮義務（契約法5条）違反（債務不履行，民法415条）
> 　　　責任追及する相手は，専ら企業
> 　B．注意義務違反（過失，民法709条，715条等，不法行為責任）
> 　　　責任追及する相手は，注意義務を怠った上司（民709条）とその使用者たる企業（民715条）

（4）（2）と（3）の関係

　労災保険給付（労災補償）は，民事上の損害賠償の範囲より狭く，労働者の被った一定の財産的損害（主として逸失利益）の補填のみを目的とするので，その他の損害（慰謝料，入院雑費，付添看護費等）を補填するには，民事上の損害賠償請求をする他ありません。

　労災保険給付（労災補償）は民事上の損害賠償と重なる範囲では調整され（労基法84条），労災保険給付（労災補償）が支払われれば，その限度で損害賠償から控除されます。ただ，この調整においては，労災保険給付に加えて福利厚生事業として支給される特別支給分は，その性質（損害の補填ではなく，福利厚生の観点からの支給）からして控除の対象とはなりません（小野運送事件　最三小判昭38.6.4）。

　次に，民事上の過失相殺が適用される場合には，まず過失相殺の適用によって減額し，その減額された金額から支給された労災保険給付が控除されます（控除前相殺説，大石塗装・鹿島建設事件　最一小判昭55.12.18他）。

　労災保険給付は，後遺症が7級以上だと年金になりますが，一時金の場合に比べ，年金と損害賠償につき難しい問題となります。使用者行為災害については調整規定（労災法64条）が設けられています。

＜各制度間の調整＞

制度の責任		要件	効果	過失相殺の有無	両制度・責任の調整
労災保険給付（労災補償）		災害が「業務上」であること	各種保険給付	×	民事責任追及で支払われた分は，給付されない。但し，特別支給分は除く。
民事責任	安全配慮義務違反	上記要件（正確には，相当因果関係の存在）に加え，安全配慮義務違反があること，（又は，）	相当因果関係のある全損害の賠償	○	過失相殺後の金額より，保険給付されたものを控除して支払う。
	不法行為責任	注意義務違反があること	同上	○	

（5）上積み補償制度＝戦略的意義

　今日，企業では，業務災害（および通勤災害）につき就業規則等で労災補償（あるいは，労災保険給付）に一定の補償を上積みする制度が普及し，保険会社はそれを責任保険化しています。

　この上積み補償制度は，通常は，法定補償に一定の補償を上積みする趣旨なので，原則として労災補償責任や労災保険給付に影響を与えるものではありません。つまり，支払ったからといって，企業は労災補償責任を免れるものではなく，労災保険給付がなくなるものでもありません。

　この上積み補償制度の戦略的意義は，本来，無過失責任である労災補償に上乗せをするわけなので，福利厚生制度の一環です。もっとも，それは前述のⅩ，Ⅺのような日常の福利厚生制度ではなく，大きな事故が発生した際の福利厚生制度です。この労働条件の戦略的意義は，企業の姿勢として，自企業の従業員に万一業務上大きな事故があったとき（傷病の発生）でも法令を上回る補償をすることを示すことで，当該企業への忠誠心を確保する，ということでしょう。加えて，その事故に民事責

任があるときは，損害賠償の内金になるという副次的意義になります。それゆえ，この福利厚生制度の設計においては，当該企業の規模・事業目的からくる人事政策に照らしてどういう場合（対象者の範囲，対象傷病の範囲），いくらまで上乗せ補償をするか，を設計することになります。

なお，損害賠償との関係では，企業は，上積み補償をすることによって，その価額の限度で同一事由につき被災労働者またはその遺族に対して負う損害賠償責任を免れ，また第三者行為災害の場合には，被災労働者（遺族）の第三者に対する損害賠償請求権を代位取得することになります。

災害補償に関する事項は，労基法89条8号（「災害補償…に関する定め」，相対的必要記載事項）に該当するので，それを制度化するのであれば，就業規則への明記が必要です。

2．規定化する上でのポイント

上積み補償制度は任意の上乗せなので，その設計は全く自由です。そして設計の視点は，上記1（5）の戦略的意義から具体化することになります。その際の留意点を述べます。

第1に，団体生命保険等の外部の保険会社との保険契約を組み合わせたりするときは，その調整をし，関係を明記しておく必要があります。

第2に，企業に責任のある労働災害の場合，つまり，安全配慮義務違反（労契法5条，民法415条）ないし注意義務違反（民法709条，715条）を問われるときもあることを想定し，その対応を定めておく必要があります（上記1（5）の副次的意義）。

具体的な規程（後掲）を使いながら，解説します。

まず，福利厚生の観点から制度を作るので，対象者もそれにふさわしい者に限定します。これは第2条に表れています。なお，被災者が死亡したときの受給権者も企業の裁量で定められますが，第7条で明記しています。

次に，この制度は，労災の際の上乗せ補償制度なので，業務災害（通勤災害との区別から使われる労災の別表現）であることが給付の要件となります。これは第3条に表れています。但し，第4条2項に一定の修

正をしています。

そして，給付額は，この制度が任意の制度であることから，その金額の決定は企業の裁量に属します。その観点からの設計が，第4条1項の定めです。そして，第三者行為災害では給付したとき代位できることを，第5条で明記します。

さらに，この制度は，労災につき，企業が安全配慮義務違反（労契法5条，民法415条）ないし注意義務違反（民法709条，715条）があるとされたときの担保の機能もあるので，このこともしっかり明記する必要があります。それが第6条です。

最後に，この制度の運営（給付実行）のため団体生命保険等の外部の保険会社との保険契約に入ることが多いのですが，その場合には，その関係・調整を明記します。それが第8条です。そうしないと，労働者ないし遺族がその分をさらに別途企業に請求してきたりします。

そして，もし，この制度が団体生命保険等の外部の保険会社との保険契約への加入が前提でそれを止めるときにはこの制度も廃止するなら，はっきり明記しなれければなりません。ただ，規程の本則に入れるより，付則に定める性格です。本規程では，これを付則第2条に定めます。

労災補償等規程

労災補償等規程

（目的）
第1条　この規程は，従業員が業務災害により死亡または別紙に定める高度障害状態になった場合に，会社が補償を行うことにより従業員ならびにその家族の生活の安定に資することを目的とする。

（対象者）
第2条　この規程は，労働者災害補償保険法（以下，労災保険法という）の適用を受ける従業員に対して適用する。但し，次の各号に該当するものを含まない。
　①役員（但し，出向元において従業員の身分を有するものを除く）
　②契約社員

③嘱託
　④パートタイム労働者
　⑤付則第1条第2項の同意をしない者
（業務災害の認定）
第3条　業務災害の認定は，原則として労災保険法による認定に従う。
（給付額）
第4条　従業員が業務災害により死亡した場合は遺族に対して，または従業員が別紙に定める高度障害状態になった場合は，従業員本人に対し，○○○○円を標準としながら労災補償等審査委員会（労使で構成）が従業員の年齢，勤続年数，会社への貢献度等を考慮し決定する。
2．第3条において業務災害の認定がなされないケースでも，労災補償等審査委員会において支給するに値する事象を決定した場合は，前項と同様に支給する。この場合，故意・重過失に関する労災保険法第12条の2の2の規定は，この補償に準用する。
（第三者の行為による事故）
第5条　会社は，補償の原因である事故が第三者の行為によって生じた場合において，この規程による補償を行ったときは，その価額の限度で補償を受けた者より当該第三者に対して有する損害賠償の請求権を譲り受けるものとし，従業員またはその相続人はこれに全面的に協力する。
2．前項の場合において，この規程による給付を受け取るべきものが当該第三者から同一の事由について損害賠償を受けたときは，会社はその価額の限度でこの規程による補償を行わない。
（会社の賠償責任）
第6条　会社に民事上の損害賠償責任が存在する場合で，会社がこの規程による補償を行ったときは，会社はその支払った価格の限度において，損害賠償責任を免れる。
2．前項の場合において，会社が民事上の損害賠償の支払いをしたときは，会社はその支払った価格の限度において，この規程

による補償を行わない。

（遺族の範囲）

第7条　第4条の遺族の範囲（遺族の順）は，労働基準法施行規則第42条から第45条の規定を準用する。但し，従業員または遺族を故意に死亡させた遺族は，遺族の範囲から除外する。

（原資）

第8条　この規程による給付額の原資は，会社の負担で付保する従業員を被保険者とする総合福祉団体定期保険によるものとし，保険金の受取人は会社とする。

付則

第1条　この規程は，平成○年○月○日から実施する。

2．従業員は，会社が別途定める期日までに本規程の適用を受けないことを書面で通知しない限り，本規程に同意したものとみなす。この同意は従業員である間は撤回することができない。

第2条　本規程は，第8条の総合福祉団体定期保険が終了したときは，その時点をもって廃止する。

〈別紙：高度障害状態〉

〈別紙：高度障害状態〉

対象となる高度障害状態

1．両眼の視力を全く永久に失ったもの
2．言語またはそしゃくの機能を全く永久に失ったもの
3．中枢神経系または精神に著しい障害を残し，終身常に介護を要するもの
4．胸腹部臓器に著しい障害を残し，終身常に介護を要するもの
5．両上肢とも，手関節以上で失ったかまたはその用を全く永久に失ったもの
6．両下肢とも，足関節以上で失ったかまたはその用を全く永久に失ったもの
7．1上肢を手関節以上で失い，かつ，1下肢を足関節以上で失ったかまたはその用を永久に失ったもの

8．1上肢の用を全く永久に失い，かつ，1下肢を足関節以上で失ったもの

ア．眼の障害（視力障害）（1項関連）
①視力の測定は，万国式試視力表により，1眼ずつ，きょう正視力について測定します。
②「視力を全く永久に失ったもの」とは，視力が0.02以下になって回復の見込のない場合をいいます。
③視野狭さくおよび眼瞼下垂による視力障害は視力を失ったものとはみなしません。

イ．言語またはそしゃくの障害（2項関連）
①「言語の機能を全く永久に失ったもの」とは，次の3つの場合をいいます。
・語音構成機能障害で，口唇音，歯舌音，こう蓋音，こう頭音の4種のうち，3種以上の発音が不能となり，その回復の見込のない場合
・脳言語中枢の損傷による失語症で，音声言語による意思の疎通が不可能となり，その回復の見込のない場合
・声帯全部のてき出により発音が不能の場合
②「そしゃくの機能を全く永久に失ったもの」とは，流動食以外のものは摂取できない状態で，その回復の見込のない場合をいいます。

ウ．常に介護を要するもの（3，4項関連）
　「常に介護を要するもの」とは，食物の摂取，排便・排尿・その後始末，および衣服着脱・起居・歩行・入浴のいずれもが自分ではできず，常に他人の介護を要する状態をいいます。

エ．上・下肢の障害（5，6項関連）
　上・下肢「の用を全く永久に失ったもの」とは，完全にその運動機能を失ったものをいい，上・下肢の完全運動麻ひ，ま

> たは上・下肢においてそれぞれ3大関節（上肢においては肩関節，ひじ関節および手関節，下肢においてはまた関節，ひざ関節および足関節）の完全強直で，回復の見込のない場合をいいます。

3．規定変更（新設）による労働条件の不利益変更

　この上乗せ補償制度を縮小したり，廃止したりするのは，当然，労働条件の不利益変更となります。ただ，その不利益は，被災労働者にとっては直接的で現実的ですが，いまだ被災していない労働者にとっては間接的で潜在的です。その意味で，私傷病休職制度の不利益変更と類似します。

　したがって，ほぼパラレルに考えてよいでしょう。

XIV 表彰及び制裁

1．当該労働条件の戦略的意義

　企業が組織的統一体として活動するためには，信賞必罰は不可欠です。したがって，表彰と制裁は，企業運営上不可欠のものです。もっとも，最高裁（例えば，国鉄札幌運転区事件最三小判昭54.10.30）は，表彰はともかく制裁は，「規則の定めるところに従って」しか，なしえないと判示します。つまり，制裁（事由と処分の両方）は，就業規則に明記しないと行うことができないのです。

　加えて，労基法89条9号は，表彰についても制度化するときは就業規則に明記しなければならない（「相対的必要記載事由」）とするので，いずれにしても，企業は，組織的統一体（本書の言葉でいえば，有機的結合体）として運営・活動する上で信賞必罰を確保するため，表彰と制裁を就業規則上に制度化することは，絶対に必要なのです。

　この表彰及び制裁は，適切な労務管理を行う上で信賞必罰は不可欠であることから，その観点から位置付けられますが，加えて，当該企業の事業目的（理念の実現）を，服務規律に具体化しているときは，これを実現した従業員，あるいはこれに違反した従業員に対し，信賞必罰を実施することは，当該企業の事業目的（理念の実現）を担保することになります。つまり，適切な労務管理の確保にはとどまらない大切な意義があります。

　なお，筆者が日頃感じるのは，多くの企業は制裁についてはわりと意識し活用しているが，表彰についてはあまり意識せず運用も不活発ということです。もっともっと，信賞必罰をメリハリあるものにするため，表彰を活発に運用してよいのではないかと思います。

2．規定化の内容

（1）表彰

前述のとおり、多くの企業は、制裁、すなわち懲戒処分の事由と処分内容の明記には熱心なのに、表彰については、不熱心で内容もあっさりし、運用も不活発です。

企業は大切な戦力である従業員のモチベーションをもっと高めるため表彰制度を充実させ、かつ運用も活発にした方がよいでしょう。すなわち、
・自企業の理念・事業目的を具体化する活動をした従業員
・対外的信用を高めた従業員
・対内的に他の従業員の模範となったりモチベーションを高めた従業員
には、それにふさわしい見返りを与えるべきです。

書式２－１・第41条、第42条（337ページ）では、ごく一般的な表彰の規定をしてますが、もっと具体的に、そして多額の見返り（金一封10万円では少ないと思います）をした方がよいと考えます。

（２）制裁

最高裁によっても、制裁事由と制裁処分の内容は明記しなければならないので、**書式２－１・第43条**（337ページ）で懲戒処分の種類・内容、**第44条、第45条**（338ページ）で懲戒事由を明記することが、最低限必要です。

以下では、主な注意点を述べます。

ア．懲戒処分の種類・内容の明記

・軽い処分から重い処分まで万遍なく用意する

そうしないと、非違行為（非行＋違法＝非違）に対応した相当な処分が見つからず、やむなく軽い処分をせざるを得ない、ということになるからです。

・各処分を併科するなら、その旨明記する

処分は明記しないとできないので、例えば、けん責と減給の併科などをするときも、その旨明記しないとできません。そして、併科することを明記していれば、それ自体が一つの処分なので、二重処分にもなりません。

イ．懲戒事由の明記

・明記の仕方と注意事項

懲戒事由の明記は，懲戒処分毎（例えば，けん責，減給等毎）に事由を明記する方法，軽い懲戒処分事由と重い懲戒処分事由に分けて明記する方法，すべての懲戒処分事由をまとめて明記する方法等があります。**書式２－１・第44条，45条（338ページ）**は２番目の方法です。

前二者では（特に一番最初），各事由間に矛盾が生じないよう注意が必要です。つまり，軽い懲戒事由は軽微な事由で，重い懲戒事由は重大な事由である必要があります。例えば，けん責事由に無断欠勤５日と記載しながら，減給事由では無断欠勤３日では，事由間に矛盾が生じ，整合性がありません。

その他，普通解雇事由と懲戒解雇事由との整合性にも注意が必要です。一般的には，普通解雇事由より懲戒解雇事由の方が，問題行動の重大性があるはずであり，例えば，普通解雇事由で無断欠勤３週間とあるのに，懲戒解雇事由では無断欠勤２週間とあるのは，整合性がありません。

・**各事由の最後に必ず包括事由を入れる**

懲戒処分は，明記された事由以外で処分はできません。つまり，懲戒事由が限定列挙である点は，労働法上，異論のないところです。

したがって，懲戒事由が不備だと，事由該当性なしということで懲戒処分ができません。よって，必ず，「前各号に準ずる程度の不都合な行為があったとき」という包括事由を，事由の列挙の最後に入れておく必要があります。

・**各事由をあまり厳格に定めない**

懲戒処分は，懲戒事由に該当する行為があっても，労契法15条の懲戒権濫用法理の適用の結果，当該懲戒処分を相当とする程度の非違行為があるか，の実質判断がされます。

他方，懲戒事由の定めがあまりに厳格だと，これに該当しなければ該当性なし，として実質判断に進む前に懲戒権濫用となります。

よって，あまり謙虚に懲戒事由を厳格に定めることは，企業が自分の手足を縛ることになります。「重大な」とか「著しい」とか「回復しえない損害」などの表現は，自らの懲戒権を不必要に縛るといえます。もっとも，重い懲戒処分の事由と軽い懲戒処分の事由の区別のためには必要ですが（例えば，「服務規律違反」を懲戒事由にするとき，重大な「服務規律違反」とそうでない場合で区別するとき），その限度での設計に

した方がよいでしょう。
・**懲戒処分の公表は被処分者のプライバシーの問題が生じうる**
　懲戒処分は，企業がその被処分者との労働関係に基づいて行う個別の人事上の処分です。したがって，懲戒処分をされたこと自体，他の従業員は分からないのが原則であり，これを知らせることは，被処分者のプライバシーと抵触します。また，セクハラ等のケースで懲戒処分がされた場合は，被害者のプライバシーにも配慮が必要となります。

　ただ，やってはいけないことをやったときにはきちんと処分されることを公にすることで企業秩序の維持に資するなら，その利益と被処分者のプライバシーとの比較衡量がされ，前者の利益が上回れば，公表は可能です（被処分者のプライバシー侵害にならない）。なお，被処分者が特定できない形での公表をするのは，被処分者のプライバシーが開示されるものではないので，このプライバシーとのバランスを考えなければならない問題は生じません。

　では，就業規則に懲戒処分の結果は公表すると明記したときは当然に可能か，が問題になりますが，その規定自体，被処分者のプライバシーとの関係で限定解釈されますから，結論に大きな差は生じないでしょう。

　企業が公益法人のときは，公益法人の職員の非違行為である性質上，公表することによって他の職員の秩序維持へのモラルを向上させる必要性は高いので，営利企業に比べれば，公表は肯定されやすいといえます。

・**懲戒委員会は不要**
　企業によっては，懲戒委員会を懲戒手続の中に設定するものがありますが，筆者は不要と考えます。機動的に懲戒権を行使する足かせになり，本来懲戒処分すべき事案でその処分ができなくなるからです。例えば，ある会社で1億円を横領した社員が発覚後直ちに退職届を提出すれば，民法627条で2週間（就業規則に1ヶ月前に提出とあれば，1か月）で退職の効果が発生し，その間に懲戒解雇をしなければ，もはやできません。懲戒委員会などがあれば，開催手続や審議で手間・時間がかかり，2週間など簡単に過ぎてしまいます。それを見ていた他の従業員が，あれほど悪い行為をしても懲戒解雇にならなかったのかと思い，会社の権威が傷つきます。

　どうしても懲戒委員会の設置をしたいなら，懲戒処分後の不服（再審

査）申立手続を設け，その審査機関として位置付ければよいでしょう。ここで再審査委員会について説明します。

位置付けは，一旦懲戒処分を言い渡した後，それに不服があるときは，（例えば）言い渡しを受けた２週間以内に再審査委員会に申立てができる，というものです。その場合，申立書で不服の理由を具体的に記載させ，資料でその不服の理由を裏付ける証拠を提出させます。それを受けて，再審査委員会では，改めて，一旦言い渡された懲戒処分に，事実誤認がないか，処分が<u>重過ぎる</u>ことはないかを判断し，その判断結果を不服申立をした従業員に回答します。大事なのは，<u>一旦懲戒処分が出ている</u>，ということです。これによって，悪い行為をした者が懲戒解雇にならずに退職できてしまうという結果が回避でき，そして，再審査手続きというワンクッションを作ることで，いきなり裁判になるのを回避できるメリットもあります。

ウ．その他（運用）

懲戒解雇で予告金を支払わない即時解雇は，事前に所轄労働基準監督署長に適用除外認定申請し，実際に認定を得ることが必要です。申請と処分の同時併行はできません。もっとも，適用除外認定手続を無視しても，私法上の即時解雇である懲戒解雇の効力に影響はありませんが，所轄労働基準監督署から是正勧告をされる可能性が高いです。

3．規定変更（新設）による労働条件の不利益変更

（1）表彰について

表彰制度は，従業員のモチベーションを高めるためにあるので，表彰の対象となった従業員はその反射的効果としてその利益を享受するものです。その受ける利益は，労働者の本来の権利，とはいいにくいといえます。もっとも，反射的な利益とはいえ，労働条件の１つではあります。ただ，表彰制度を廃止等する場合の労働者の不利益は，この反射的利益がなくなるということなので，それほどの不利益とは認められないでしょう。

よって，表彰制度の廃止等に何らかの理由があれば，合理性は容易に認められると思われます。

（2）制裁について

・懲戒処分の追加・新設

　例えば，降格と懲戒解雇の間に懲戒処分がなかったので諭旨解雇を新設したり，出勤停止処分が1週間以内であったのを1ヵ月以内と追加（延ばす）したりする場合です。

　懲戒処分のバリエーションが増えることは，不利益処分の可能性が高くなるので，不利益変更といえますが，その必要性は，非違行為の程度・内容に相応しい懲戒処分を明記し，処分の公正を図るためでしょうから，変更（追加・新設）の必要性は認められ，上記のような新設・追加であれば内容も相当なので，合理性はあるでしょう。

・懲戒事由の追加・新設

　例えば，包括事由を新設したり，事由の要件にある「故意又は重過失により，会社に著しい損害を与えたとき」の「重過失」の「重」を抹消したり，「著しい」というのを抹消したりして，事由を緩やかにしたりする場合です。

　懲戒権発動の可能性が高くなるので，不利益変更といえますが，同じ非違行為であっても，事由に該当するしないで懲戒権の対象になるならないことの不公平が生じるのはよくないので，変更の必要はあります。事由の追加・新設がされても，具体的なケースでの懲戒権の行使については懲戒権濫用法理（労契法15条）によって，労働者の保護が図られるので，労働者が受ける不利益もさほどではないといえ，合理性があると考えます。

・懲戒手続の緩和

　例えば，懲戒委員会の審議を手続要件としていたのを廃止する等した場合です。

　懲戒権の慎重な行使を担保する手続が廃止されるのは，たしかに不利益変更といえます。しかし，その廃止の目的が，懲戒権の行使を迅速にして退職日の早い遅いで処分を逃れるという不公平を防止する，ということなら，変更の必要性はあり，懲戒委員会の審議に代わる手続的正義を確保するための他の手段を用意しているのであれば，労働者が受ける不利益は大きくはなく，合理性は肯定されやすいといえます。

　念のためにいうと，懲戒委員会を再審査の手続の中に位置付け，懲戒

権行使の迅速性確保と再審査手続きの保証によって懲戒処分が不当なときの事後的是正措置を用意すれば，変更内容も相当との評価を充分得られると考えます。

第3章 賃金規程

I 賃金制度を設計することの戦略的意義

　賃金は，労働の対価であり，企業にとって重要な戦力（最高裁の表現によれば，「人的要素」）である労働者に，気持ちよく，やりがいを持って働いてもらうためには，設計・支払方法をよく考えることは重要です。そして，労働者に「気持ちよく，やりがいを持って働いてもらう」としても，その方向が企業の考えている方向と一致しないと非効率です。そこで，企業は，その事業目的の達成（理念の実現）のため，その事業目的（理念）を具体化して賃金制度に反映させます。そして，反映された賃金制度のとおりにさせるため，人事考課制度を整備し，人事考課権者をトレーニングします。

　このように，賃金は，その制度化により，上記事業目的を具体化し，従業員と共通の目標をその従業員の職責のレベルに応じて等しく共有するとともに，その共有した共通の目標の達成度によってその処遇を決めることで，ウィン・ウィンを実行し，上記事業目的の達成を担保する，極めて重要な意義を持つ労働条件なのです。

　付言すると，労働契約は，労働者が労働を提供し，使用者（企業）がその対価として賃金を支払うという，双務有償契約関係（民法623条，労働契約法2条）ですが，このうち，労働法が強行的に規律するのは，労働の提供面の中の労働時間等の労働の枠組(量的側面)だけです（労基法32条以下）。労働の内容については，労働法のどの条文を見ても，規律するものはありません。せいぜい権利濫用法理等の一般条項（労働契約法3条5項）だけです。それは，生身の人間が労働する以上，一度壊すとなかなか回復しない健康を守るには，労働の枠組(量的側面)を全面的に規制する必要があるからです。他方，どう働かすか(労働の内容，質的側面といってもよいでしょう)は直接は健康に影響は与えませんの

Ⅰ．賃金制度を設計することの戦略的意義

で，権利濫用法理で個別にハラスメント，不当な動機等の業務指示・命令を規制出来るようにして，あとは権利者＝企業（使用者）の裁量に委ねているのです。そして，もう1つの重要な労働条件である賃金は，労働者の健康は直接関係ありませんし，ただ生活の糧なのでそれで生活ができないといけないので，最低限の賃金とその賃金が確実に定期的に労働者に支払われる限りで，強行的に規律します（最賃法，労基法24条1項本文，2項）。

ということで，企業は，その事業目的を達成（理念の実現）するために，賃金制度をどう体系化するか，そしてそれを，どういう職責を担う従業員にどう適用するかの裁量が認められています。労働法がかかる限定した規制なのは，労働者の健康を守り，生活が出来るだけの賃金の支払を確保できる限り，資本主義国家である日本において，事業者（企業）が自由に競争し，社会や国家そして国民（子孫も含め）に貢献してほしい，ということだと考えます。

ですから，この賃金という労働条件については，是非とも，自企業の事業目的の達成（理念の実現）が出来るよう徹底的に具体化し，かつ有効に機能しているのか検討し常にメンテナンスをする必要があります。わが日本が子々孫々の代まで繁栄するためには，こういった考えと実行力のある企業が数多く存在し，そして永続し繁栄することが不可欠であると，筆者は強く思います。

Ⅱ 給与の計算等

1．当該労働条件の戦略的意義

　「給与の計算等」は，いつからいつまでの期間の労働を区切って，いつ支払うかという，計算に関する事項ですが，毎月の収入で生活を立てている労働者にとっては，当然，大きな関心事なので，どう設計するかは重要な労務管理の一つです。それゆえ，法規制もされています。すなわち，賃金は「毎月１回以上，一定の期日を定めて支払わなければならない」（労基法24条２項本文）のです。

　そこで，就業規則で１ヵ月単位で賃金の計算期間（例えば，前月16日から当月15日など）を定め，かつ，一定の固定した日（例えば，当月25日など）を支払日と定める必要があります。また，その計算期間中に欠勤したり遅刻した場合，あるいは途中で入社したり退職した場合の賃金の計算の仕方（控除するか否か，するとしてどういう計算をするか）を定める必要があります。

　給与の計算に関する事項は，労基法89条２号（「賃金の…計算及び支払の方法，賃金の締切り及び支払の時期…に関する事項」）で絶対的必要記載事項であり，当該事業場に労働者が10人以上いるとき作成が義務づけられている就業規則には，必ず記載しなければならない事項です。

2．規定化する上でのポイント

（1）賃金の計算期間・支払日

　１ヵ月単位で設計しますが，その区切り方は，企業の裁量です。
　例えば，

A．当月１日〜末日までの計算期間で，当月25日支払

　この場合，25日〜末日までは先払いとなり，よって，25日以降欠勤したときに欠勤控除するには，次月の支払日に次月の賃金から控除することになります（調整的相殺）。時間外労働の賃金等の変動する賃金も，

次月の支払日に支払うことになります。
B．前月16日～当月15日までの計算期間で，当月25日支払
　これは，すべて後払で，かつ時間外労働の賃金等の変動する賃金も含めて当月25日に支払うことになります。
　以上は，典型例で，その他の支払方法も，労基法24条2項に反しない限り，企業の裁量に委ねられています。

（2）欠勤等控除

　完全月給制を採るなら，当該1ヵ月の期間内に欠勤等（遅刻・早退）があっても，賃金は控除しません。
　これに対して，日給月給制を採るなら，当該1ヵ月の期間内に欠勤等があれば，その分の賃金を控除します（ノーワーク・ノーペイ）。しかし，日給で計算した額を超えて控除すると，全額払原則（労基法24条1項本文）違反となります。
　したがって，控除の計算の仕方が重要になります。通常は，基準内給与を，当該月の所定労働時間か1年間から月単位の平均の所定労働時間のいずれかを分母にして割り，控除する単位の賃金（日又は時間）を算出し，実際の控除額を算出します。

（3）公租公課その他の控除

　所得税等の税金や健康保険料等の公的保険料はその根拠となる法令によって賃金から控除が可能ですが，法令上の根拠がないのに賃金から控除するのは，全額払原則（労基法24条1項）違反となります。そこで控除の必要があるときは，
①強行法的規制を解除するため，労使協定（同条同項但書）を締結し，
②私法的効力として控除するため，就業規則等の私法上の根拠規定を定める，
という両方が必要です。

3．規定変更（新設）による労働条件の不利益変更

（1）賃金の計算期間・支払日の変更

例えば，これまで上記2（1）のAだったのをBに変更する場合です。賃金の支払日が後の日になるので，当然，変更移行時点に空白期間が生じ，労働者に不利益な変更となります（逆に，BをAに変更するのは，利益変更になります）。

具体的に示せば，3月1日〜31日分を3月25日，4月1日〜30日分を4月25日に支払ってきたのを，A→Bに変更する結果，5月1日〜15日分だけはこれまでどおり5月25日，ところが5月16日〜31日までの分は，6月1日〜15日分と合わせて1ヵ月後の6月25日になります。要するに，半月分が1ヵ月遅くなるだけで，実額が減るわけではないので，不利益変更の程度は重大ではありません。ただ，移行時点だけ瞬間的に，これまでの支払日での支給額が従前の半分になるので，これまでの支払を予定していた労働者にとっては，瞬間的ですが大きな不利益が生じます。

そこで，移行時点で，その遅れる半月分の賃金に相当する金額を融資し，それを1年以内に賞与等で返済する，という経過措置を入れれば，この瞬間的な不利益は大幅に縮小され，変更の必要性がそこそこあれば（例えば，同一賃金の計算期間で，基準内給与と基準外給与の支払日を異にせざるを得ないのは煩雑なので，給与計算の手間を軽減するとか），相関的に見て，合理性は肯定されるでしょう。

(2) 欠勤等控除

例えば，上記2（2）を参考に，完全月給制から日給月給制に変更し，欠勤・遅刻・早退があれば，それに相当する日数や時間数を控除する場合です。欠勤等をした者にとっては，賃金がそれまで控除されなかったのが控除されることになるので，不利益変更といえます。そこで，不利益変更の程度を検討するに，賃金は労働の対価であり，労働しなければ発生しない（ノーワーク・ノーペイ）という考えは，労働契約の双務有償性に照らし合理的な考え方であり，その考え方に忠実に，ノーワークの日数や時間数の賃金を控除するのは，それまでその分が完全月給制によってもたらされていたとしても，保護すべき利益としてはさほどのものではないと考えます。よって，賃金という重要な労働条件に関することですが，不利益の程度はさほどありません。他方，一般には，賃金の変更には（高度の）必要性が求められていますが，働いていない者にこ

れまでどおり完全月給制を適用することで，他のまじめに働いている大多数の労働者が不公平を感じている等の状況があれば，これを解決するため上記変更することは，高度な必要性ありといえます。これら双方の利益を相関的に見たとき，合理性は肯定されると考えます。

（3）公租公課その他の控除の拡大
① 公租公課の控除の拡大
　公租公課の控除は，法令に基づくものなので，その控除額の変更は，そもそもが労働条件の不利益変更ではありません。
② ①以外の控除
　例えば，社内融資の返済等，労使関係に基づく控除の変更（拡大）です。全額払原則（労基法24条1項本文）の法的規制の解除は，賃金控除協定（労使協定）を締結することで実現できますが（上記2（3）①），問題は，私法的効力を獲得するための就業規則の変更で，これに合理性があるか（同②）です。

　具体的に考えてみましょう。上記の例，つまり社内融資制度を新設したり同制度を変更して融資条件を変えたりしたとします。それらは，労基法89条10号の事項を定める就業規則となりますが，労働者は，自分の意思で企業から新制度ないし変更された融資を受けるかを決めるのでしょうから，それは，労働者が自ら選択した結果であり，不利益とはいえないと考えます。よって，社内融資制度の新設又は融資条件を変更することは，合理性はあります。

　チェックオフはどうでしょう。これは，組合費を企業が労働組合の便宜を図って（便宜供与の1つ）代わりに取り立てるものです。この私法的根拠としては，組合員から，組合費を賃金から取立て回収してもよいとの同意を得ることが必要です。それ自体は，当然ながら，労働条件ではない（自分の所属する労働組合との関係の問題でしかない）ので，就業規則に定めるものではありません。よって,そのことを就業規則に（一方的に）定めても労働者に効力は及ばないので，そもそもが労働条件の不利益変更ではありません（当該就業規則の定めは労働者を拘束しない，ということです）。

Ⅲ 基準内給与

1．当該労働条件の戦略的意義

　給与の設計は，まさに企業がどのような戦略のもとに人事制度を設計するかがはっきり分かるものです。すなわち，労基法は，賃金の支払い方については一定の規制（全額払，通貨払，直接払，月１回払，以上労基法24条）をしますが，賃金の内容については，最低賃金の定め（最低賃金法）の他は，労使自治に委ねます。

　これまでは，長期雇用システムのもと年功型賃金制度を採る企業が主流でしたが，ここ最近は，能力（成果）主義型賃金制度に移行もしくは加味した賃金制度に変更する企業が多くなっています。この移行ないし加味のプロセスでは，いわゆる労働条件の不利益変更の問題となります。

　能力（成果）主義型賃金制度を採るにしても，その「能力」なり「成果」の内容を規定する必要があります。これは，まさに当該企業の事業目的（理念）を出発点に，各職責を階段状に分析し，具体化する中で決めていくものです。つまり，各職責の階段の中に，当該企業の事業目的からして，各職責の階段ごとにどういう能力（成果）の発揮を求めるのかを分解して定義するのです。そして，それに，従業員の主たる労働条件１つである賃金を結びつけ（紐づけ）ます。

　ちなみに，「基準内給与」「基準外給与」という区分自体，給与設計の結果です。労基法等法令にはこのような区分はありません。ただ，多くの企業では，表現は異なっても，上記の区別がされています。一般的な説明をすれば，「基準内給与」とは毎月定額で支払を予定する給与で，「基準外給与」とは毎月（支払の有無・支払う場合でも金額が）変動しうる給与です。

　なお，給与に関する事項は，労基法89条２号（「賃金の決定…に関する事項」）の絶対的必要記載事項であり，当該事業場に労働者が１０人以上いるとき作成が義務づけられている就業規則には，必ず記載しなければならない事項です。

2．規定化する上でのポイント

(1) 設計（規定化）にあたっての典型的考え方

　規定化は，まさに上記1のとおり，企業がどのような戦略のもとに人事制度を設けるかと直結します。すなわち，有機的結合体である企業は，統一性，公正性の観点から賃金制度をつくり，その中で各人の賃金を決めます。そしてその設計は，当該企業の人事制度（典型例でいうと，年功型か能力（成果）主義型か）によって異なります。

　年功型人事制度を採り，その設計が年功型賃金制度の場合，所定賃金は，年功的な基本給与（年齢給，勤続給中心）と生活保障的な諸手当（家族手当，住宅手当等）で構成され，賞与も，考課査定はないか，あってもその額への反映はごくわずかです。退職金についても，年功的に上昇した退職時の基本給与をベースに，これまた年功的に上昇した支給係数を掛けて算出されます。

　他方，能力（成果）主義型人事制度を採り，その設計が能力（成果）主義型賃金制度の場合，所定賃金は，担当する職務に対する給与（職務給，職務等級賃金）を基本とし，職務と関係のない生活保障的な諸手当は導入せず（あるいは廃止し），賞与も，月例給与をベースにすることなく，業績配分の考えのもと考課査定の結果で各人の額が決定されます。退職金についても，廃止するか，存続するとしても各勤務時期ごとのポイント・金額を積み上げる等によって算出し，退職時の基本給与をベースに算出することはしません。

　最近は，能力（成果）主義の流れから，多くの企業が能力（成果）主義型賃金制度を導入してますが，どの程度能力（成果）主義を導入するかは，各企業の理念（事業目的）に照らして慎重に判断すべきです。年功型賃金制度は古く，能力（成果）主義型賃金制度が現在の企業ニーズに合致している，というのは決めつけです。年功型賃金制度もよいところはあるのであり，企業によっては，（その理念＝事業目的から）年功型賃金制度が基本的に妥当なところもあります。例えば，保守的で各個人の能力の発揮があまり期待されず，チームワークが第一だという企業の下では，ドラスチックに能力（成果）主義型賃金制度を導入しても，（人

事政策的に) うまく行かないでしょう。

　よって，各企業の現時点の理念（事業目的）をよく分析したうえで，年功型賃金制度のメリット（生活の安定，安心感），デメリット（仕事をやってもやらなくても賃金が同じ→モチベーションの低下），能力（成果）主義型賃金制度のメリット（やったらやっただけ待遇に反映され，モチベーションが高まる），デメリット（個人プレーに陥りやすい，短期に結果を求める，考課者の考課査定能力が追いつかない）を踏まえ，その時点でもっとも妥当な制度を導入する，という発想が大切です。

(2) 規定化の例

　書式2－2の1の給与規程は，年功型賃金制度に職能資格賃金制度を加味した賃金設計です。以下，**書式2－2の1**（341ページ）の給与規程の設計を解説することで，基準内給与の規定化（設計）の仕方を説明します。

A．基本給の設計

　年功型賃金制度に職能資格賃金制度を加味した賃金制度の設計をするとすれば，それは基本給の構成に反映されます。年功型賃金制度を反映したものが年齢給・勤続給，職能資格賃金制度の反映が職能給です。

　ここで，職能資格賃金制度について簡単に説明すると，職務遂行能力を段階的に分割し，それぞれに賃金を対応させることでその能力の発揮を促すものです。よって，本来的には，能力（成果）主義的な人事制度です。ところが，現実は，職能資格の上昇が年功的に運用され，しかも，各職能資格の賃金も際限のない号俸の賃金テーブルを用意し運用することで，年功型賃金が形を変えて運用されているに等しいものが多いといえます。

　なお，能力（成果）主義型賃金制度の下で賃金設計をするときは，基本給の構成は職務給中心となり，年齢給，勤続給というものは登場しません。

① 年齢給：年齢に応じて増加する設計をしますが，さすがに一定の年齢に達したら増加を停止する修正をしたりします。
② 勤続給：中途採用者が相当数いたり，合併，事業譲渡等を経験した企業では，上記①だけだと，以前からいる労働者に充分な処遇はでき

ないことから，勤続給を上記①とは別に設けます。これも一定の年数に達したら増加を停止する修正をしたりします。
③ 職能給：職務遂行能力（職能）を段階的に分割し，かつ，それぞれの段階の職能を定義し（企業によってはこの定義のないものが相当数ありますが，定義がなければ全く意味のない制度なので，要注意です），対応する賃金を定めます。そして，その賃金は，何十号俸の細かい階段を用意して，職能が同じでも毎年少しずつその階段を上がるようにします。

書式２－２の１の職能給の賃金テーブル（別表，349ページ）は，下の職能の職能給のすぐ上の職能の職能給に各賃金テーブルが整合するよう，下の職能の職能給の最高号俸がすぐ上の職能の職能給の最低号俸を上回らないようにします。ただ，相当数の企業の職能資格賃金制度では，下の職能の職能給の最高号俸がすぐ上の職能の職能給の最低号俸を大幅に上回っていたりします。下の職務遂行能力しかなく昇格もできない労働者の方が，優秀で早く昇格した労働者より，能力は下なのに賃金は高いわけです。これは，職能資格制度の本来の姿ではありません。こういう賃金テーブルを持つ企業の賃金制度は，（本来，能力主義といわれる）職能資格賃金を形だけ定めているだけで，実質は年功型賃金制度です。組織を引っ張っていく能力の高い若年労働者が不要な企業では，それでよいのかもしれません。

B．手当の設計

手当は，仕事手当と生活手当に分類できます。賃金は，労働の対価ですが，基本給に加えて手当を支給するのは，基本給だけでは人事政策的に充分ではない，ということからです。

a．仕事手当

特別ないし特殊な仕事をする労働者には，それに見合う賃金が必要だろう，ということです。能力（成果）主義型賃金制度では，この特別ないし特殊な仕事についての評価は，まさにその労働者が担当する職務内容・成果の評価なので，手当ではなく，基本給の構成に反映されることになります。
① 役付手当：書式２－２の１・第14条（345ページ）ですが，部長，課長etcの職位（特別な仕事）に対応する手当です。

② 職務手当：**書式２−２の１**・第15条（346ページ）ですが，特殊な仕事に対する手当です。

　この仕事手当の導入は，年功型賃金制度を採用する企業においても，特別な，あるいは特殊な仕事を評価し，手当を支払という姿勢を示すことにより，戦略的には，年功型賃金制度の下においても，重要な役割，職務を担う労働者のモチベーションを維持しよう，という狙いがあります。

③ 皆勤手当：これは，上記①，②と性格を異にし，連続勤務が必要な企業にとって，それを確保する狙いです。その必要が強ければ強いほど（運転手の業務等のように，運行計画の下に業務を実施する部門などでは，特に必要です），皆勤手当の額を多く（基本給を低く押さえても）します。

b．生活手当

　本来，賃金は労働の対価である以上，労働者に家族が何人いようが，家賃がいくらかかろうが，賃金の額を決める上では関係のないことです。しかし，長期雇用システムをとり，18歳，22歳の新卒採用後，特別の事情のない限り60歳の定年まで勤め上げることを前提とするとき，年功型賃金の設計において，労働者の人生設計に対しある程度の支援をしないと，定年まで企業への忠誠心と精勤を確保できません。企業は，若年から老齢まで労働者の一貫した忠誠心と精勤を確保するため，生活手当を導入します。一言で表現すれば，若いときは，仕事ができても低賃金で，中高年で家族を持つときは，仕事ができなくなっても高賃金で，定年までトータルでイコールになるようにする。その賃金体系の中で，その家族を持ったときに高い賃金を賃金体系上根拠付けるのが，この生活手当です。

　なお，能力（成果）主義型賃金制度では，賃金を職務内容・成果への報いとして設計するので，かかる生活手当の導入には消極的です。つまり，考え方の基本が，賃金を職務内容・成果への報いとして支払うことで労働者のモチベーションを高める点にあるのです。これも一言で表現すれば，その時その時の労働市場に見合う水準の賃金を保証することで，労働者のプロ意識に訴え，仕事をバリバリして企業業績に貢献してもらおう，ということです。そのためには，賃金体系は職務給中心で，他の，

特に生活手当は異物（不要）になるのです。
① 家族手当
　扶養家族に対応して，一定額の援助をします。
③ 住宅手当
　賃貸借では家賃，購入のときは住宅ローンに対応して，一定額の援助をします。

3．規定変更（新設）による労働条件の不利益変更

　現行の年功型賃金制度（書式２−２の１（341ページ））を能力（成果）主義型賃金制度（例えば，書式２−２の２，３（350，356ページ））に変更する例で考えてみましょう。書式２−２の３は，能力（成果）主義型賃金制度を徹底した規程，書式２−２の２は徹底せず年功型賃金制度の要素を一定限残した規程です。
　この変更点を表にして整理すると，次のとおりです。

〈書式２−２の２，年功型賃金の一部を残して変更する場合〉

```
書式２−２の１ ─────────→ 書式２−２の２
  ┌ 基準内賃金
  │   ┌ 基本給
  │   │   ・年齢給      ┄┄┄→ ○（存続）
  │   │   ・勤続給      ┄┄┄→ ○（存続）
  │   │   ・職能給      ┄┄┄→ 職務給
  │   └ 手当
  │       ・（役付手当） ┄┄┄→ ×（職務給に統合）
  │       ・（職務手当） ┄┄┄→ ×（職務給に統合）
  │       ・（家族手当） ┄┄┄→ ○（存続）
  │       ・（住宅手当） ┄┄┄→ ○（存続）
  │       ・（皆勤手当） ┄┄┄→ ○（存続）
  └ 基準外賃金 ────────→ 計算式に変更なし
      ・（時間外手当）         ・（時間外手当）
      ・（休日出勤手当）       ・（休日出勤手当）
      ・（別居手当）           ・（別居手当）
      ・（通勤手当）           ・（通勤手当）
  （　）は，条件（要件）を満たして初めて権利が発生する。
```

第3章 賃金規程

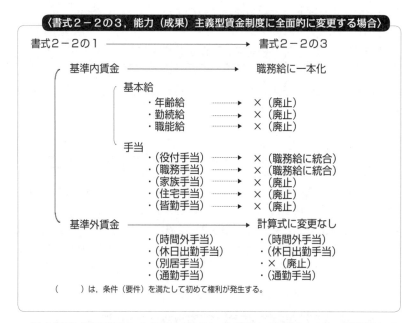

　賃金制度を年功型から能力（成果）主義型に変更すれば，従業員によっては賃金額が低下したりするでしょうから，当然，労働条件の不利益変更の問題になります。しかも，従業員は労働で得る賃金によって日々の生活を営んでいる以上，賃金は最も重要な労働条件であり権利です。
　よって，その変更は高度の必要性と，それに基づいた内容の相当性が求められます。具体的には，その賃金制度が変更されることで従業員にどれだけの不利益が現実的に生ずるのかを慎重に分析し，他方において，企業が賃金制度を変更する必要性が高度にあるのか，あるとしても，その「高度の必要性」に基づいて変更される就業規則の内容が，それに見合った相当なものかを見極め，その他労働組合等との協議等を総合考慮して，合理性の有無を判断することになります。
　以下では，実際に，**書式２－２の２**（350ページ）又は**書式２－２の３**（356ページ）に変更すると仮定し，検討の仕方を示します。

III 基準内給与

(1) 書式2-2の2（年功型の要素を一定限残した規程）への変更の場合（169ページの図参照）

a. 労働者が受ける不利益の程度

まず，従業員が受ける不利益の程度を見たとき（169ページの図参照），

基本給のうち，
・職能給
手当のうち，　　　⇨　職務給
・役付手当
・職務手当

に変更されるので，変更前の職能給，役付手当，職務手当の合計金額と変更後の職務給の金額を比較します。その結果，職務給の金額の方が少なければ，その差額が不利益部分です。当然，人事制度自体が，年功型→能力主義型に変更になり，その一環として賃金制度が年功型（＋職能資格制度）→能力（成果）主義型に変わるわけなので，当該従業員の担当する職務内容も変更になる可能性はあります。もし，その結果，職務内容・責任（職責）が軽減されれば，その部分は利益変更という評価になり，上記金額の減少と職務内容・責任（職責）の軽減をプラスマイナスして実質的不利益の程度を評価することになります。

ただ，人事制度自体が年功型→能力主義型に変更になっても，多くの場合，各従業員の担当する職務内容・責任に変更はありません。そうなると，単純に金額の減少が，実質的不利益と評価されます。

そして，このような人事制度，賃金制度の能力主義への変更に伴う賃金額の増減は，それぞれの従業員毎に異なります。すなわち，若くても重要な職務内容・責任を担う従業員は賃金はむしろ増加しますが，中高年なのにさほど重要ではない職務内容・責任を担う従業員は賃金は減少する可能性があり，かつ減少額も幅があり，ある者は1万円だがある者は8万円，ということになるはずです。

就業規則による労働条件の不利益変更の効力は，労働者毎の相対効（ある労働者に対しては拘束力（＝有効）あり，ある労働者には拘束力なし）なので，一部の従業員が，上記の例でいうと月額8万円といった大幅な

不利益が生ずるときは、後記bでいう変更の必要性がかなりないと合理性が否定され、その従業員（ないし、同様の不利益が生ずる従業員達）に対しては拘束力なし（不利益変更できない）、ということになります。

よって、かかる結果を回避するためには、大幅な不利益が生ずる従業員に対し、何らかの緩和措置を検討する必要が生じます。何年か経過措置を設けて段階的に適用（移行）するとか、調整給を一定期間入れて不利益を緩和する、といったことです。これらの見極めは、（2）に出てくるので、そこで詳しく解説します。

b．変更の必要性，変更内容の相当性

賃金は、最高裁も判示するとおり、重要な権利なので、変更の必要性は、高度なものでなければならないとともに、変更内容も、その高度の必要性に沿った相当なものでなければなりません。

ⅰ．変更の必要性

能力（成果）主義への変更は、一般論としては、職務に見合った処遇の実現による各労働者のモチベーションの向上、そして、これによる企業の生産性の向上、ということは理解できますが、

・なぜ当該企業にとって

そして、

・なぜこの時期に変更する必要があるのか

が、クリアーでなければなりません。当然その説明を裏付ける資料等も必要です。例えば、ノイズ研究所事件（東京高判平18．6．22，最高裁もこれを支持）は、国際競争の激化に伴う競争力の低下に直面し、その時点で能力（成果）主義に変更しなければ、企業の立直しができない状況で、その立証に成功した結果、高裁、最高裁で合理性が肯定され（一審の地裁では、合理性否定され敗訴）、企業側が勝訴しました。

ⅱ．変更内容の相当性

次に、その高度の変更の必要性が肯定されたとしても、変更内容は、その必要性に伴った相当なものでなければなりません。能力（成果）主義への変更のケースで、この内容の相当性が争点となるのは、①能力（成果）主義を担保する人事考課制度の整備、②変更（移行）の内容がどの程度か（労働者が受ける不利益の程度と重なる事実でもあります）です。

①は、職務内容・成果に見合った処遇を実現するためには、各労働者

の職務遂行を適正に評価できる人事考課制度の整備が不可欠ということです。加えて，各職務を担当する労働者が適材であること（適材適所が実現されること）も能力（成果）主義の内容です。そして，その職務遂行と成果に応じた昇格・降格が行われることが予定されています。

　このようなことから，人事考課制度がいかにきちんと整備されているかが，制度（変更）内容の相当性判断の重要な要素になります。

　次に②，つまり変更（移行）する結果，どれだけの不利益がどの範囲の労働者に生ずるのか（マイナスになる人数と幅），他方，どれだけの利益がどの範囲の労働者に生ずるのか（プラスになる人数と幅）は，制度内容の相当性を判断する要素になります。その中では，人件費の総原資は，変更前と後で変わりはないか，あるいは増えているか（能力（成果）主義移行に名を借りた人件費の削減ではないか）とか，さらには，大幅な不利益を受ける労働者の人数，金額等がどのようなものかとか，もし，不利益が大幅ならそれに何らかの緩和措置を採ったか，といったところが，内容の相当性を判断する上でのもう１つの重要な要素となります。

　不利益緩和措置は重要なポイントですが，徹底した能力（成果）主義型への全面移行の後記（2）の方がこれを採る必要が高いので，同箇所で詳しく説明します。

c．総合考慮

　aの労働者の受ける不利益の程度と，bの変更の（高度の）必要性とそれに伴う内容の相当性，を比較衡量（相関関係）しますが，その他，労働者によく説明したか，労働組合があるのであればよく交渉したか，といったことが総合考慮されて，合理性が判断されます。

(2) 書式2－2の3（徹底した能力（成果）主義型）への変更の場合（170ページの図参照）

a．労働者が受ける不利益変更の程度

まず，従業員が受ける不利益の程度を見たとき（170ページの図参照），基本給のすべて，すなわち，

- ・年齢給
- ・勤続給
- ・職能給

手当のすべて，すなわち，

- ・役職手当
- ・職務手当
- ・家族手当
- ・住宅手当
- ・皆勤手当

⇨ 職務給

に変更されるので，変更前の基本給及び各手当の合計金額と変更後の職務給の金額を比較します。その結果，職務給の金額の方が少なければ，その差額が不利益部分です。もっとも，通常は，人事制度自体が能力主義型に変更になる一環として賃金制度が能力（成果）主義型に変わるので，当該従業員の担当する職務内容・責任も変更され，職務内容・責任が軽減される可能性はあります。もしそうなっていれば，その点は利益変更になり，上記金額の減少と職務内容・責任の軽減をプラスマイナスして実質的不利益の程度を評価します。ただ，多くの場合，各従業員の担当する職務内容・責任に変更はありません。そうなると，単純に金額の減少が，実質的不利益と評価されます。

そして，この労働条件の不利益変更は，前述したとおり，各従業員毎に検討し，その結果，相対的に各従業員毎に拘束力があるかの問題なので，

- ・どの範囲の従業員に
- ・どの程度の不利益が生じるか

をよく分析する必要があります。すなわち，就業規則による労働条件の不利益変更は全従業員を対象に統一的に労働条件を（不利益に）変更するのが目的なので，不利益が大きい従業員についてだけ拘束力が否定さ

れるのは，それ以外の従業員への拘束力が維持されるとしても，全従業員に統一的に変更するという目的は未達成になります。そこで，不利益が大きい従業員には，これを緩和する措置を設けることで，その範囲の従業員への拘束力を確保して，統一的な変更を実現する必要があるのです。

この不利益を受ける従業員の範囲と程度の分析は，不利益緩和措置の要否に関係しますが，内容の相当性の論点でもあるので，b．ⅲにて詳しく説明します。

b．変更の必要性，変更内容の相当性
ⅰ．変更の必要性

上記（1）b．ⅰで述べたとおり，高度の必要性があることが求められます。そしてやはり，上記（1）b．ⅰで述べたとおりのことが，徹底した能力（成果）主義への全面移行をする（2）では，よりクリアーにいえなければなりません。

すなわち，
・なぜ当該企業にとって
そして，
・なぜこの時期に
しかも，
・全面的に
変更する必要があるのかです。

ⅱ．変更内容の相当性

次に，高度の必要性があるとしても，その必要性に伴った内容の相当性が必要であることは，上記（1）b．ⅱで述べたとおりです。そして，能力（成果）主義賃金制度への変更のケースで相当性の判断の中で重要な争点になるのは，同箇所で指摘した点，すなわち，①能力（成果）主義を担保する人事考課制度の整備，及び②変更（移行）の内容がどの程度か，です。それが徹底した能力（成果）主義への全面変更の場合は，よりクローズアップされます。そして，変更による不利益の大きな従業員がいた場合，どのような配慮がされたか，つまり，どのような不利益緩和措置を実施したかが，この全面移行ではより重要になります。そこで，以下ⅲで，詳しく，検討の仕方と設計，そして規定化を解説します。

第3章　賃金規程

iii．不利益緩和措置の検討

不利益変更の問題は，上記のとおり，労働契約が労働者毎にある以上個々の労働者毎に検討されるので，不利益緩和措置は，不利益性の大きい労働者を中心に設計します。

そして，賃金制度の不利益変更の場合によく使われる方法は，調整給（手当）による不利益部分の補填です。基本給の不利益部分の補填が調整給，手当等の不利益部分の補填が調整手当という使われ方もあります。

もう1つの方法は，移行を何年かかけて実施する，ということです。つまり，不利益変更に時間をかけ，少しずつ移行することで労働者に与える不利益を緩和するのです。

ただ，実際は，この2つの方法をミックスします。つまり，移行時に発生する大幅な不利益を調整給（あるいは調整手当）で全部又は一部補填しながら，一定の期間をかけてこの調整給（あるいは調整手当）を削減し何年か後に廃止する，ということです。

いろいろなバリエーションがあります。以下，具体的に説明します。

① 全額補填か一部補填か

まず，新賃金制度への移行に伴って発生する不利益分を，全額補填するのか，不利益分が一定額以上あった場合（例えば，基本給月額3万円以上減の場合）補填するのか，です。全額補填か一部補填かの判断は，当該新賃金規程への移行がどれだけ合理性の判断に耐えうるかによります。全額補填すれば不利益は一応解消されますが，人件費の大幅増（新賃金制度への移行によって賃金が増額となる労働者も当然多くいるはず）になります。他方，一部補填であれば不利益は残り，その部分は合理性基準に基づいて慎重に判断されることになります。

② 解消の方法

そして，不利益の補填である調整給（あるいは調整手当）は，新賃金制度への移行に伴う不利益緩和措置であって，それ自体恒久的な賃金ではありません。その後の昇給，昇格により解消され，あるいは一定年数経過すれば廃止されるべきものです。そこで，調整給の解消の方法を検討する必要があります。

③ 規定の仕方

さらに，それらのことを新賃金規程に明記しておく必要があります。

暫定的な措置であることからすると，新賃金規程の本文ではなく，付則に位置付けた方がよいでしょう。

＜不利益緩和措置の設計と規定の仕方＞
そこで，不利益緩和措置の設計と規定の仕方・規定化を詳しく説明します。これは重要なポイントなので，いくつかのバリエーションを規定例で示します。

(ⅰ) 不利益分を全額補填する場合

＜全額補填し，昇給等で解消する内容で，付則に規定する型＞

付則
（施行）
第1条　本規程は，平成30年4月1日より施行する。
（調整給）
第2条　調整給は，新賃金制度への移行（旧規程の廃止，本規程の施行）に伴って賃金に減額（施行前日の旧規程による基本給＋手当と施行日の本規程による職務給との差額）が生じる者の生活の安定を図る目的で，その減額分を補填する。
（調整給の解消）
第3条　本規程施行後，昇給，昇格によって職務給が増額し移行時に生じていた賃金の減額が減少した場合は，その減少額相当分につき調整給を減額し，移行時に生じていた賃金の減額が解消されたときは，調整給は終了する。

この規定の仕方は，①新賃金制度への移行に伴って生じた賃金の減額分（不利益額）の全額を補填し，②それを将来の昇給，昇格で職務給が増額し，移行時に生じていた賃金の減額が減少したときは，その減少額相当分を調整給から減額し，増額が調整給の額を上回れば（賃金の減額が解消されれば），調整給は終了とする，というものです。そして，③これらの措置は暫定的なので，付則に規定化します。

ただ，昇給，昇格で職務給が増額しても，それが調整給の全額に達す

るまでは調整給の解消に使われてしまえば，調整給の額が大きい労働者のモチベーションは上がらないでしょう。そこで，調整給の解消と調整給受給者のモチベーションの維持とを調和する設計を考える企業もあるはずです。そして，その方法の1つは，昇給による増額では差引かないが，昇格による増額の場合は差引くという設計です。

これは，第2条まではそのままで，第3条を次のように修正します。

<調整給の解消その1－昇格の際に解消する型>

（調整給の解消）
第3条　本規程施行後，昇格によって職務給が増額し移行時に生じていた賃金の減額が減少した場合は，その減少額相当分につき調整給を減額し，移行時に生じていた賃金の減額が解消されたときは，調整給は終了する。

2つ目は，昇給，昇格による増額分の半額だけ調整給から差引くという設計です。これは，第3条を次のように修正します。

<調整給の解消その2－昇給・昇格の際に半額を限度に解消する型>

（調整給の解消）
第3条　本規程施行後，昇給，昇格によって職務給が増額した場合，その増額の半額相当分につき調整給を減額し，その増額の半額相当分が調整給の全額に達したときは，調整給は終了する。

他方，②調整給の解消を，昇給，昇格による職務給の増額と相殺することで実行するのではなく，労働者一律に，例えば，3年とか5年とかで，段階的に縮小，廃止する設計もあります。ただ，この場合，労働者によっては，この段階的縮小，廃止をしても職務給（賃金）の増加が追いつかず，不利益性が残りその部分が不利益変更として争われる余地があります。

Ⅲ 基準内給与

＜調整給の解消その３－３年で解消する型＞

（調整給の解消）
第３条　本規程施行後，調整給の金額は下表のとおりとし，調整給は平成31年３月末をもって廃止する。

時期	調整給の金額
平成30年３月末まで	第２条の金額全額
平成31年３月末まで	第２条の金額の66％
平成32年３月末まで	第２条の金額の33％

(ⅱ) 不利益分を全額ではなく一部補填する場合

　新賃金規程移行の合理性がそれなりにある場合，移行に伴って生じた賃金の減額分（不利益額）の全額を補填せず，一部補填することでも大丈夫，ということもあります。この場合，補填はどの「一部」かが問題となります。

　この点は，労働条件の不利益変更についての考え方からすれば，不利益の大きい労働者を中心に配慮するのが合理性基準に則った設計といえます。例えば，新賃金規程移行に伴って発生する新旧賃金の差額が３万円以上の場合，その超える部分を調整給として支給する，という方法です（例①）。あるいは，一定の率で補填する方法もあるでしょう。例えば，差額金額の50％を調整給として支給する，という方法です（例②）。また，両者をミックスする方法もあります。例えば，差額金額の50％を調整給とするが，差額金額が３万円以上の場合，その超える部分は100％調整給とする，という方法です（例③）。

　これらは，第２条を次のように修正します。

＜一部補填する例①…一定額以上の差額補填＞

（調整給）
第２条　調整給は，新賃金制度への移行（旧規程の廃止，本規程の施行）に伴って賃金に減額（施行前日の旧規程による基本給＋手当と施行日の本規程による職務給との差額）が生じる者の生活の安定を図る目的で，その減額分が３万円以上となる場合，その超えた部分を補填する。

> **＜一部補填する例②　…一定割合での補填＞**

（調整給）
第２条　調整給は，新賃金制度への移行（旧規程の廃止，本規程の施行）に伴って賃金に減額（施行前日の旧規程による基本給＋手当と施行日の本規程による職務給との差額）が生じる者の生活の安定を図る目的で，その減額分の50％相当額を補填する。

> **＜一部補填する例③　…上記例①②を加味＞**

（調整給）
第２条　調整給は，新賃金制度への移行（旧規程の廃止，本規程の施行）に伴って賃金に減額（施行前日の旧規程による基本給＋手当と施行日の本規程による職務給との差額）が生じる者の生活の安定を図る目的で，その減額分の50％相当額又はその減額が３万円以上となる場合には，その超えた部分のうち，多い金額を補填する。

　ｃ．総合考慮
　ａの労働者の受ける不利益の程度と，ｂの変更の（高度の）必要性とそれに伴う内容の相当性（なお，上記緩和措置は，ａの「不利益の程度」とｂの「内容の相当性」の両方に意味のある事実です）を比較衡量（相関関係）しますが，その他，労働者によく説明したか，労働組合があるのであればよく交渉したか，といったことが総合考慮されて，合理性が判断されることになります。

IV 基準外給与

1．当該労働条件の戦略的意義

　基準外給与という区分自体，給与設計の結果ですが，一般的には，毎月支払の有無と（支払ったとしても）支払額が変動する賃金のことをいいます。

　かかる変動賃金の設計にも，企業の設計自由が妥当しますが，法定労働時間を超えた労働と法定休日労働の賃金については，労基法により規制（一定率以上の割増賃金の支払，労基法37条，労基則19〜21条）がされてます。かかる規制を遵守の上，いかなる変動賃金を導入し，どのように設計するかは，企業の人事政策に基づく戦略的判断です。そして，基準内給与の設計と同じ戦略的意義があてはまります。

　なお，基準外給与に関する事項も労基法89条2号（「賃金の決定…に関する事項」）の絶対的必要記載事項で就業規則に必ず記載しなければならない事項です。

2．規定化する上でのポイント

（1）時間外・休日労働に対する給与

　労基法37条，労基則19〜21条の規制は，法定労働時間（同法32条，1週40時間，1日8時間）を超えた労働（以下，時間外労働），法定休日（同法35条，1週1日の休日）の労働（以下，休日労働），深夜労働（同法37条4項，午後10時〜翌日午前5時）に対し，一定の割増率（休日労働は35％，その他は25％，ただし，時間外労働が月60時間超は50％）を定めています。

　したがって，法令を下回る計算で支払ってもその差額を支払わなければならないので，クリアーにするための計算式の設計が必要です。間違いやすいのは，算定基礎賃金です。算定基礎に入れるべき賃金を入れない，ということが実務上よく生じます。算定基礎賃金については，まず，

第3章　賃金規程

　賃金の計算単位によって計算の仕方が違うので，労基則19条をよく読みます。次に，各種手当の中でどれが算定基礎から除外できるかを同21条で確認します。特に，同21条は，名目が住宅手当とか家族手当になっても，実質を伴わなければ，除外賃金にならないので，注意して下さい。

　これらの時間外・休日労働に対する賃金を，定額で，例えば，5万円，と規定することも可能です。しかし，その旨を賃金規程に定めないと，意図した効果は生じません。例えば，次のように規定します。

＜時間外・休日労働に対する賃金の定額払の例＞

（勤務手当）
第○条　会社は，法定労働時間を超えあるいは法定休日の労働に対する賃金として，定額で勤務手当○○○円（法定時間外労働時間30時間相当分とし，当該月の当該時間数がこれに達しないときは，法定休日労働時間数に充当する）を支払う。
2.会社は，前項に相当する法定労働時間外労働，休日労働を超える労働があったときは，その時間分につき賃金を別途支払う。

　定額払は，定額に相当する時間外・休日労働時間以内であれば，精算（企業は返してくれとはいわない）を求めない一方で，この時間数を超えれば,精算（追加で支払う）しなければなりません（前掲規定例2項）。ここで,平成24年3月8日言渡のテックジャパン事件の最高裁判決以降，同事件での櫻井裁判官の補足意見の影響か下級審裁判所が混乱しているので，整理したいと思います。定額残業代についての最高裁の判断は，高知県観光事件（最判平6.6.13）によって確定し，前掲テックジャパン事件の法廷意見は，同最判を引用しその判旨の射程を一歩も出ていません。つまり，「通常の労働時間の賃金に当たる部分と時間外及び深夜の割増賃金に当たる部分とを判別すること」が出来るか否かが，定額払の有効性判断の基準です。基本給とは別の手当として支給するものが残業代の定額払か否かも，この基準で考えることになります。すなわち，当該手当がはたして「時間外及び深夜の割増賃金」の趣旨といえるのかがはっきりしているかどうか，です。

櫻井裁判官の補足意見は，読みようによっては，定額払相当の時間数を超えた場合，その分を別途支払う「あらかじめの合意」がなければ，残業の定額払として有効とは認めないかのようですが，前掲高知県観光事件判決も同テックジャパン事件判決の法廷意見も，そのようなことは一切判示してません。

　よって，上記規定例のとおり，「勤務手当」を30時間相当の法定労働時間外労働の定額払と一旦（125％の割増率の）時間外労働に寄せ，ただ，法定休日労働もあったときは割増率が違うので，月の実際の時間外労働時間数が30時間に達しないときで法定休日労働があったときは，この法定休日労働の（135％の割増率の）賃金に充当する，とすれば明確で割増賃金間の区別もできます（上記規定１項）。そして，仮りに，定額払で設計（想定）する時間外労働時間数ないし法定休日労働時間数を現実に超える月があるときは，別途支払う，と明記することで（上記規定２項），定額払の趣旨がより明確になり，前掲２つの最高裁判例からして，全く有効な定めとなります。

＜法内残業に対する賃金－法外残業の区別＞

　企業によっては，所定労働時間が１日７時間15分などで，法定労働時間（１日８時間）より短いところがあります。この場合，７時間15分を超え８時間までの45分は法内残業で，労働契約の四重構造（第２編第１章）のとおり，法令（労基37条）で規制されていない領域です。よって，どのような賃金の定めをしても，合理的（労契法７条）であれば，有効です。例えば，高い月給を支払っている従業員Aに対し，この時間分は月給に含まれ別途支払われない（つまり，ゼロ）としても，有効となるでしょう。他方，月給15万円の従業員Bに対して，「法内残業は月給の内に含まれ…」と同様にしたら，疑問でしょう。もし，その企業に時給制社員がいて，その社員が８時間働くよりも月給制従業員Bの８時間の方が低くなるようなら，合理性は否定されると考えます。これらの問題は，制度設計にも重なる部分でもありますが，運用で疑問を持ったら，制度設計者と相談した方がよいです。

　他方，法定労働時間を超える労働時間は労基法37条により規制がされ，法令に割増賃金の計算式が明確に定められているので，運用上これに則

った支払が必要です。間違えると労基法24条違反となりますので，慎重に運用して下さい。

　よくあるのは，割増賃金の算定基礎単価から控除する賃金についての間違いです。具体的には，住宅手当，家族手当は，その実質がないと控除できません。例えば，持ち家かどうか，ローンはいくらあるのか，家賃はいくらかに関係なく，定額で住宅手当として3万円支払っていたら，その住宅手当は算定基礎から控除できません。

　賞与についても，一旦年額で決まったものを，例えば，16で割って月給とは別に2×2回を夏冬に支払っていたとしたら，定額の賞与（2×2回）は割増賃金の算定基礎に入れなければなりません（平12.3.8基収78号）。

　また，勤務手当を，定額残業代として月30時間分の趣旨として支払っていたとしたら，むしろそれは割増賃金の算定基礎に入らないというだけではなく，計算された割増賃金を含む残業代から，既払分として差引くことになります。但し，よく問題となるのは，勤務手当がはたして，定額残業代の趣旨といえるかどうか，そしてその時間数（30時間）の立証です。一般的に言えば，就業規則（賃金規程）に明記されていなければ，難しいです（前掲規程とその解説参照）。

(2) 通勤手当

　労働義務は，持参債務（債権者（企業）の営業所に行って履行しなければならない債務－民法484条）なので，その営業所に行くまでの費用である通勤費は，民法の原則からは労働者の負担です。ただ，それだとよい人材が集まらないので，多くの企業では，その通勤費を企業が負担しています。

　その実質から，企業では，通勤手当の設計においては，各月定額で支払うのではなく通勤して初めて発生するものとし（欠勤期間が長ければ，発生しない），その金額も，労働者それぞれにかかる費用をそのまま賃金におきかえるか，現物（定期券）を支給します。

(3) その他の変動給与

　営業を重視する企業では，営業職に成果や出来高に応じて支給する手

当を導入し，具体化したりします。

3．規定変更（新設）による労働条件の不利益変更

(1) 時間外・休日労働に対する給与

規定を変更した結果が，労基法37条，労基則19～21条によって算定した額を下回ってしまえば，それは単純に違法で無効（労基法92条）となるのであって，労働条件の不利益変更の問題ではありません。それら強行法規に違反しない限りでの不利益変更において，労働条件の不利益変更の合理性を検討することになります。

① 法令を上回っていた割増率を下げる場合

例えば，休日労働の賃金の割増率を50％→40％に下げる場合です。

当然，休日労働をしたときに支払われる賃金が下がるので，労働条件の不利益変更になります。法令の割増率は最低の率を定めているだけなので，上記引下げには，変更の高度の必要性がなければなりません。充分な理由（例えば，債務超過になっているとか，数年連続で赤字であるとか）がなければ，変更の合理性は認められないでしょう。

② 定額払を廃止して，法令所定の計算にした場合

例えば，時間外・休日労働に対する定額払として月額5万円支給していたのを廃止して，労基法37条，労基則19～21条の計算で支払う，と変更する場合です。

定額払は，その金額に相当する時間外・休日労働をしなくても支払うという賃金なので，時間外・休日労働が同金額の予定する時間数に達しない月では，不利益変更になります。

ただ，定額払の目的は，時間外・休日労働の支払実務を簡易にするためであって，想定された時間外・休日労働の時間数に達しなくても賃金を支払うこと自体が目的ではありません。つまり，時間外・休日労働が同金額に達しない月は，その余分の（労働者が取得する）金額は，反射的利益なのです。

したがって，当該企業ないし事業場で，恒常的に時間外ないし休日労働が生じなくなったとか，業務が忙しくなくなって時間数が恒常的に減少した，という客観的状況が変化したときは，時間外・休日労働の定額

払制度を廃止する必要性は高度にある，といえます。もっとも定額払が元々基本給の一部だったのを分割したような経緯のときは，別です。そのときは，実質，基本給の引き下げになるので，典型的な賃金の不利益変更の問題となり，合理性は厳格に判断されることになります。

（2）通勤手当

　例えば，それまで上限がなかったのを，月額3万円が上限というようにする場合です。実費支給（援助）である通勤手当は，実質的には労働の対価ではないことから，労働者の受ける不利益の程度は，他の賃金ほどではありません。そして，その実費援助としてその企業がどこまでするかという観点から限度を設けるのであれば，その必要性は肯定できます。

　その場合，その上限額が金額として相当といえるかがポイントとなり，それはおそらく他企業や社会通念に照らして当該上限金額が不合理でなければ，合理性は認められると考えます。

（3）その他の変動給与

　例えば，成果に応じて支払う内容の営業手当が，その設計（計算式）変更等によってその手取額が減少した場合はどうでしょうか。

　変動給与の目的に照らした合理的な設計変更の結果であれば，変更の必要性も変更内容の相当性も認められると思われます。ただ，変動給与の金額が大きいときは，労働者の受ける不利益の程度は大きく，上記必要性と内容の相当性はさらにより慎重に判断することが求められます。

Ⅴ 昇給

1．当該労働条件の戦略的意義

　昇給を権利として企業に求めること（昇給請求権）ができるかは，賃金規程の定め方次第です。

　年功型賃金制度では，少なくとも慣行として行われますが，能力（成果）主義型賃金制度では，毎年1回の定期昇給という考え方自体，否定する傾向にあります。

　昇給の有無，（するとして）昇給金額は賃金規程に別段の定めがなければ，請求権としては認められないので，企業の裁量の余地を残すためにも，請求権を基礎付けるような賃金規程に別段の定めをすべきではありません。例えば，「各年4月，原則1号俸は最低昇給する」など，絶対に記載してはいけません。昇給は，あくまで「会社は，その業績と本人の職務遂行結果を踏まえ，昇給することがある」程度で充分です。

　昇給に関する事項も，労基法89条2号（「賃金の…昇給に関する事項」）の絶対的必要記載事項であり，当該事業場に労働者が10人以上いるとき作成が義務づけられている就業規則には，必ず記載しなければならない事項です。

2．規定化する上でのポイント

　年功型賃金制度では，基本給（ないしそれに相当する給与）に賃金テーブルを作成し，それを別表として付け，毎年〜号俸以上は昇給する，として運用します。特に多いのは，職能資格賃金制度を加味して，数段階の職能資格等級を定め，かつ，各職能等級毎に果てしなく長い号俸の階段を賃金テーブルとして定めます。一例として，**書式2－2の1**の給与規程添付別表を挙げます（349ページ）。

　他方，能力（成果）主義型賃金制度では，賃金は，職務内容の重要度とその成果に応じて昇給（あるいは減給）するので，定期昇給という考

え方自体，なじみません。毎年，賃金が成果によって変動するのであり，減ることもあれば増えることもある，そして増えるとしてもテーブルがあるわけではなく，妥当と思える金額だけ増える，ということです。よって，能力（成果）主義型賃金制度では，賃金テーブル自体，存在しません。実際，能力（成果）主義型賃金制度を採る多くの外資系企業では，賃金規程の中に賃金テーブルはありません。

3．規定変更（新設）による労働条件の不利益変更

(1) 不利益変更の問題になりうる場合

　能力（成果）主義型賃金制度では，上記2のとおり，昇給が権利として成立しているわけではないので，その不利益変更もありません。昇給で不利益変更がありうるのは，専ら年功型賃金制度においてです。ただ，同制度でも定期昇給はゼロの年もあり，何号俸上がるかは，各年度の企業の業績と労働者の職務遂行結果というように，能力（成果）主義を加味していれば，昇給が権利として確立しているとはいえません。そのような企業で，昇給を停止，廃止しても，不利益変更の問題とはなりません。

　昇給の停止・廃止が不利益変更となるのは，毎年必ず，例えば，○号俸は昇給するという場合（就業規則や労働協約あるいは労働契約の内容で，昇給することが具体的な場合）で，そのようなときには，その「必ず○号俸は昇給する」限りで，昇給請求権が成立しているといえ，そのような賃金制度での昇給の停止・廃止が不利益変更の問題となるのです。

(2) 不利益変更の合理性の判断

　賃金という重要な労働条件に関することなので，昇給の停止・廃止という不利益変更に合理性が認められるためには，そのことに（企業側に）高度の必要性と，その必要性に見合った内容（停止・廃止措置の具体的内容）の相当性が必要であり，他方，労働者の不利益がどの程度か（賃金水準，それまでの昇給の幅，金額，経過措置の有無等）等を総合考慮することで，判断します。

第4章 賞与

1．当該労働条件の戦略的意義

　任意の制度である賞与を導入する戦略的意義は，企業によっていろいろです。代表的なものを挙げると，
① 賃金後払
② 業績・成果配分
③ 将来の勤労意欲の維持・向上
といったものです。どのような戦略的な意義づけをするかによって，制度設計（規定化）と運用（計算，支払）が大きく異なってきます。すなわち，賞与は，年功型賃金制度では，①賃金後払を色濃く反映して設計されるでしょうし，能力（成果）主義型賃金制度では，②業績・成果配分を色濃く反映して設計されるでしょう。もちろん，長期雇用システムを採り賃金制度も年功型の企業でも，賞与だけは両者の中間的設計・運用をするものも，相当数存在します。この場合，①賃金後払，②業績・成果配分，さらに③将来の勤労意欲の維持・向上の要素を加味して運用するのです。

　賞与の支払の有無・金額も，昇給と同様，賃金規程に別段の定めがなければ，請求権としては認められないので，企業の裁量の余地を残すためにも，請求権を基礎付けるような賃金規程に別段の定めをすべきではありません。賞与の査定期間と支払日を記載するのはよいですが，計算式を記載するなど，とんでもないことです。賞与は，昇給と同様，あくまで，「会社は，その業績と本人の職務遂行結果を踏まえ，賞与を支給することがある」程度で充分です。

　賞与に関する事項は，労基法89条4号（「臨時の賃金等…の定めをする場合においては，これに関する事項」，相対的必要記載事項）に該当するので，それを制度化するのであれば，就業規則への明記が必要です。

2. 規定化する上でのポイント

　賞与は，通常，年に2回（夏季，冬季に支給）又は1回（前年度分を翌年2～3月に支給）です。賞与制度は任意の制度であり（労基法89条4号参照），その設計は当該企業の裁量の問題であって，労働者に当然に賞与請求権が認められるものではありません。それゆえ，支給日在籍要件（賞与の支給対象期間に在籍していても，支給対象期間後の支給日に在籍しなければ支給されない旨の要件）も，適法とされています（大和銀行事件最一小判昭57.10.7）。

　また，賞与を年功型賃金と位置づけるか能力（成果）主義型賃金と位置づけるかも，当該企業の裁量です。ただ，前者（年功型賃金）の位置づけをすると，賞与請求権が肯定される方向に行きやすいといえます。書式2－2の1の給与規程第6章の賞与の箇所（348ページ）を例に，解説します。

　まず，この第6章のうち，

・第29条が，賞与の支給基準です。「会社の業績及び社員の勤務成績・貢献度等に応じ」とありますが，抽象的で，当該賞与制度が年功型か能力（成果）主義型かはっきりしませんが，文言だけを見ると，能力（成果）主義型のようです。制度設計が抽象的な分，運用によってその賞与の性格が決定づけられます。

・第30条は，算定（査定）期間です。年に2回賞与を支給すること，それぞれの賞与の査定期間を明らかにしています。

・第31条は，支給日在籍要件を定めたものです。

3. 規定変更（新設）による労働条件の不利益変更

　賞与も昇給と同様で，具体化（権利として確立）していなければ，労働条件の不利益変更の問題にはなりません。具体化していれば，既存の賞与請求権という賃金の一種（労基法11条の「労働の対償」となる）の不利益変更の問題となります。

　では，賞与は，いつ具体化するといえるでしょうか。まず，就業規則

V 昇給

（賃金規程，以下同）に支給条件，支給日が具体的に規定され（例えば「夏冬賞与は，各人の基本給の2ヵ月相当分を，7月1日ないし12月1日に支給する」）ていれば，自動的に金額が計算でき，各年各賞与の支給日も特定できるので，その就業規則の定めに基づいて，賞与請求権は発生しているといえます。

次に，就業規則（賃金規程）に支給条件，支給日が具体的に規定されていない（例えば，「賞与は，会社の業績と本人の職務遂行結果に基づいて，支給することがある」）場合は，少なくとも，その就業規則の定めに基づいては，賞与請求権は発生しません。賞与請求権は，「会社の業績と本人の職務遂行結果に基づいて」企業が各労働者毎に具体的な金額を決めた時点で，発生することになります。

よって，就業規則で賞与請求権が発生する定めになっていなければ，その定めを変更することは，労働条件の不利益変更にはなりません。他方，就業規則で賞与請求権が発生する定めになっているときは，その定め，つまり支給基準を変更するのは，まさに労働条件の不利益変更になります。

その場合，賞与は労働の対償として賃金（労基法11条）になるので，変更には高度の必要性とその必要性に基づいた内容の相当性があるかが，厳格に判断されます。

＜規程（定）化の損得を見極める＞

ここで一般的な注意事項を申し上げます。

企業にとって，規定を具体的に定めれば定めるほど「得をする」ものと，具体的に定めれば定めるほど「損をする」ものがあります。つまり，規定を具体的に定めることは，常にプラスではないのです。

賞与の定めは，まさに具体的に定めれば定めるほど企業は「損をする」ものです。解雇権が大幅に制限（労契法16条）されているわが国において，企業が労務管理を円滑に行うには，自らの武器（カード）の重要性をよく認識する必要があります。その武器（カード）とは，

・賞与
・昇格・昇給
・配転

第4章　賞与

の3つです。これらを，うまく使うことが，労務管理を円滑に行うコツであり，ひいては，企業が発展するコツになるのです。

＜賞与の上手な使い方＞

　上記の話の続きですが，デフレからの脱出で四苦八苦している現在の日本の経済状況では，昇給はあまり武器（カード）になりません。配転も，せいぜい3年に1回定期的に行う，という程度ではないかと思います。これに対して，賞与は，日本企業では通常年に2回，外資系企業では年に1回，必ず支給の有無と支給額を決めるものなので，一番の武器（カード）となります。

　そして，この武器（カード）の使い方は，規程上は抽象的な基準と支給日在籍要件だけ定め，あとは運用に委ねるというのが一番よい，と筆者は確信しています。

　ということで，賞与の運用について，第3編の賞与の箇所で詳しく述べることとします。

第5章 退職金規程

1. 当該労働条件の戦略的意義

　多くの企業では，労働者の退職に備えて退職金制度を設けます。ただ，退職金制度を設けるか否かは，企業の自由（任意）です。任意の制度である退職金制度を導入するのは，優秀な人材を確保するためです。退職金の支払義務は，企業が退職金制度を設けた結果として生ずるのであって，もし設けなければ発生しません。

　その戦略的意義は，企業によっていろいろです。代表的なものを挙げると，
① 賃金後払
② 業績・成果配分
といったものです。②の「業績・成果配分」という場合，その「業績」ないし「成果」の内容は，当該企業がその事業目的から何をもって「業績」ないし「成果」があったといえるのかを規定しておくと明確になります。これによって，当該企業の価値感を退職金算定の計算式に反映させることになります。

　どのような戦略的意義づけをするかによって，制度設計（規定化）と運用（計算，支払）が大きく異なります。つまり，以前の設計は，多くの企業は年功的なものでしたが，最近は能力（成果）主義的なものを取り入れるか，少なくとも加味するのが主流になり，懲戒解雇その他企業に対して功績なく退職した場合，退職金を減額ないし不支給とする規定（支給制限条項）を設けます。

　なお，退職金に関する事項は，労基法89条3号の2（「退職手当の定めをする場合においては，適用される労働者の範囲，退職手当の決定，計算及び支払の方法並びに退職手当の支払の時期に関する事項」，相対的必要記載事項）に該当するので，それを制度化する場合，就業規則へ

の明記が必要となります。

2．規定化する上でのポイント

(1) 設計(規定化)の典型的考え方

　以前は年功的(年功的に積み上がった退職時の基本給にやはり年功的に上昇した支給係数を掛けて算出する)でしたが(書式2－3の1参照)，最近は能力(成果)主義的(毎年度ごとに担当する職務・役職に対応した成果によって算出するポイントを合計して，1ポイント○円として，退職金額を算出する)なものが主流になりつつあります(書式2－3の2参照)。そして，功労的要素を加味させて(これ自体，能力(成果)主義的考えに近い)，懲戒解雇その他企業に対して功績なく退職した場合，退職金を減額ないし不支給とする規定(支給制限規定)を設けます。

(2) 支給対象者

　労基法89条3号の2にある「適用される労働者の範囲」，すなわち支給対象者を明記します。

　対象者の範囲について法は関知するものではなく，正社員に限定してももちろんよく，現にほとんどの企業では，正社員に限定します。

　また，その正社員のうちでも，一定年数の勤続を条件とすることも，当然，できます。例えば，「満1年以上」，「満3年以上」，あるいは「満5年以上」としても，何ら問題はありません(書式2－3の1・第2条参照(362ページ))。

　以上をまとめると，次のとおりです。

```
＜支給対象者の整理＞

   正社員のみを対象　＋　勤続○年以上
            ↕
         ・嘱託(対象外)
         ・期間契約社員(対象外)
```

(3) 計算

労基法89条3号の2にある「退職手当の決定，計算，支払方法・時期」のうちの，「決定」と「計算」の明記です。典型的な退職金制度は次の枠組で，年功型賃金が退職金にも反映する内容になっています。

```
＜退職金の計算の枠組み＞

退職金＝算定基礎額× 勤続年数に対応した支給率，但し，退職
   事由によって支給率に差異を設ける
       （修正）
          ⅰ 増額
          ⅱ 減額・不支給
```

以下，退職金の算定（決定と計算）にあたっての設計の考え方につき，説明します（書式2-3の1・第4条～第8条参照（362，363ページ））。

①算定基礎額

年功型退職金制度では，通常，退職時の賃金を，退職金の算定基礎額とします。つまり，退職時まで年功的に上昇した賃金ベースが，退職金を計算するベースにもなるのです。

退職金制度を設けるか否かは自由であり，設計も自由です。退職金の算定基礎額を退職時の賃金にする必然性はありません。しかし，年功型賃金制度を採用する企業では，退職金も年功的に考える方向に行きやすいのです。

なお，能力（成果）主義型の退職金制度では，上記のように退職時の賃金をベースにせず，各職務を遂行する時点毎に計算（ポイント制）する設計が一般的です。

②支給率

支給率についても，勤続年数に応じてカーブが上昇するのは，年功的な設計の特徴です。ただ，支給率を，企業に功績があった場合や労働者に落度のない場合に高い率にして，それ以外と区別するのは，功労的な考えからの設計といえます。勤続年数については，月割りでするのか否かも，設計次第（設計自由）です。つまり，年未満を切り捨てても違法

とはなりません。

ただ，ほとんどの企業は月割で計算します。

また，休職期間等の働いていない期間を，退職金の計算上勤続年数として評価（算入）するかも自由です。ほとんどの企業は，休職期間を，出向等企業の都合による場合は算入し，病気休職等といった労働者の主観的事情による場合は算入しない，とします。

なお，能力（成果）主義型の退職金制度では，勤務年数に応じてカーブの上昇する支給率を採用することはせず，各職務遂行時点毎にそれぞれ計算して合算する設計が一般的です。

(4) 支給制限条項

退職金請求権は，退職金規程の定めに従って退職時に発生するので，かかる支給制限条項は退職金請求権の発生要件の問題にすぎず，全額払の原則（労基法24条）とは無関係です（三晃社事件最二小判昭52.8.9）。

企業によっては，不支給条項を，「懲戒解雇されたとき」だけではなく，「懲戒解雇事由があったとき」と広げます。これは，背信行為をした労働者が企業に知られずに退職したものの退職金が支払われる前に発覚した場合や，企業が背信行為をした労働者を懲戒解雇しようとしたところ，当該労働者が辞職（退職届が出されると2週間ないし30日で退職の効果が発生してしまうので）した場合にも対応できるようにするためです。つまり，かかる条項があれば，退職金を支払わないことができます（書式2－3の1・第10条参照（364ページ））。

もっと徹底した企業では，「懲戒解雇事由が判明したときには，既払の退職金は返還しなければならない」と規定するものもあります。この場合，背信行為をした退職者に退職金を支払った後でも，退職金の返還を求められます。

その他，退職時点で，引継ぎもしないで年次有給休暇を消化して退職する不誠実な従業員への対応として，支給制限条項の中に，「退職時に会社の求める引継ぎを行わなかったとき」と入れるとよいでしょう。

ただ，裁判例は，支給制限条項を退職金が実質は賃金の後払的性格があることを考慮して限定解釈します。典型的には，懲戒解雇の事案にお

いて，懲戒解雇相当であっても，当該懲戒解雇事由が永年の勤続の功を抹消又は減殺するほど信義に反するものである場合に限って，全額あるいは一部支払わないことができる，としています（東京貨物社（退職金）事件東京地判平12.12.18，東芝事件東京地判平14.11.5，日本リーバ事件東京地判平14.12.20，東京貨物社（解雇・退職金）事件東京地判平15.5.6，山本泰事件大阪地判平15.5.9，トヨタ車体事件名古屋地判平15.9.30，小田急電鉄（退職金請求）事件東京高判平15.12.11，日音（退職金）事件東京地判平18.1.25等多数）。つまり，支給制限条項は，全額払原則とは無関係ですが，懲戒解雇事由（支給制限規定）があるからといって当然に不支給にできるものではなく，当該退職金の賃金後払的性格（ただ，その性格の強弱も，退職金制度の設計次第）から限定解釈がなされ，不払とするのがやむを得ない事実（永年の勤続の功を抹消又は減殺するだけの背信性）があるかの実質判断により，その不支給（一部支給も含めて）の当否が決せられます。

上記の，退職時の引継ぎ義務違反についても，支給制限条項に入れたとしても，実際は，当該退職者の役職，引継ぎの重要性，違反したことでどれだけ企業が大変だったか，を分析して，「永年の勤続の功を」どの程度「減殺」しているかを測り，それをメルクマールに退職金の減額する額を決めることになります。

(5) 支払時期等
①時期
通常，支払時期は，退職後遅滞なく支払うとか，退職後2週間以内などの定めがされています。もちろん，設計自由から，支払時期を自由に設定できます。
②方法
次に，支払先は原則退職者ですが，死亡退職の場合，誰に支払うかの問題があります。これも企業が自由に設計できます。つまり，退職金は，死亡するまでの未払賃金が相続財産になるのとは，異なります。死亡するまで働いた結果発生する賃金は，死亡時にすでに発生しており，ただ支払日が到来していない（給料日がきていない）だけです。未払賃金は相続財産になり，これを企業が勝手に給与規程で受給者を指定すること

第5章　退職金規程

は相続法（民法第5編）違反となり，無効です。

ところが，退職金は本来設けなくてもよい任意の制度であり，したがって企業が自由に設計できます。その退職金制度を設計する上で，死亡退職の場合に退職金の受給者を誰にするかは，企業の自由です。しかも死亡退職の場合，死亡によって退職金請求権が発生するので，当該労働者が取得することはない（当該労働者の権利能力は死亡によりなくなるので，取得できない）のです。死亡退職金の受給権が相続財産に属さないことは，最高裁も認めるところです。

最一小判昭和55年11月27日は，団体が退職金規程で死亡退職金について独自に受給権者の範囲と順位を定めていたことについて，「右規定の定めにより直接これを自己固有の権利と係らして取得する者と解するのが相当であり，そうすると，右死亡退職金の受給権は相続財産に属さず，受給権者である遺族が存在しない場合に相続財産として他の相続人による相続の対象となるものではないというべきである。」と，判示しています。

もちろん，かかる企業の設計自由という観点に立った上で，死亡退職の場合の受給者を定めるにつき，相続法の優先順位の考えを採ることも自由です（他方，当該労働者が退職して退職金請求権が発生した後に死亡すれば，未支給分は相続財産です）。そして通常は，A相続人，B労基則42条ないし第45条（あるいは，労災法16条の7）の規定の準用，C独自に順位を規定する，という例のどれかのようです。

上記Aは，相続と同じ処理をする，という設計です。メリットとしては，順位が相続法（民法第5編）に定められて明確ですが，デメリットとしては，相続人及び順位の認定を企業が行う必要があり（遺族に戸籍謄本等提出してもらって，優先順位を確定する必要），相続関係が複雑になれば，支給者の確定は煩雑となります。上記Bは，災害補償の受給権の確定（労基則42条ないし45条），あるいは労災保険給付の受給権の確定（労災法16条の7）と同じ基準で退職金の支払先を確定しようとするものです（なお，災害補償と労災保険給付の遺族の受給権の順位等はほぼ同じです）。メリットとしては，支払先が明確に確定できます。デメリットとしては，他の遺族からの説明に対応していかなければならなくなる点です。おそらく，上記Bの例を採るのが，最も多いのではない

かと思われます。

3．規定変更（新設）による労働条件の不利益変更

（1）退職金制度の不利益変更の特殊性

退職金制度の不利益変更も，退職時に受け取る金額が減るので，重要な労働条件の不利益変更となります。

①特殊性その1…現実に退職して初めて訴えの利益が生じる

退職金は賃金と異なり，その権利は退職して初めて発生するので，退職金制度の不利益変更を巡る紛争は，現実に退職者が出てその者が旧規程で計算した金額より新規程で計算した金額の方が少ないという事態とならないと，訴えの利益はなく，顕在化しません。このように，退職金制度の不利益変更は変更時点では紛争が起きないので，変更時点で何も起きないといって安心してはいけません。

②特殊性その2…将来分も含めて不利益変更の問題となる

過去の分だけでなく，将来の分も全く同様の評価になる点にも注意して下さい。すなわち，退職金制度移行前の過去の分は，既に変更前の退職金規程に基づいて受給する期待が現実化しているが，将来の分は，いまだ到来していないから，受給する期待が現実化していない，よって，将来の分は不利益変更の問題ではない，と考えるのは間違いです。将来の分も，変更前の退職金規程に基づいて受給する期待は法的保護に値するものであり，将来分も含めて，不利益変更の問題となります。

（2）退職金制度の不利益変更の考え方

任意の制度である退職金制度でも，制度化すれば，退職金を受ける利益（期待）は重要な労働条件となるので，その変更には高度の必要性に基づいた内容の相当性が求められます。

①設計の考え方を変更する場合

労働条件の不利益変更の問題は，具体化した労働条件が不利益変更されたときに問題となるので，考え方の変更だけでは，この問題にはなりません。つまり，いくら考え方や方針が変わっても，現実の労働条件に影響がなければ，労働条件の不利益変更の問題にはならないのです。

②支給対象者を制限する場合

例えば，支給対象者を勤続１年以上としてきたのを３年以上に制限する場合です。当然，対象から除かれる労働者にとっては，不利益変更になります。ただ，その不利益は，上記の例でいえば，１年以上３年未満で退職したときに発生（現実化）する不利益であり，実際に１年以上３年未満で退職をしたとき初めて訴えの利益が認められます。しかも，そのような退職者の退職金の金額はたいした金額ではなく，不利益の程度もさほどではありません。

ただ，退職金という労働者にとって重要な利益に関するものなので，変更する必要性は高度になければなりません。筆者が思いつく限りでは，合併により退職金規程を統一する必要くらいしか思い浮かびません。

したがって，慎重を期するなら，新たに入社する者には不利益変更の問題は生じないので，不利益を受ける上記の範囲の労働者を適用除外にして変更した方がよいでしょう。すなわち，現在の従業員には適用しないとして（その定めは，退職金規程の本文ではなく，附則に入れます），変更するのです。

③計算（支給金額の計算式）を変更する場合

全退職者に対し退職金額が変更されるので，賃金制度を変更するのに準ずる大きな問題になります。

最近よくあるのは，退職金制度を年功型（年功的に積み上がった退職時の基本給に，やはり年功的に上昇した支給係数を掛けて算出する）から能力（成果）主義のもの（毎年度ごとに担当する職務・役職に対応した成果によって算出するポイントを合計して，１ポイント○円として，退職金額を算出する）に変更すること（**ケース１**，例えば，**書式２－３**の２に変更するケース），合併に伴って労働条件を統一する必要から退職金制度も統一すること（**ケース２**）です。以下は，最も難しい**ケース１**を設例として，解説します。

ａ．労働者が受ける不利益の程度

労働者が受ける不利益は，当該労働者が実際に退職をした時点で計算した旧規程の金額と新規程の金額の比較で，新規程の方が低い場合のその差額分です。設例では，年功型退職金制度（旧規程）で計算する金額と，変更する能力（成果）主義退職金制度（新規程）で計算する金額を

比較します。ただ，能力（成果）主義では，将来労働者がどのような職務・役職を何年担当するかによって計算が違ってくるので，平均（モデル）的に昇進した場合を想定して計算すべきでしょう。

なお，合併に伴う退職金制度の統一においても，比較の対象となる変更後の将来の分は，やはり平均（モデル）的に昇進した場合を想定して計算すべきでしょう。

ｂ．変更の必要性，変更内容の相当性

退職金は重要な労働条件なので，賃金制度の変更と同様，高度の必要性と変更内容もその高度の必要性に伴った相当なものでなければなりません。

ｉ．変更の必要性

賃金制度を能力（成果）主義型に変更するのであれば，それに伴って退職金制度も同様のものに変更する必要性は，一般論としては肯定されますが，賃金の箇所でも説明したとおり，能力（成果）主義型退職金制度に変更することが，

・なぜ当該企業にとって

そして，

・なぜこの時期に変更する必要があるのか

が，賃金制度の変更のときと同様，問われます。

ⅱ．変更内容の相当性

上記ｉのとおり，変更内容は，高度の必要性に伴った相当なものでなければなりませんが，能力（成果）主義型退職金制度の典型といわれる上記ポイント制では，担当する職務・役職の在籍期間とその間の成果によってポイントが積み上がるので，当然，その成果評価と当該職務・役職を担当させるにいたった評価の２場面の各評価を適正にするための人事考課制度が整備されているか，が重要な要素になります。

さらには，各職務・役職へのポイントの割り振り，成果へのポイントの割り振りが適正なものか，が重要な要素となります。また，平均（モデル）的昇進をした場合の能力（成果）主義型退職金制度の適用結果と，年功型退職金制度で普通に在職した場合とで，差異がないこと（退職金制度の変更が，実質は人件費削減であって，能力（成果）主義への移行は名目でしかない，とならないため）が求められるでしょう。

第5章　退職金規程

　なお，退職金制度の変更では，日々（月々）発生する賃金の制度変更と異なり，調整給を利用することは，まずありません。

c．総合考慮

　賃金制度の不利益変更と同様です。つまり，aの労働者の受ける不利益の程度と，bの変更の（高度の）必要性とそれに伴う内容の相当性，を比較衡量（相関関係）しますが，その他，労働者によく説明したか，労働組合があるのであればよく交渉したか，といったことも総合考慮され，合理性が判断されます。大曲市農業協同組合事件（最三小判　昭63.2.16）は，「休日・休暇，諸手当，旅費等の面において有利な取扱いを受けるようになり…これらの措置は，退職金の支給倍率の低減に対する直接の見返りないし代償としてとられたものでないとしても，同じく本件合併に伴う格差是正の一環として，新規程への変更と共通の基盤を有する…から，…合理性…の判断に当たって考慮することができる」と判示しているのは，示唆的です。退職金制度の不利益変更では，前述のとおり，月例給の不利益変更のような調整給を使えませんが，同じタイミングの変更で他の労働条件も整備がされよくなっているなら，「共通の基盤を有する」として，統合考慮の中に入れて判断してもらえる，ということです。とても参考になると思います。

④ 支給制限条項の変更

　支給制限条項を広げたりする場合です。それまで支給制限条項が「懲戒解雇されたとき」だけだったのを，これに加えて「懲戒解雇事由があったとき」と広げ，さらに「懲戒解雇事由が判明したときには，既払の退職金は返還しなければならない」と規定するのは，その支給制限が適用される結果不支給となる労働者にとっては不利益変更です。

　では，合理性は認められるでしょうか。まず，a．労働者の受ける不利益は，懲戒解雇事由に該当することを行った労働者であり，そのような非違行為をしなければ不利益を受ける可能性はなかったのであり，加えて，裁判例では，支給制限条項自体を限定解釈としているので，労働者が受ける不利益はごく例外的な範囲のもので，しかも上記限定解釈からしてそれほどの不利益ではない，と評価できます。

　次に，b．変更の必要性は，懲戒解雇事由に該当することを行った労働者へ退職金を支給することは他の労働者との実質的公平性，職場のモ

ラルの維持の点から問題があるといえ，よって，変更の必要性は高度にあるといえ，かつ上記の設例の規定（追加）内容はその変更の必要性に対応した相当なものといえるので，合理性は認められるでしょう。

⑤ **支払時期等**

　時期等の変更は，あまりに遅くならない限りは，合理性はあると考えます。

第6章 有期労働者の就業規則

1. 当該労働条件の戦略的意義

　有期労働者に正社員を対象とする就業規則をそのまま適用するわけにはいきません。

　多くの企業は，通常，有期労働者を正社員とは異なる人事政策的位置づけ（例えば，簡易作業の大量処理，臨時に増大する業務量対応，必ずしも先の見通せない事業への先行着手等）をしており，その労働条件は当然異なってしかるべきだからです。

　ただ，事業場で正社員も含めて10名以上いれば，有期労働者がその事業場に1人，2人でも，有期労働者に適用する就業規則を作成しなければなりません（労基法89条本文）。

　視点としては，当該企業において有期労働者の戦略的意義・位置づけをどのようにしているか，ということです。その視点から，有期労働者への労働条件の設計がされ，具体化（規定化）されることになります。

　各労働条件（項目）毎に検討する必要がありますが，まず総括的に挙げると，次のとおりです。

　① 服務規律
　② 採用及び試用
　③ 人事異動
　④ 休職
　⑤ 退職
　⑥ 労働時間・休憩・休日
　⑦ 時間外・休日労働
　⑧ 出退勤
　⑨ 年次有給休暇
　⑩ その他の法定休暇・法定休業

⑪ 任意の休暇・休業

⑫ 安全衛生

⑬ 災害補償

⑭ 表彰及び制裁

⑮ 賃金

⑯ 臨時の賃金（賞与）

⑰ 退職金

といったところです。

　上記の中で，

（1）絶対的必要事項は，⑤退職，⑥労働時間・休憩・休日，⑨年次有給休暇，⑩その他の法定休暇・法定休業，⑮賃金，

（2）相対的必要事項は，①服務規律，③人事異動，④休職，⑦時間外・休日労働，⑧出退勤，⑪任意の休暇・休業，⑫安全衛生，⑬災害補償，⑭表彰及び制裁，⑯臨時の賃金（賞与），⑰退職金

（3）任意的必要事項は，②採用及び試用です。

2．規定化する上でのポイント

（1）規定化（設計）における考え方
ア．形式について

　有期労働者の労働条件が正社員のそれと同じ内容なら，正社員の就業規則の準用を考えます。違うなら，独自に規定します。

　但し，同じであっても，明確に示す必要のある事項であれば，明記します。これは，適切な労務管理を行うという意識からの重要なポイントになります。端的には，有期労働者にしっかり遵守してもらいたい事項（服務規律の中でも重要なもの，解雇，懲戒など）と考えるなら，準用ではなく明記します。そうでなければ，準用します。

　もっとも，準用の仕方は，「契約社員の性格に反しない限り，正社員の就業規則を準用する」といった包括的な準用は，ダメです。なぜなら，このような包括的な準用では，どの規定が「契約社員の性格に反しない規定」かが不明確で，準用されるか否かを巡ってトラブルになりやすいからです。筆者はこういう包括的な準用のため裁判が起きたケースをい

第6章　有期労働者の就業規則

くつも担当しました。

これを表に整理すると，次のとおりです。

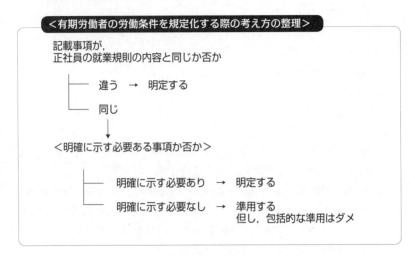

イ．有期労働者に特有の留意点

さらに有期労働者には，正社員とは異なる次のポイントを，就業規則に反映させる必要があります。

第1は，雇止めの規制に対応するため更新基準を明記します。すなわち，退職の規定の中に独立の条項を設けて明記するのです。第2は，更新する際，労働条件，特に賃金は見直す可能性があることを，明記します。

以下，説明します。

ｉ．更新基準（雇止め理由）の明記

まず，第1の更新基準を明記する必要は，労働条件明示義務（労基法15条，労基則5条1号の2）から必要ということではなく，もっと積極的に，雇止めの規制に対応するためです。すなわち，雇止めの規制は，契約は期間が満了すれば終了する，という私法の大原則を修正するもので，日立メディコ事件（最一小判昭61.12.4）によって確立され，労働契約法第19条に明文の規定を有するに至りました。これは，有期労働契約であっても，（その期間を超えて）ある程度の継続が期待（法的に保護

に値する）される場合には，解雇権濫用法理が類推適用され，契約を終了させるには合理的理由がなければならないという規制です。ただ，同判決は，この解雇権濫用法理が類推適用されるとしても，「終身雇用の期待の下に期間の定めのない労働契約を締結している」正社員の解雇とは，「おのずから合理的な差異がある」と，判示している点も重要です。

この判例と，それ以前に言い渡された東芝柳町工場事件（最一小判昭49.7.22）から，有期労働契約の雇止めに関しては，次表のとおり，およそ3つに類型化できます。

〈有期労働契約の類型と終了の規制〉

	雇用期間の性格	労働契約の終了における法的規制	備考
A	雇用期間の管理がルーズで，正社員との区別も不明確ゆえ，「期間の定めのない契約と実質的に異ならない状態」の類型	解雇権濫用法理が類推適用され，その基準は，正社員（期間の定めのない労働契約）とほぼ同じ	東芝柳町工場事件の最高裁判例 →労契法第19条1号
B	雇用期間の管理がしっかりし，正社員との区別も比較的明確だが，更新が繰り返され，更なる更新（継続雇用）への期待が主観的ではなく客観的にある（法的保護に値する）類型	解雇権濫用法理が類推適用されるものの，その基準は正社員とは「合理的差異がある」 ↓ 更新の客観的期待度によって，類推適用される解雇権濫用法理の基準は異なることになる	日立メディコ事件の最高裁判例 →労契法第19条2号
C	そもそも更新（継続雇用）への期待が客観的（法的）にはない類型	解雇権濫用法理の類推適用は否定され，私法の原則どおり期間の経過という時の経過により，契約関係は終了する	下級審裁判例いくつもあり →労契法19条の適用なし

B類型は，更新への期待が合理的（客観的）に保護するに値する限りその期待度に応じて雇用を保護するものなので，各有期労働契約での更新の期待度によって雇止めに類推適用される解雇権濫用法理の適用のさ

第6章　有期労働者の就業規則

れ方が異なります。つまり，B類型にはいろいろなバリエーションがある，さらに言うと，企業があらかじめそのバリエーションを設計することも可能，ということです。例えば，あらかじめ更新限度を5回とし，運用もそのとおりしていれば，6回目の更新は，本人が（主観的に）期待しても，客観的には保護に値しないので雇止めが可能です。また，3回目から更新の条件を厳しく設定するという設計も可能です（例えば，大学の助手制度等）。

その更新への期待度は，およそ次の要素で判断されます。

- 担当業務の内容
- 契約上の地位の基幹性・臨時性
- 更新の反復回数
- 雇用の継続年数
- 更新手続の厳格さ
- 雇用継続に関する採用時の説明
- 従来の雇止めの実例

就業規則で更新基準を定めることは，まさに更新への合理的期待をコントロールする重要な意味を持ちます（詳しくは，山川隆一他「ローヤリング労働事件」13頁以下，労働開発研究会）。その観点から，就業規則で更新基準を設定することと実際上の運用は，雇止めを巡るトラブルを予防する上で，とても重要です。

ⅱ．更新条件の明記

次に，第2の更新する際の労働条件の見直しの可能性を明記する理由は，次のとおりです。

有期労働者の働きぶりを，次回の有期労働契約における賃金（時給）等労働条件に反映させたいと企業が思うのは，自然なことです。

そして実施の具体的方法は，更新時に新たに締結する有期労働契約の内容に反映させる，ということです。

しかし，有期労働者にとってそれが不利益なとき，有期労働者が応じないこともあり，そうなれば，次の（有期）労働契約は更新しない，という展開になるでしょう。この「更新しない」ということは，まさに雇止めです。しかし，これには，上記のとおり，一定の合理的理由が必要です。この雇止めの合理的理由の有無の判断において，当該雇止めの直

接の原因となった，企業が労働条件を新たに提示（見直し）したが有期労働者がこれに応じなかったという事実が，最も重視されるはずです。つまり，新たな労働条件の提示と有期労働者の拒否の評価が，雇止めの合理的理由の有無に直接響くのです。したがって，就業規則で労働条件の再設定の要件を定め，実際上も適切に運用することが，有期労働者の労務管理においてとても重要になります。

ただ，A類型，すなわち有期労働契約が期間の定めのない契約と実質的に異ならないところまでいくと，いくら期間満了時に労働条件を新たに提示（見直し）しても，期間の定めのない，つまり正社員への労働条件の不利益変更と同様の評価となるでしょう。すなわち，労働契約の内容の変更であり，就業規則の不利益変更か，新たな労働協約の締結か，あるいは有期労働者からの個別同意のいずれかが必要となります。

（2）具体的な規定化

上記（1）では，有期労働者の労働条件を設計（制度化）する際の形式（書式）と，有期労働者が正社員とは異なる2つのポイントの反映につき説明しました。

ここでは，具体的な労働条件について，正社員と比較してどのような点を留意して設計すればよいかを説明します。その説明の便宜のため，本書では，書式2－7（376ページ）の契約社員就業規則を一応のモデルとして掲載します。

ア．必要な法的知識

有期労働者の制度化，つまり規程化において，注意すべき重要な規制を説明します。1つは，労契法第20条の不合理な労働条件の禁止であり，もう1つは，短時間労働者の雇用管理の改善等に関する法律の規制です。これらに違反せず，また配慮して，制度設計する必要があります。

ⅰ．労契法第20条の不合理な労働条件の禁止について

この規制は，有期労働者と無期労働者との間で期間の定めがあることによる不合理な労働条件を設けることを禁止し，不合理なときは無効となる，という私法上の効力を定めるものです。これまでは，公序良俗（民90条）等一般条項で，よほどひどい不合理な労働条件の設定のときに規制されていたのが（丸子警報機事件　長野地裁上田支部判決平成8.3.15

参照），2013（平成25）年4月1日以降，直接の規制根拠が創設されたことになります。もっとも，この「不合理と認められるものであってはならない」とは，同条の「趣旨に照らして法的に否認すべき内容ないし程度で不公正に低いものであってはならないとの意味」と言われてます（菅野和夫「労働法」第11版補正版338頁・弘文堂）。そして無効となった後は，当然に無期契約労働者の労働条件によって代替されるのではなく，関係する労働協約，就業規則，労働契約等の規定の合理的解釈・適用によることになります。

この規制の射程は，有期が無期に比べ不合理（低い）ときに問題となり，逆に，高いときは問題になりません。また，有期ｖｓ有期や無期ｖｓ無期には，本条項は適用外です。したがって，有期労働者が無期転換申込権を取得し，それを行使して無期労働者になれば，それ以降は本条の適用外ということです。

本条は，あくまで，有期＜無期のとき，この＜が「不合理」かどうかを射程にした私法上の強行規定なのです。

正社員と有期労働者とで職務内容・責任が全く同じなのに待遇が違うのは，問題となりやすくなりました。つまり，当該規制は私法上の効力規定なので，これに違反して有期労働者の労働条件が不合理なら，その労働条件の部分は無効となるので，きわめて重大な結果といえます。その場合，当然には無期契約労働者，すなわち正社員のその労働条件が適用されないとしても，合理的解釈としてはこれに準じて解釈されるリスクがあります。

よって，正社員と労働条件が違うときは，何らかの説明がつくかを念頭に置いておく必要があります。何も思い浮かばなければ，危ないといえます。最近，衝撃的な判決が出ました。長澤運輸事件（東京地判 平28.5.13）です。定年前の60歳までの正社員の労働条件と定年後再雇用の有期労働者の労働条件とにつき，まさに労契法20条を適用して後者（定年後再雇用者の労働条件）を不合理として無効とし，その上で，正社員の労働条件を適用すべき，としました。定年後再雇用者の労働条件が，正社員と職務内容・責任が同じで，配置等の変更の範囲も同じなのに，新規採用者の正社員すらよりも低く設定されたことを指摘し，不合理としたものです。同判例は控訴審で取消され（東京高裁平28.11.2），労働

者側の請求は棄却されましたが、現在上告中であり、最高裁の判断が注目されるところです。

かかる紛争のリスクを回避するためにも、筆者は、定年後再雇用者も含め、有期労働者の労働条件の設計においては、少なくとも、①職務内容か配置等の変更の範囲を変えるか、もし変えられないなら、②新規採用者の正社員の労働条件を下回らない限りで設計することが、最低限、留意する必要があると考えます。

ⅱ．短時間労働者の雇用管理の改善等に関する法律の規制について

2015（平成27）年4月1日施行の改正法は、有期か無期かに関係なく、①職務の内容と②人材活用の仕組みが正社員と同一の短時間労働者について、労働条件につき正社員との差別的取り扱いを禁止します。

労働条件以外では、短時間労働者の納得性を高めるため、説明義務、相談窓口の周知等強化されました。

短時間労働者保護のために法規制が強化されていますので、内容はよく確認をして設計する必要があります。

イ．各労働条件について

以上の規制を念頭に、各労働条件につき、説明します。

(ア) 絶対的必要記載事項（Ａ．始業終業時刻，休憩時間，休日，休暇等，Ｂ．賃金に関する事項，Ｃ．退職に関する事項）について

Ａ．始業終業時刻，休憩時間，休日，休暇等

ａ　始業終業時刻，休憩時間，休日

正社員と同じ労働時間の枠で働いてもらうのであれば、これらの事項は、正社員の就業規則と同じ内容となるでしょう。これに対し、正社員とは異なり短時間勤務であれば、これらの事項は、正社員のそれとは全く異なる内容となります（書式2-7・第9条以下参照（379ページ））。

ｂ　休暇等

法令所定の年次有給休暇（年休，労基法39条），産前産後休業（同65条），生理休暇（同68条），育児介護休業（育介法），子の看護休暇等は、同法の規制を下回らない限りで、設計する必要があります（法令の限り、すなわち必要最小限度でも可能）。

これに対し、法令を上回る場合あるいは特別休暇については、正社員に認めているからといって、有期労働者にも認めるかは、よく考えた方

がよいです。例えば，次のものです。
(a) 法令所定の休暇・休業で法令の規制を上回る部分
・年休において，要件（継続勤務要件，8割以上の出勤率）を緩和したり（入社時に付与，8割を割っても比例的に付与），日数を上乗せしたり（10日→15日，20→30日etc），あるいは斉一的付与（10月1日，4月1日等に休暇の発生をそろえるため，6ヵ月，1年の要件を短くする）をする。
・有給が保障されていない休暇・休業（労基法65条，68条，育介法）の有給。
(b) 特別（有給）休暇
・有給病気休暇（例えば，年休が2年で時効となっても，その失効した一定日数を病気等のため有給で使用することを認める）。
・特別有給休暇（忌引，公民権行使，配偶者の出産，結婚，社会奉仕活動etc）。

　有期労働者に，正社員に認めた上記（a）法令所定の休暇・休業で法令の規制を上回るもの，(b)特別（有給）休暇をどこまで認めるかは，まさに当該企業の裁量です。

　ちなみに，**書式2－7・第18条以下**（381ページ）は，最低限の休暇（休業）制度しか認めないとした場合を規定例で表したものです。

B．賃金に関する事項
　上記Aで，正社員と同じフルタイムの有期労働者であったとしても，賃金体系は，通常は，全く別にします。どういう制度にするかですが，それはいろいろで月給制，日給制，時給制などがあります。

　しかし，いずれの場合でも，何を基準に賃金額を決めるのか，さらに何を基準に昇給（更新後の賃金）額を決めるのか，を設計しておく必要があります。特に，各契約期間毎の働きぶりで，次回の契約時の賃金額を決めようとするとするときは，なおさらです。有期労働者の賃金の定めの一般的なものを示すと，**書式2－7・第20条以下**（381ページ）のようになります。

　なお，有期労働者に正社員と全く同じ職務を担わせ，責任を負わせるなら，有期にとどめながら，賃金も正社員と差を設けることは，問題です。なぜなら，雇止めが困難となり，待遇が労契法第20条違反として無

効となる等の可能性があるからです。

C．退職に関する事項

a 有期労働者からの契約期間途中の辞職

　有期である点が，退職事由を設計する上で正社員と異なる検討を可能とします。それは，有期労働者からの契約期間途中の辞職です。法令では，この辞職は，「やむを得ない事由」がないと，できません（民法628条）。

　一般的な退職に関する事項を示すと，書式２－７・第35条～第39条（384～386ページ）のようになります。

b 更新基準の明確化

　これは，上記２（１）イｉにて述べたとおり，更新への期待度をコントロールする意義を持つので，きわめて重要です。更新基準の例を示すと，書式２－７・第33条（384ページ）のようになります。

(イ) 相対的必要記載事項（退職金，賞与，表彰・懲戒の定め等）について

A．服務規律

　服務規律は，当該企業の構成員としての行為規範なので，正社員と同様の服務規律を定めるべきです。しかも，当該企業の構成員としての自覚をさせる意味で，準用ではなく，明記すべきです。

　その中でも，重要な服務規律については，やはり独立に規定した方がよいでしょう。例えば，次のようなものです。

① 秘密保持義務，個人情報の取扱い

　これはむしろ，正社員と同様に入れるべきです。書式２－７・第６条，第７条（377，378ページ）で明記しています。

② 二重就業の禁止

　フルタイムの有期労働者には，入れるべきです（書式２－７・第８条９号（379ページ））。

B．人事異動

　正社員と同様に，有期労働者にも人事異動がありうるなら，明記すべきです（書式２－７・第34条参照（384ページ））。ただ，有期労働者は，人事異動については正社員と異なることがままある（地域限定等）ところです。

C．休職

有期労働者を休職制度の対象にする必要は，通常はありません。

私傷病休職にしても，同制度は長期雇用システムを前提に福利厚生の観点からの解雇猶予制度なので，通常は，それを前提としない有期労働者には設けません。したがって，この制度を有期労働者にも認めるかは，慎重な検討が必要です。

もし認める（制度化）としても，有期の意味を傷つけるような制度設計は，絶対にやめた方がよいです。例えば，休職期間を残存雇用期間を超えて認めたりすることです。

ちなみに，**書式２－７**（376ページ）では，全く設けていません。

D．時間外・休日労働

おそらくありうるでしょうから，時間外・休日労働に関する規定は明確に入れるべきです（**書式２－７・第25条**（382ページ））。但し，所定労働時間や労働日が正社員より少ない有期労働者には，法内残業ないし法定休日以外の休日出勤になりうるので，その場合は割増賃金（労基法37条）は不要なので，その点クリアーに，支払う賃金をどうするか検討する必要があります。

E．出退勤

これは，当然，正社員と同様に管理すべきです（**書式２－７・第14条～第17条**参照（380，381ページ））。

F．退職金，賞与

原則は，不支給です。**書式２－７**は，この原則を採用しています（第28条２項（383ページ））。

例外として支給するときも，正社員とは全く別の考え方で基準を設定します。例えば，賞与は，金一封（５万円，10万円），あるいは，１ヵ月分（正社員は２～３ヵ月とした場合），退職金は，更新回数に対応（勤続年数をベースにしない。10万円×更新回数というように）して，計算します。

G．任意の休暇・休業

当該企業の有期労働者の位置づけによりますが，一般的には，正社員に認めた任意の休暇・休業を有期労働者に認めることは，慎重にすべきです。

H．労災補償

労災上乗せ補償制度の対象とするかですが，福利厚生の観点からの制度なので，有期労働者にも認めるかは，慎重な検討が必要です。

書式2－7（376ページ）は，慎重な検討の結果，認めていません（定めなし）。

I．表彰・懲戒の定め

通常は，表彰・懲戒の定めをします。

内容としては，正社員と同様，あるいはそれに準じます。懲戒は，正社員と同じ内容のものを改めて契約社員就業規則に明記しておいた方が，企業のメッセージが有期労働者に伝わります（書式2－7・第40条以下（386ページ））。

J．その他

安全衛生は，原則は準用でよいと考えます（書式2－7・第47条（389ページ））。

（ウ）任意記載事項（法令で定められた事項以外の確認事項等）について

試用制度を入れるか等ですが，入れて損はないといえます（書式2－7・第32条（384ページ））。

3．規定変更（新設）等による労働条件の不利益変更

（1）有期労働者の労働条件の変更の方法

有期労働者の労働条件は，

①有期労働契約の期間途中で変更する

②更新の際に変更する

の2つの方法があります。

もっとも，②は，有期労働契約が期間毎にそれぞれ別個独立の契約であることからすれば，更新の際に，新たに締結する契約条件が前の契約と異なるだけであって，既得の労働条件が変更になるわけではありません。

ただ，「期間の定めのない契約と実質的に異ならない」型（A類型）は，上記①，②の区別はなく，期間の定めのない契約，すなわち，正社員の

労働条件の変更とパラレルに行うことになり，その意味では，A類型の有期労働者の労働条件の不利益変更は，第2章を中心に解説してきたことが，そのまま妥当します。

本章では，B類型の有期労働者について，労働条件の（不利益）変更の仕方につき，説明していきます。

（2）有期労働者の労働条件を変更したいとき，上記（1）のうち①②のいずれが容易か

当然②の方が容易です。以下では，その理由を説明する中で，上記①②の具体的な実施の仕方を説明します。

ア．上記（1）①の方法

契約締結時点で双方守ると約束した労働条件は，契約期間満了まで既得の権利として保護されているので，それをその期間途中で変更するのは，まさに労働条件の不利益変更の問題となり，実施するのであれば，

・就業規則の規定を変更（新設）する
・新たな労働協約の締結
・労働者の個別同意

の3つのいずれかの方法で行う他ありません。

そして，就業規則の規定を変更（新設）することによる不利益変更については，これまでの章の解説がそのままあてはまります。したがって，重要な労働条件についての不利益変更では，有期労働契約においても，高度の必要性とその必要性に基づいた内容の相当性が求められる，ということです。よって，契約期間途中の重要な労働条件の不利益変更は，厳格に判断されます。

イ．上記（1）②の方法

他方，更新というのは，契約を延長することではなく，前の契約は一旦終了した上で新たな契約を締結することです。契約当事者が同一ゆえ，更新という言葉が使われるのです。

したがって，前の契約と更新契約は別個独立であり，更新契約で新たな契約条件を提示して双方合意することは，自由にできます（契約自由）。この理屈は，労働契約でも同様です。

そこで，更新の際に，それまでの労働条件と異なる（低い）労働条件を提示し，これを有期労働者が了承すれば，その合意内容で更新契約を

締結することは可能です。例えば、時給をこれまで1100円としてきたのを、更新契約で1050円を提示し有期労働者が了承したら、時給を1050円とする更新契約が締結できます。

ウ．有期労働者の労働条件の現実的な変更

上記アイを参考に、有期労働者の労働条件の現実的な変更につき、解説します。

原則をまず述べれば、有期労働者全員を対象に統一的かつ同時に労働条件を（不利益）変更する必要がある場合（例えば、労働時間等の労働の枠組）は、契約社員就業規則の変更（新設）による不利益変更を実施する他ないですが、それ以外（特に、有期労働者毎に決まる時給等の賃金部分）は、更新時に更新契約によって新たな賃金を提示することで変更するのが、安全です。加えて、契約社員就業規則には、更新時にどういう要素を基準に、更新の有無、更新の際に前の有期労働契約と異なる労働条件を提示するかを明記しておくことが、より安全となります。

もっとも、有期労働者の契約期間の始期終期及び契約期間を統一的に管理している企業（典型的には、どの有期労働契約も毎年4月1日から1年間、期の途中に採用しても、最初の契約で3月31日を終期として次期からそろえる）においては、有期労働者全員を対象に統一的かつ同時に労働条件を（不利益）変更する必要がある場合も、例えば、4月1日の更新契約の際、一斉にその個別の更新契約で変更することが可能となります。よって、有期労働者の期間中の労務管理においては、契約期間の始期終期・契約期間を統一的に管理することは、労働条件の変更も含めた更新管理を容易に、そして安定的にする大きなメリットがあるといえます。

① 就業規則で統一的かつ同時に変更が可能な労働条件

厳格な判断がされる就業規則（契約社員就業規則）による労働条件の不利益変更での実施は、変更の合理性が否定されるリスクのある重要な労働条件でかつ不利益の程度の大きい変更のときは、避けたいところです。

その観点から、可能と考えられるのは、例えば、労働時間は同一のままでの始業終業時刻の変更、労働時間・欠勤・年休等の各管理方法の変更、あるいは休憩時間帯の変更、さらには服務規律（懲戒事由・処分

の追加，表彰，安全衛生などの変更です。

② 上記①以外の労働条件の変更は各人毎の更新時に行う

　時給等の賃金に関する事項が典型的です。各人毎の前の有期労働契約期間の職務遂行（パフォーマンス）の状況等を評価して，更新する有期労働契約に反映させるわけです。その他，退職事由の追加とか，懲戒事由・処分の追加，異動する範囲の拡大，更新基準の厳格化等は，個別同意をとりたい事項なので，更新時に変更を実施した方が安全です。

　もっとも，変更の仕方は，個別の労働条件となる時給額では個別の有期労働契約書の時給欄にその記載をすることで変更されますが，それ以外の上記事項は，いずれも，契約社員就業規則に条項を変更・追加することで実施するはずです。よって，具体的な変更の仕方としては，更新する有期労働契約書の中に，次の一文を入れます。すなわち，

・「有期労働者乙は，本契約が，平成○年△月×日施行の契約社員就業規則によって規律されることを確認し，同意する」。

　これによって，変更後の契約社員就業規則が個別の有期労働契約の内容に，間違いなく反映されるのです（労契法9条）。

第3編　運用

　人事労務管理を自動車に例えると，人事労務管理の構成要素である制度「設計」と「運用」は自動車の両輪で，事業目的の達成（企業理念の実現）という目的地に自動車で行くとき，この両輪が同じ目的地を向いていないと自動車は目的地に到着しない，という話を第1編3で説明しました。
　そして，事業目的に合致した制度「設計」の仕方については，第2編で解説しました。
　ただ，しっかり制度設計をしても「運用」がその制度目的・内容を忠実に実行しないと，事業目的を達成できません。

　では，その制度目的・内容を忠実に実行する「運用」とは，何でしょうか。これは，第2編の冒頭で説明したところの再確認になります。その事業目的の達成（企業理念の実現）には，その前提として，ア．その事業目的（企業理念）の達成のために必要なことを，企業の構成要素（構成員）である「人」（労働者）の労働条件に具体化することで，労使をウィン・ウィンの関係にし従業員が事業目的の達成を他人（企業）ごとではなく自分のこととしてやってもらう必要があります。そして，イ．適切な労務管理の必要があります。この2つ（アは，ウィン・ウィンで担保）が制度として設計されているはずです。
　運用は，これら設計された制度をその制度の目的に則って忠実に実現することです。つまり，制度に反映された内容を，その趣旨が生きるよう（事業目的に合致するよう）実行するのが，運用です。

　本編は，第2編で解説した制度設計を踏まえ運用面での具体化である実行の仕方を，解説します。第2編に対応させて，次の順序と項目で説明をします。
　①服務規律

②採用及び試用
③人事異動
④休職
⑤退職
⑥労働時間・休憩・休日
⑦時間外・休日労働
⑧出退勤
⑨年次有給休暇
⑩その他の法定休暇・法定休業
⑪任意の休暇・休業
⑫安全衛生
⑬災害補償
⑭表彰および制裁
⑮賃金
　・給与の計算等
　・基準内給与
　・基準外給与
　・昇給
⑯賞与
⑰退職金

　すなわち，①～⑭までを「日常の人事労務管理」として第1章でまとめ，⑮を「賃金制度の運用」として第2章にまとめ，⑯⑰は，第3章，第4章に別章立てとし，さらには，有期労働者には，正社員とは別の視点からの人事労務管理が必要であるので，第5章で解説します。

第1章　日常の人事労務管理

I　服務規律

1．当該労働条件の運用における戦略的意義

　当該企業の事業目的達成（理念実現）のために必要な行為規範が，その制度（就業規則）に定めたとおり機能していれば，事業目的達成（理念実現）のための現場環境が確保できているわけで，戦略的意義は大きいといえます。

2．運用する上でのポイント

(1) 通常の行為規範の運用

　服務規律は，当該企業の従業員の行為規範なので，全従業員を対象にするものです。よって，就業規則等で統一的・公正・透明に明記した上で，日常的に実行（運用）する必要があります。

　そこで，服務規律の運用の中心は，就業規則等で明記する行為規範を全従業員が遵守しているかを日常的にチェックすることです。

　加えて，年に1，2回従業員向けに研修会を行い，行為規範遵守の徹底を図ることをお勧めします。その中では，企業の構成員として当然守るべき内容に加え，当該企業の事業の特質から守るべき内容，そして，秘密保持義務，目的外使用の禁止，競業避止義務等の重要な行為規範も，その研修の中に加えるとよいでしょう。以下，重要な行為規範である秘密保持義務・目的外使用の禁止，競業避止義務等につき，詳しく運用上の留意点を説明します。

(2) 秘密保持義務・目的外使用の禁止

　企業秘密は，企業の大事な無形財産です。それが，職務を遂行する従業員の脳の中に記憶として残っているのです。それを退職するとき企業に置いていってくれというのは物理的に無理なので，退職後も企業秘密を守ることを義務として負わせます。なお，マイナンバー等の個人情報は，上記の企業秘密ではありません。あくまで，保護される主体は個人であって企業ではないからです。しかし企業は，人事労務管理などをする中で収集した個人情報につき，その個人に対し責任を負っていますので，在職中その履行補助者として個人情報を取り扱った従業員にも，退職後も含め守秘義務を負わせます。つまり，企業秘密と個人情報では保護される主体が違いますが，目的（保護される主体）が違っても従業員及び退職者に守秘義務を負わせるのです。

　また，退職者が守秘はするがその情報は自分のために使う，ということも不都合なので，これを禁止するため目的外使用の禁止を制度上設計します。

　これらは，退職者の職業選択の自由と抵触しないので，在職中はもちろん退職後も，全面的かつ長期に亘って規制が可能です。よって，運用上もその理解の上できちんとこれを実行する必要があります。

　これらの行為規範の遵守は，上記（1）の一般的な運用によるものに加え，**入社時，退職時の誓約書**を採ることによって，より効果的に遵守の確保が可能となります。すなわち，多くの企業で，入社時，退職時に，誓約書を取ります。その中心的内容は，服務規律であり，特に，企業秘密と個人情報の在職中・退職後の守秘です。これらと就業規則との関係，運用の工夫を，述べます。

ア.入社時の誓約書

　多くの企業では，就業規則と内容が重なる誓約書を取りますが，法的には確認であり，政策的にはその内容を個別に従業員に徹底するということです。つまり，就業規則は合理的なものである限り，労働契約の内容となるので（労契法7条），就業規則の内容を誓約書で改めて取るのは法的には確認でしかありません。しかし，「人」（労働者）の有機的結合体である企業は，その「人」（労働者）の意識にその内容を強く浸み込ませる必要があります。よって，同じ内容でも，特に守ってもらいた

い内容は，誓約書として個別に取得することで徹底を図るのは人事政策的目的から，とても意味があります。

運用では，このことを強く意識して実行する必要があります。

それゆえ，誓約書の内容は，就業規則と矛盾してはいけません。むしろ，同じ内容である必要があります。

そして，入社時の誓約書の提出は採用時の条件とし，その提出がないときは内定取消しとすることで，その提出を担保する運用をすればよいです。書式3－1で，入社時の誓約書，特に秘密保持義務を中心としたものを，掲載します。

イ．退職時の誓約書

相当数の企業では，退職時にも誓約書を取ります。就業規則の内容と重なるのであれば法的には確認ですが，追加事項が入るのであれば新たな合意です。政策的には，就業規則の内容と重なる部分は，徹底することとなり，追加事項については，新たな特約（義務）を課すことになります。

退職時の誓約書は，上記アと異なり，退職後の拘束を図るものである以上，その退職時には労働契約（雇用契約）はなくなるので，退職後の誓約書の内容は当事者間の特約＝無名契約になります。つまり，それ自体は労働契約ではありません（労契法6条参照）。就業規則の退職者への義務条項（秘密保持義務とか，引き抜き禁止等）は，学者の中では議論がありますが，裁判実務では有効を前提に紛争の解決が図られます。退職後の特約（無名契約）と理解すればよいと考えます。

さて，退職時の誓約書の取り方には，①内容に何を加えるかの検討をすることと，②誓約書の提出をいかに確保するか，が運用上の重要なポイントになります。

退職時の誓約書は，入社時の誓約書と比べ，提出しないときは内定を取消すという担保がないので（退職金の減額等の方法―支給制限条項の設計―がありますが，当然には出来ないこと，後述します），①は，出来るだけ就業規則の内容を充実させることで，退職時の誓約書でわざわざ追加する事項がないようにした方がよいです。ただ，就業規則の内容が抽象的であったのを誓約書で具体化するのは，追加ではないので大丈夫です。ここは重要なので，注意して下さい。例えば，退職後の企業秘

密の保持義務が就業規則に「職員は，在職中知り得た秘密を在職中はもちろん，退職後も漏らしてはならない」とだけあるので，その具体化として誓約書に，「貴殿において守秘すべき企業秘密は，貴殿が退職前3年間，営業部長の職務に従事していたことから，当社の取引先の担当者，取引構成，数量，トレンド等が特に重要な企業秘密となるが，これに限らない」と入れるのは，具体化であって追加ではありません。この具体化は，退職後の秘密保持請求権を被保全債権とする差止めの仮処分申立をする上で足掛かりになるので，とても大事なポイントになります。つまり具体化する意味は，将来の差止めの仮処分申立をする際の被保全債権の足掛かりです。

　いずれにしても，退職後の義務を就業規則にきちんと規定しているかのメンテナンスが重要であり，運用者が運用している中でその「漏れ」に気がつくでしょうから，それを制度設計者（就業規則のメンテナンス担当者）と定期でも不定期でも，連絡を取り合って対応するようにするとよいでしょう。

　なお，不正競争防止法で「機密」は保護されていますが，それと，雇用契約上，秘密保持義務を負わせることとの関係については，第2編第2章Ⅰ2（3）に詳しく解説していますので，必要に応じてご参照下さい。

　②の誓約書の提出については，前述のとおりなので，退職金の支給制限条項だけでは心もとなく，就業規則に「引き継ぎ義務」を定め，その中に「退職時には会社所定の誓約書を提出しなければならない」と入れることで，退職時の誓約書の提出を就業規則上の義務とし，運用者はそれを使って提出を求める，とした方がよいでしょう。そうすれば，退職金の支給制限条項においても，合理的制限（限定解釈）をされる余地が少なくなります（就業規則違反をする以上，退職金の減額をされてもやむを得ない，という評価となる）。

　もちろん誓約書の内容があまりに退職者を拘束する内容になると，就業規則上の義務としても合理的ではない（労契法7条参照）とか，個別にその提出を求めるのは権利濫用である（同3条5項）と主張される可能性もあるので，その観点からも，誓約書の内容は合理的でなければなりません。参考までに，退職時の誓約書（**書式3-2**）の雛形を掲載し

ておきます。

(3) 競業避止義務

他方，競業規制は，在職中は当然に出来ますが（菅野和夫「労働法」第11版補正版151頁・弘文堂），退職後に規制することは退職者（労働者）の職業選択の自由（憲法22条）と全面的に抵触するので，大きな問題です。しかし，競業規制することは，企業にとって営業の自由（憲法22条）の行使であり，法的には，企業の人権と労働者（退職者）の人権とのぶつかり合いです。この問題につき裁判所は，双方の利益（人権）を個別事案毎に比較衡量して調整します。そこで，制度設計上は，第２編第２章Ｉ２（４）で解説した規定が妥当と考えます。その上で大事なのは，運用です。裁判所が行うこの比較衡量を，運用者が，運用において申請された事案で行い許可するか否かを判断します。そのため，裁判所と同じ精度の判断が求められます。これは，確かに難しいかも知れませんが，競業を一律禁止にして裁判で争われて敗訴するより，よほどリスク管理になります。

また，申請を無視されて競業他社に働いている退職者に対し，法的対応（差止請求権を根拠に仮処分申立てをするか，本訴で損害賠償請求するか等）を検討する上で，やはり，上記の比較衡量が本質的な検討内容となります。

そこでその比較衡量ですが，いずれにしても（申請されたとき，申請するのを無視して競業されたとき）裁判所が行うことと同じことをすればよいのです。これを具体的に示せば，次のとおりです。

①退職者の退職時点の役職，保持していた企業秘密の範囲・重要性
②退職者の退職時点の待遇，退職後の補償の有無（あるとしたら金額）
③転職先の役職，上記①の秘密と重なる範囲・重要性

以上，①〜③をメルクマールに，当該企業（退職した企業の営業の自由）と退職者の職業選択の自由との利益衡量を行います。ポイントは，自由競争は，資本主義社会で当然許されるが，退職者が，この自由競争を超えた不正な競争をすれば制限されるということです。不正な競争の典型は，当該企業の秘密を使っての競争です。

よって，競業規制が，当該企業の秘密を使ってライバル企業において

競業するときは，不正な競争となる可能性が高いといえます。しかも，在職中，高待遇であったのに，そのような行為をしては裏切り度が高まり不正性が強くなります。

(4) (2) と (3) のまとめ―実践的な運用

　一見，(2) の秘密保持義務と (3) の競業避止義務とは別のようです。労働法の解説本にも別々に説明されています。しかし，現実には，オーバーラップしています。退職者は在職中取得した企業秘密（例えば，営業マンの顧客情報）をあたかも自分のノウハウのように錯覚し，その情報を保有していることをアピールして同業他社により高い待遇を求めて転職し，上記企業秘密を利用して就業行為をするパターンが多いです。実際，企業にとって一番脅威なのは，そういう退職者（転職者）です。

　したがって，かかる現実に直截に対応するには，(2) の秘密保持義務と (3) の競業避止義務を別のものとして考えるのではなく，重畳的に構成し，さらにメリハリをもたせた退職者対応をするのが，実践的といえます。

　具体的にどうするかというと，(2) の秘密保持義務を中心に置きます。これは，企業の大切な無形財産保全のためであり，誰も文句は言えないからです。そして退職者の職業選択の自由と抵触する（調整が必要な）(3) の競業避止義務は，上記 (2) の担保と位置づけます。つまり，企業の大切な無形財産保全のために競業規制する，とします。例えば，秘密保持義務は，在職中知り得た会社の機密情報は在職中はもちろん退職後も負う，会社の事業目的外に使用してはならない，と設計し，競業避止義務は，「退職後6ヶ月以内に競業他社に就業し，あるいは自ら競業を営む」ことの規制（許可制）と設計した場合，競業他社に就業しあるいは自ら競業を営む行為には，在職中知り得た会社の機密情報を使用する競業行為と，それ以外の競業行為があります。前者は，まさに在職中知り得た会社の機密情報を保持するための担保としての意義があります。これは，後者に比べ，はるかに企業の主張が通りやすい，ということです。図で示すと，次のとおりです。

Ⅰ. 服務規律

```
<図>秘密保持義務と競業避止義務を重畳的に構成する

秘密保持義務　←　競業避止義務
　　↑　　　　　　ⅰ 在職中知り得た会社の機密情報担保の部分
　　｜　　　　　　ⅱ 在職中知り得た会社の機密情報と直接関係ない部分
コアな部分を退職時に具体化する
```

　こうすれば，企業は，退職者の職業選択の自由に対し，いわば対等以上に主張が出来ます。そのかわり，企業秘密保持の観点から無意味な競業規制は出来ないですが，それはよい（やむを得ない）と考えます。さらには，秘密保持義務の中でも特に重要な部分を，退職時の誓約書に記載します。前掲の例で挙げたように，「貴殿が退職前３年間，営業部長の職務に従事していたことから，当社の取引先の担当者，取引構成，数量，トレンド等が特に重要な企業秘密となる」と明記しています。これによって，秘密保持義務の中でも特に重要な部分を，退職時の秘密保持義務なコアは部分として誓約させます。なお，誓約書の提出を拒否したら，同内容の注意書で交付すればよいです（上記図参照）。参考までに，注意書（**書式３－３**）の雛形を掲載しておきます。

　以上，三重に重畳的に構成することで，これに違反した場合，
・秘密保持義務に対応する債権を被保全債権とする差止請求を，仮処分申立により行い，
・損害賠償請求をし，
・転職先には，退職者の上記義務違反を通知することにより，以降は転職先も悪意（知っている）にし，しばらく時間を経過して同じことがされれば，転職先と退職者との共同不法行為（民法719条）とし，合わせて退職者には債務不履行（秘密保持義務違反，民法415条）の請求（退職者は，請求が選択的併合になる）を根拠に，損害賠償請求する。
ということが容易になります。

第1章 日常の人事労務管理

　筆者は，企業が長期に亘って繁栄するためには，企業秘密の厳格管理と断固たる対応が不可欠と考えます。とはいえ，不正競争防止法では保護要件が厳格なので，使いづらく，私法的（契約上の）工夫が必要です。上記の工夫を参考にしてみて下さい。

Ⅱ. 採用及び試用

1. 当該労働条件の運用における戦略的意義

採用内定通知を出した後は，その採用を取消すのは容易ではありません。逆に，どういう時なら内定取消しが出来るか，試用段階に進んだ後では，従業員としての適格性に疑義が生じたときどういう事実と資料（証拠）があれば退職させられるのか，を正確に判断することは，きわめて重要です。当該企業の事業目的達成（理念実現）のために戦力となるかどうかは，面接だけでは完全に分かりません。一旦採用通知を出した後，入社までの言動や入社後の働き振りで疑義が生じたときに，採用を取消せることは，重要なのです。

2. 運用する上で必要な法的知識

(1) 採用及び試用の法的性格について

最高裁は，採用・試用の法的性格を労働契約の解釈の問題としながら，一般的な日本企業の採用及び試用では，内定通知で労働契約は成立し，内定期間と試用期間その後の本採用後まで（本採用まで）は連続した一つの契約で，ただ内定期間と試用期間だけは留保解約権という普通の解雇権（民627条）より広い解約（雇）の自由があるとし，他方で，内定者や試用に入った労働者が他の就職先を断って当該企業に入ってきている以上，今更後戻りは出来ないことを考慮し，全くの自由ではなく，権利濫用法理によってこの留保解約権を規制します（三菱樹脂事件最大判昭48.12.12，大日本印刷事件最二小判昭54.7.20）。つまり，ちゃんとした理由がないと解約（雇）は無効となる，としています。イメージとしては，次の図のとおりです。普通の解雇権（民627条）より広い解約（雇）の自由を認めている以上，権利濫用法理による規制（労契法では，3条5項）は，解雇権濫用法理（同法16条）よりは緩やかです。

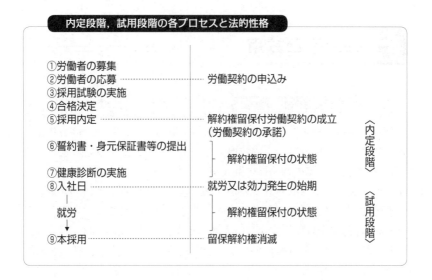

（2）内定取消しあるいは試用期間中の解雇・本採用拒否の基準

　上記（1）から，内定取消あるいは試用期間中の解雇・本採用拒否は，留保解約権行使の有効性の問題となります。よって，権利濫用になってはいけない，表現を変えれば，客観的に合理的で社会通念上相当として是認できる事由が必要です。もっとも，この基準の文言（表現）は，通常の解雇権への濫用法理（労契法16条）と同じですが，裁判例の傾向は，上記三菱樹脂大法廷判決を受けて，本採用後の解雇への濫用法理より緩やかに有効性を判断しています。イメージ的にいえば，通常の解雇が1mのハードルを飛ぶだけの事由が必要なのに対し，採用内定後及び試用における解雇（留保解約権の行使）は80cmのハードルを飛べるだけの事由でよい，ということです。

　このように，採用内定後及び試用中の解雇は，全く自由にできるわけではないけれど，本採用後の解雇よりは緩やか，ということです。

　これは，運用上，決定的な意味があります。当該企業に不適格と思われる従業員かどうかは，内定・試用段階でしっかり見極め，本採用前に決着をつけるべし，ということです。特に，現場の上司は，試用期間の重要性を分かっていないことが多いので，要注意です。例えば，営業の

即戦力として中途採用したが，営業のスキルが全くなく営業する商品を覚える意欲もないことが試用期間中に判明したが，上司の営業課長は，試用期間の3ヶ月中は我慢してなんとかこの労働者をがんばらせようと気をつかい，ところが3ヶ月を過ぎた頃に我慢しきれなくなり，使いものにならないと判断して人事部（社長）に相談に来る，ということがあります。それで解雇したら無効確認訴訟が提起されますが，裁判所は，そんなに我慢して本採用までしたならもう少し見てやったらどうですか，と言って解約（雇）を無効とするでしょう。適格性に問題が分かったら，是非，試用期間中に対応すべきなのです。

3．運用する上でのポイント－試用期間中の対応と判断

本来の試用期間中で（延長期間をあてにせず），正社員としての適格性を見極め，見極めきれなければ，延長規定を使って1ヶ月延長して（限度が3ヶ月でも，初めから3ヶ月延長しない），見極めます。

ただ，新卒と中途採用では運用上注意すべき点が違います。

(1) 新卒の場合

この場合は，最初から仕事が出来ることは前提にしないで採用しています。よって，仕事が出来ないというのは，留保解約権行使の理由（事由）にはなりにくいです。ただ，仕事をする上での基礎的な能力（算数が出来ない，国語力がまったくない）の欠如とか，あとは，勤務態度が不真面目で遅刻・欠勤が多いという場合は，何度か注意・指導の上で留保解約権行使することは，有効となるでしょう。

(2) 中途採用の場合

この場合は，通常，即戦力を前提に採用しますので，仕事が出来ないことは留保解約権行使の理由（事由）になります。ただ，多くの事例では，どういう即戦力かが争点となるので，

a．何をしてもらうための即戦力で，

b．aのためどういう能力が具体的に必要で，

c．ところが現実は，このbのどの部分がダメで，aの即戦力として役に立たなかった，

ということが描けるような、事実と裏付けとなる証拠が必要です。次の図のように、イメージ化できます。留保解約権を行使する際に必ず確認・検証して下さい。

<イメージ図>

a．企業が求めるもの（＋b）	c．当該従業員の現実の職務遂行	cの裏づけとなる資料
（aを具体化（＋b）すると、次のとおり） ⅰ. 　・ 　・ ⅱ. 　・ 　・ ⅲ.	ⅰについて 　・ 　・ ⅱについて 　・ 　・ ⅲについて	

(3) 延長は文書で必ず記録化すること

　試用期間中の身分と本採用の身分とでは、前述のように、大きな違いがあります。よって、どちらであるかは明確にしておく必要があり、延長するときは、必ず文書でして記録に残す必要があります。口頭で延長すると、従業員がそれを否定してきたら、延長したことを立証するのは企業側です。口頭の事実など、そう簡単に立証できません。立証に失敗すれば、本採用したことになります。

　念のため、延長文書の書式を挙げます（**書式3－4**）。

Ⅲ 人事異動

1．当該労働条件の運用における戦略的意義

　当該企業の事業目的達成（理念実現）のためには，常に適材適所を実現すべく，人事異動は円滑に安定的に行う必要があります。多くの日本企業では，通常，定年（60～65歳）までの長期雇用を前提とした人事労務政策を制度化し，日常的に運用します。長期雇用を前提とするということは，その長期（30年，40年）の間，企業を取り巻く環境は大きく変化し，企業自体の経営体制・経営状態も変化するはずなので，各従業員に対し入社したときの仕事（職務）を定年まで続けさせることなど，普通はありません。入社したときの仕事しかできない従業員に，企業は，長期雇用を守ることは出来ないのです。

　そのためには，運用において，人事異動の中で，配転，出向，転籍それぞれがどこまで企業の一方的判断ででき，従業員の利益はどの範囲で配慮する必要があるのかを，正確に見極め判断することの戦略的意義は極めて大きいといえます。

2．運用する上での必要な法的知識

(1) 基本は，東亜ペイント事件の法的枠組

　人事異動については，企業の裁量をかなり認めるのが判例実務です。法的枠組は，第2編第2章Ⅲでも解説した東亜ペイント事件判決（最高裁判例）で確立しています。よって，その運用は，この最高裁判例，及びその後に集積した下級審判例をベースに行うことになります。詳細は，上記第2編第2章Ⅲの繰り返しになるので，当該箇所を確認下さい。

(2) 修正（例外）— 外資系企業等の場合

　最近は，地球規模でのグローバル化に伴って，外資系企業も日本に数多く進出しています。その典型である米英系企業を例にすると，外資系

企業は，必ずしも長期雇用を前提としません。よって，人事労務も長期雇用を前提とした制度設計も運用もされていません。例えば，日本企業のような長期雇用を採る企業には必ずある賃金テーブルなどは外資系企業ではないのが多いです。ベースアップもそれは何（？）という感じです。定期昇給という言葉も知りません。こういった外資系企業では，日本企業が長期雇用を前提に従業員を教育したり職業訓練しながら働かせ，それゆえ，その対価である賃金も年功的なカーブにして設計するのに対し，その時点の労働市場の価値で労働者を従業員として採用し，その後のパフォーマンスで個別に昇給させますので，相対的に高いものです。しかも，特定の職務（ポジション）をしてもらう前提で採用するので，多くの場合，職種（務）特定で異動は予定されていません。そういう企業の解雇においては，企業の人事異動権（配転命令権，出向命令権）が否定もしくは職種特定で制限される一方で，長期雇用を背景として形成された解雇権濫用法理の適用において，大きな差が出ます。筆者が両方（日本企業と外資系企業）の仕事を長年してきて感じるのは，日本企業の労働者は，定年（職業人人生の終わり）までその企業（ないしグループ企業）内で完結するのに対し，外資系企業に転職した労働者は，いわばその業界内（例えば，金融業界といった業界単位）での転職の繰り返しでキャリアアップして完結します。そして，労働者の一般的相違として，日本企業の労働者は，自律性，独立性がある人もいれば，そうでない人もいてさまざまですが，外資系企業の労働者の方は自律性，独立性が強い特徴が共通してあります。それは考えてみれば当然で，業界内とはいえ，企業を越えてキャリアアップするには，自律性・独立性は不可欠だからです。

（3）まとめ

人事労務の目的，人事異動の考え方，退職（解雇）の3つは，強い相関関係を持っています。

つまり，次のように整理できます。

```
a  長期（終身）雇用システム（人事労務の目的）
   → 人事異動権広範・権利濫用の余地少ない
       ⇔ 解雇権濫用法理は厳格に適用
```

> b aを採らず，その時点の労働市場で即戦力採用（人事労務の目的）
> → 人事異動権狭い・権利濫用の余地大きい
>   ⇔ 解雇権濫用法理は緩やかに適用

そして，人事異動の中にもその種類は，配転，出向，転籍があり，それぞれへの法規制は異なります。これを正しく理解する必要があります。その内容は，第2編第2章Ⅲに詳しく説明していますので，そこで確認して下さい。

3．運用上のポイント

（1）配転の運用上のポイント
ア．職種・地域特定（限定）の有無の確認

　正社員（期間の定めのない社員）ではあまり想定しえませんが，職種・地域特定（限定）の有無の確認は，一応しておく必要があります。よく，労働条件明示義務の「就業の場所及び従事すべき業務」を明示しなければならないこと（労基法15条，労基則5条1項1号の3）をとらえて，この明示された場所・業務に特定（限定）された採用だった，と主張する従業員はいます。しかし，その記載は，当初（当面）の場所・業務であり，特定（限定）の意味まではありません。裁判例を見ても，こういった従業員の主張を採用するものは皆無です。よほどの積極的事情がない限り，地域ないし業務（職務）が特定（限定）された，よってそれを超えて配転権はない，と認定されることはありません。例えば，採用時に，痴呆で寝たきりの父を面倒見る必要があり，場所の移動を伴う配転は無理であることをはっきり伝え，企業がそれを承知で採用したとか（地域特定特約），あるいは，海外進出のため，海外法人を現場でマネジメントできる人材として募集し，その前提で応募した者を，就業規則に規定されている以上の，通常の従業員とは異なる労働条件で採用したとすると，職種特定（海外法人のマネジメントに特定）の特約あり，とされることになります。

　なお，外資系企業でも，新卒で採用されたり，中途採用でも専門性とか幹部社員として採用された者でない場合には，職種特定（限定）は認

定されません。しかし，中途採用の専門職ないし幹部社員は，通常は職種特定（限定）であり，その特定された職種の範囲でしか，企業は配転権を持ちません。

イ．業務上の必要の確認

日本企業の人事異動では，それほど厳格に求められません。長期雇用を前提としているので，厳格に求められないのです。外資系企業では，職種等特定された範囲内で配転権がありますが，その場合でも慎重に判断するのが安全です。

ウ．労働者に通常甘受すべき不利益を著しく超えていないかの確認

この不利益は，労働条件上のものと生活上のものがあります。労働条件上のものとは，配転に伴って労働条件，特に，賃金が変わる場合です。生活上のものとは，配転が転勤を伴い生活環境が変わる場合です。運用においては，従業員がどちらの方の不利益を訴えているのかをクリアーに分析して，その不利益の程度を測ります。そして，「通常甘受すべき不利益を著しく超える」とは，普通の従業員では発生しえない不利益が許容限度を超えるということです。比較的最近の，そして代表的な下級審裁判例で，肯定例，否定例を見ましょう。

- 帝国臓器製薬事件（東京高判平8.5.29，最判平11.9.17）　東京で勤務する共働きの男性の名古屋営業所への配転命令が有効とされ，単身赴任した労働者とその家族による慰謝料請求が棄却された事例。
- 明治図書出版事件（東京地決平14.12.27）　共働きで重度のアトピー性皮膚炎に罹患した二人の子供を養育している労働者に対する東京から大阪への配転命令が，通常甘受すべき程度を著しく超える不利益を負わせるもので，権利の濫用として無効と判断された事例。
- ネスレジャパンホールディング（配転本訴）事件（神戸地姫路支判平17.5.9）（大阪高判平18.4.14）　病気の家族をかかえる労働者に対する遠隔地配転命令を無効とした例。

なお，同一企業内の人事異動である配転では，配転に伴って労働条件上の不利益は生じにくいです。なぜなら，労働条件は事業場毎に設計できますが，多くの日本企業では定期的な人事異動を予定するため，労働条件上のデコボコが生じないよう，労働条件を事業場を跨いで統一的に設計しているからです。

エ．上記ウで，難しいときは，慎重に判断

　権利濫用の有無の判断とは，要するに，イとウを天秤にかけてどっちが重いか比較することなので，ウが重くなりそうならイの方がもっと重いものかを確認し（下記ⅰ），あるいは，ウの方が軽くなるようにしているか（下記ⅱ）を見ることになるのです。ただ重要なのは，配転では，最初からイに軸足を置いての比較衡量となる，ということです。それは，長期雇用を前提とする以上，企業に自己の従業員につき長期に亘って人材活用を自由に出来るのを認めないと，長期雇用が成り立たなくなるからです。

ⅰ．上記イの業務上の必要の高度性の確認

　余人に代えがたいとか，そこまで行かなくても当該従業員に行ってもらうのがとてもよい，とかです。

ⅱ．上記ウの不利益を緩和する方法の検討

　労働条件上の不利益を緩和するというのは，あまり考えられません。通常は，生活上の不利益を緩和するというのがありうることで，それまで家族といたが単身赴任になる，というときに，月に2回家族の元に帰れるよう帰省手当てを入れる，などです。

(2) 出向の運用上のポイント
ア．出向規程，出向条件整備の確認

　出向命令権に根拠があることを確認した上で，出向は配転と異なり，異なる企業への人事異動なので労働条件上の不利益は生じやすいので，出向者の労働条件上の不利益に配慮しているかを確認するのがポイントです。

イ．上記（1）ア～エと同じポイントで確認

　以下，出向特有のポイントを，配転と対比して解説します。

ⅰ．業務上の必要の確認

　これは，配転とパラレルに考えてよいです。出向の業務上の必要性は，広く認められます。長期雇用を前提とする上で，企業内に行き先がなければ，外（出向先）に行き先があればそれを認めないと長期雇用が成り立たないからです。

ⅱ．労働者に通常甘受すべき不利益を著しく超えていないかの確認

第1章　日常の人事労務管理

　出向の場合，配転と異なり，労働条件上の不利益が不可避的に発生します。異なる企業への労働の提供である以上，労働の枠組等が通常は異なるからです。他方，生活上の不利益性は，配転とパラレルです（例えば，広島→名古屋の同じ企業の事業所か出向先で，生活上の不利益は変わりません）。

ⅲ．ⅰとⅱを天秤にかけてどっちが重いか比較すること

　ⅰとⅱを天秤にかけてどっちが重いか比較することは，配転と同様にやることです。その際，ⅰが軽かったり，ⅱが重いときには，より精密に比較衡量するのも，配転と同様です。

（3）転籍
ア．原則

　転勤では，転籍時点の個別同意が必要です。これは，転籍すると，その後に転籍先の企業が倒産等ダメになっても戻れないので，転籍は，出向の比ではない不利益を従業員に負わせるので，企業の一方的な命令権を根拠付けることは原則として難しく，転籍時点の個別同意（転籍先で労働条件がどうなるのか明示され，それを理解した上で同意すること）が必要とされます（個別の転籍同意書を，書式3-5として掲載します）。多くの裁判例でも，この前提のもとに判断がされています。

イ．例外

　1つの企業グループを形成するその企業グループ内の各企業間での転籍では，制度を整備すれば，上記アの例外として，むしろ上記（2）と同様に，いわば出向の運用と同様にすることが可能となります。1つの企業グループを形成する場合で，いわば各個社が単独ではなく企業グループとして命運を共にするときは，その企業グループを1つの企業単位と見ることが出来ます。その場合において，各個社の就業規則で，グループ企業内での転籍がありうることと，転籍に伴う労働条件がほぼ変わらないこと，退職金や年休の計算では転籍前の勤続年数を通算する旨の定めが出来れば，従業員に実質的不利益はなく，出向と同視がされるものと思われます。

Ⅳ 休職

1．当該労働条件の運用における戦略的意義

従業員が病気等で長期に亘って働けなくなったとき，
A．私傷病休職制度を適用（休職命令発令）し，休職期間中管理し，
B．病気等が回復したか否かにより，復職させたり，退職させたりすること
は，いずれも他の働いている従業員とのバランスを考慮しながら行うものです。職場のモチベーションに影響するので，慎重な運用が求められます。

私傷病休職制度の設計に当該企業の理念が反映されているはずなので，運用はこれを活かし，制度目的に叶うものにする必要があります。ただ，休職期間満了時の休職者から提出される主治医からの診断書は，休職者の意向を反映された主観的なものである傾向が強く，客観的な判断としては疑う内容が多いといえます。こういった現実を踏まえて，上記私傷病休職制度の目的を曲げることなく，しっかり労務管理を行うことが大切です。

2．運用上のポイント

運用上悩むのは，主に上記1のA，B時点での対応です。つまり，
A．休職発令の時期，発令及びその後の休職期間を裏付ける資料（診断書等）の提出
B．休職期間満了時の判断
です。

A．によくあるのは，長期欠勤を前置要件としている場合（ほとんどの企業の休職制度はそうなっています），休職命令発令の起算日を（前置要件の）欠勤開始日にしてしまう間違え（この間違えは，休職期間満了日＝退職日を間違えることになり，退職が無効となります），休職期

第1章 日常の人事労務管理

間中の休職者への労務管理の不備（休職発令しているのに，診断書がない，あるいは途中でどういう健康状態か診断書がなくて分からない）です。

　B，よくあるのは，休職期間中は「働けない」という診断書しか出てこなかったのが，その期間満了間近に「当初は軽作業，その後はほどなく通常業務は可能，但し，残業は好ましくない」といった診断書が出てくる展開です。

　以下，ＡＢそれぞれの時点の対応につき，どう対応するのがよいのか，解説します。

（1）休職発令の時期，発令及びその後の休職期間を裏付ける資料の提出（上記Ａ時点の対応）

ア．休職発令の時期，発令要件の確認

　休職発令にあたって，前置要件の長期欠勤を合算して，長期欠勤のスタート日を休職命令の起算日としたりしますが，それは間違いです。長期欠勤は，制度設計上，休職命令を発令する要件なので，その要件である長期欠勤を満たした後の最初の日が，休職の起算日となります。

　次に，休職となるのに，「休職命令を発令することがある」旨の定めになっていれば，運用上は，休職発令をしないと休職にならないので，その点も注意すべき点です。つまり，自動的に休職の状態にならないのです。そして，それは，文書（「休職発令書」書式3－6として掲載します）でした方がよいです。なぜなら，「休職期間満了時に復職できないときは，退職になる」，というのが通常の設計なので，休職命令の発令は，条件つき（復職できない，という条件）の退職の予告でもあるからです。そういう重大な結果をもたらす以上，文書でした方が，労務管理は安定します。

　最後に，休職命令を発令するときは，その発令時点から見ても長期に亘って働けない健康状態かどうかを診断書等で確認するべきです。それまでの長期欠勤で要件を満たしたからといって，それだけで休職命令を発令するのは，関心しません。

イ．発令及びその後の休職期間を裏付ける資料の提出

　休職期間中は，働けない健康状態が継続していることが休職命令を維持する要件となっています。よって，休職命令を発令した後も働けない

健康状態なのかどうかは，診断書等で，常に確認する必要があります。労働関係は存続しているわけですから，休職者に対し，労務管理は出来るわけで，ただ，その休職原因となった病気や怪我の回復に支障となるような労務管理はしてはならない，という配慮が求められるだけです。よって，診断書の提出がなければ，文書で催促すべきです。それでも提出が途切れるようなら，休職命令を取り消す，ということも考えてよいです。休職命令を取消した後は欠勤となり，しかも理由のない欠勤なので，その時点から普通解雇事由が発生することになります。

（2）休職期間満了時の判断（上記B時点の対応）

　休職期間満了間近に「復職可能」の診断書が出てきたが，それまでは「療養加療を要する」と判で押したような診断書が出てきていて，まるでL字型回復になって生身の人間の健康の回復としてはありえず，とてもではないが信用出来ない，というとき，どう対応したらよいかです。
　時系列で，留意点・対応を述べます。

ア．いくら不自然な診断書でも無視はしない

　復職可能な状態にまで回復したことを立証する責任は，休職者にあります。しかし，その立証責任の原則を厳格に貫くのは，休職者の大きな負担となります。私傷病休職制度が労働保護のためにある以上，厳格な立証責任を負わせるのは制度目的になじみません。そこで，一応の立証は休職者ですが，それがされたときは，会社（使用者）が復職できないことの反証の責任を負います（以上は，下級審判例の流れです。筆者著「Q＆A　休職・休業・職場復帰の実務と書式」163頁・新日本法規）。
　よって，不自然な診断書でも「復職可能」との内容のものが提出されれば，一応の立証はつくしたことになります。ですから，いくら不自然な診断書でも無視してはいけません。
　ちなみに，休職者がその立証を全くしなかったときには，解雇（退職）は有効とされています（大建工業事件　大阪地決平15.4.16）。

イ．上記アの診断書には，診療情報提供を求める，あるいは産業医の診断を受けさせる（受診命令）方法で「反証」をする。

　上記アの診断書の内容が，それまで毎月，「復職不能，療養専念を要する」と診断されてきたのに，突然，「復職可能，但し，当面は残業を

避けるのが望ましい」と，まるで生身の人間の健康がL字回復しているようだと，前述のとおり，信用しにくいです。そこでこの場合，その診断書を作成した主治医に診療情報提供を求める，あるいは産業医の診断を受けさせる（受診命令）方法で，この主治医の診断結果の信用性を検証する必要が生じます。前者の診療情報提供を求めるには，休職者（患者）の同意が必要なので，その診療情報提供書の同意欄に署名させることで同意を取得し，その医師に診療情報提供を求めることになります（**書式3－7**）。後者の産業医の診断への受診命令は，受診指示（命令）書（文書）で行うとクリアーです（**書式3－8**）が，もう少し柔らかくするため，メールでも大丈夫です。

　理想的には，主治医の診断書の内容を診療情報提供を求めることで明確にした上で，産業医の診断の際に，それも資料として診断（判断）してもらうのが望ましいです。また，産業医には，当該休職者の職場，仕事（職責）も予め説明をした上で判断してもらうことも，ポイントです。

　主治医と産業医の判断が異なっても，復職の有無を判断する権限は，人事権者である（そして安全配慮義務を負う）企業にあります。主治医や産業医の判断（診断結果，又は意見）は，その判断の材料でしかありません。そこで企業としては，それぞれの内容をよく検討した上で，それらを材料にして復職の有無を決めて下さい。決めかねるなら，休職期間を少し（1～2週間）延長して，追加の資料（3つ目の診断書等）を取得し判断して下さい。

(3) その他の運用上の留意点
ア．延長規定がある場合の適切な運用

　むやみに延長しないことです。制度（規定）の作りは，通常「会社が特に必要と認めたとき」とあります。つまり，企業の専権になっていて，延長するかしないか，延長するとしてもその期間を，会社が裁量で決められるようになっています。それを，その運用者が，休職期間間近に，休職者から延長してほしいと懇請されて，その懇請されるとおり何の見通しもないのに延長する例が，ときどき見られます。しかし，これは絶対に止めた方がよいです。上記延長規定は，厳格な例外規定です。例えば，休職期間満了時点では復職できないが，ケガの回復スピードからあ

IV. 休職

と1ヶ月見てあげれば復職できる，という見通しがきく場合，形式的に制度を運用するのはあまりに硬直なので，運用で実質的妥当性を図ろう，とするものです。復職の見通しもないのに延長することは，制度上，予定されていません。したがって，それをするのは，制度を傷つけます。

イ．通算規定の適切な運用

多くの企業の私傷病休職制度は，ⅰ．人単位で何年（何ヶ月）休職可能と設計するのではなく，ⅱ．病気単位で休職制度を設計しています。よって，復職後，病気が再発したり，別の病気で働けない状態になっても，リセットされて，ゼロから新たに私傷病休職制度が適用されます。これはあんまりということで，多くの企業では，通算規定を定めます。この通算規定が適用されれば，復職した休職者には，この通算規定の範囲内であれば，前の病気と連続したものとしてその限度で休職が認められますが，この範囲を過ぎるとリセットされます。運用者はよくよくこのことを認識することが大切です。

具体的には，復職可能ということで復職した以上は，休職前に従事していた通常の業務は可能なはずで，それなのに他の従業員よりわざわざ軽い作業をさせることは，やめるべきです。もし，診断書等で，「当初は通常業務は無理だが，ほどなく通常業務が可能」というなら，リハビリ勤務という制度を適用すればよいです（**書式3-9**）。

V 退職

1. 当該労働条件の運用における戦略的意義

　労働契約は，命に限りのある人間が契約の一方当事者である以上，いつかは終了します。その多くは，定年か労働者の意思による退職です。そこでまずは，この2つの一般的な退職の形態が，安定的にされることが，運用上留意されることです。

　次に，問題社員（ウイン・ウインの関係が期待できない従業員）等には，企業の方から労働契約を終了させる必要のある事態が発生します。このような，いわば特別な退職の形態（解雇）は，解雇権濫用法理（労契法16条）が確立している我が国においては，直ちにそれを実行（解雇）するのは，企業にとって大きなリスクがあります。解雇が無効とされれば，解雇の意思表示をした時点以降，ずっと賃金債権が発生しつづけ，それに利息・損害金をつけて支払い続けなければならないことになります。

　そこで，こういった解雇やむなしという特別な事態において，解雇の準備として，あるいは解雇に代わる方法として，どういう準備をどういうプロセスで行う必要があるのかは，運用において大切な仕事です。この知識やノウハウを得ることは，当該企業の事業目的達成（理念実現）のために必要な運用担当者の能力といってよいでしょう。

2. 運用上のポイント

(1) 定年

　定年の適用は，事実として定年年齢になった従業員に退職を伝えるだけなので，運用上難しいことはありません。

　問題は定年後の雇用確保措置の中で継続雇用を選択するとき（高年法9条1項2号）は，定年退職者へ再雇用規程を適切に適用することが重要です。定年後再雇用規程にその退職者のスキル等に応じて再雇用条件

V. 退職

がいくつかあるときには，正確に適用する必要があります。そして，再雇用が，例えば1年単位の有期労働契約であるときは，その後の更新の有無も重要です。ただ，これは，有期労働者への労務管理の1つになりますので，当該箇所をご参照下さい。

（2）従業員からの自発的な退職

　退職に関する日常の運用において最も大切なのは，従業員からの自発的な退職への対応（処理）です。具体的には，辞職（退職届），合意退職（退職願）への適切な対応です。長期雇用を前提とする日本企業においても，それを前提としない外資系企業においても，労働関係終了の多くは従業員からの申し出によるものです。それを適切に対応しないと，労働関係終了を巡る労務管理が不安定になり，他の従業員のモチベーションに悪い影響を与えかねません。

　従業員からの申し出による退職の適切なる対応のチェックポイントを述べます。

ア．辞職（退職届），合意退職（退職願）の区別の理解を確認する

　これは，第2編第2章Vの解説の確認になりますが，いずれかによって退職者からの撤回の可否のタイミング，退職の効力の発生時期が異なりますので，当該企業がいずれの形態を採用しているかの確認は，とても重要です。

イ．従業員からの申し出による退職が上記アのどちらかを確認し，それにふさわしい対応をする

　制度（規程）と矛盾しない対応をする必要があります。具体的には，制度（規程）で辞職制度を採るのであれば，その書式（辞職届，退職届）を必ず使い，これが提出されたら，受理権者（通常は，所属長，人事部長，人事担当役員）が受理しこれを記録化することです。制度（規程）が合意退職を採るのであれば，その書式（退職願）を使い，これが提出されたら，承認権者（通常は，人事部長，人事担当役員）が承認の意思表示をしこれを記録化することです。

　これらの記録化には，工夫が必要です。辞職は単独行為なので，その意思表示を受理すればよく，意思表示を返す必要はないですが，受理したことを明確にすることが大事です。受理書を発行すると明確ですが，

それが煩雑であるというなら，退職届の下欄に受理欄を設け，そこに受理した年月日と受理権者の署名をすることで，記録化すればよいでしょう。合意退職の場合は，承諾の意思表示を退職者にして且つ到達することが必要です。承諾書を発行するのが明確です。ただこれが煩雑であるなら，口頭で承諾の意思表示をすることになるでしょう。もっとも記録化する必要があるので，やはり退職願の下欄に承諾欄を設け，そこに口頭で承諾の意思表示をした年月日と承諾権者の署名をすることで，記録化すればよいでしょう。但し，受理と違い，承諾は意思表示なので，書式に記載しただけでは，その意思表示をしたことになりません。退職者に到達しないとダメなのです。そこで，承諾の意思表示を退職者にまずした上で，それを書式に証拠として記録するのです（いずれも，参考書式例を**書式３－10，11**として掲載します）。

＜口頭でのやりとりの紛争実例＞

とても多い紛争に，口頭で退職すると言っていたので後任者も決めてしまったが，その後退職届（願）が出てこず催促したら，退職するのをやめたと言われた，どう対応したらよいか，というものです。

当該企業で従業員の意思による退職を，辞職，合意退職のいずれかに決め，且つ所定の書式（「退職届」，「退職願」）を用意しているのであれば，その書式を使わないでされた口頭での退職するという発言は，いまだ法的には退職の意思表示とは，原則はいえないでしょう。よって，そもそも退職の意思表示がないので，受理したかとか承諾したかといった問題の前の段階です。例外として，口頭ではあるが，その後引継ぎをしたとか送別会に出席して挨拶までしたとか，書式に代わる退職の意思表示を実現する外形的行動があれば，退職の意思表示あり，としてよいでしょう。

ウ．慰留をしたいとき

一旦退職を確定させた上で，撤回を求めた方がよいでしょう。これに対して，そうすると，慰留することと矛盾があるのではないかとの意見もあると思いますが，むしろ不安定な状態が続くのはよくありませんので，確定させる利益を優先した方がよいです。

V. 退職

　もう少し補足します。退職する場合の基本形態が不安定なのは労務管理上の大きなリスクです。将来の退職者から，悪しき先例として使われかねないからです（例えば，先日退職したＡさんに対し，会社は〇〇したではないですか，同じようにして下さい，と言われます）。よって，従業員から退職する旨の意思表示があれば，原則は一旦は受理ないし承諾します。その上で慰留したい人材なら慰留します。では，その例外はどういうときかというと，どんなことがあっても慰留し，辞めさせたくない，という企業の決意が鉄のように固いときです。退職希望者がどんなことを言ってきても（会社への強い不満，場合によっては，上司へ暴言を吐いても），慰留する，辞めさせたくない，というときは，この不安定な状態であってもよいと考えます。ただ，筆者は，これまでの20年以上の経験上，この例外のケースは経験したことがありません。

（3）解雇権の行使

　上記（1）（2）と異なり，企業が従業員に辞めてもらいたいときは，企業が当該雇用契約を従業員の意思に関係なく解約することになります。いわゆる解雇権の行使ですが，この場合，わが国では，解雇権の濫用法理（労契法16条）によって，きちんとした理由がないと解雇権の行使は濫用したとして無効になり，解雇後の賃金を働いていなくても支払わなければならなくなります（バックペイ）。
　このように，解雇はいわば博打です。しかし，確実な方法があります。そこで，以下例題を挙げて説明します。

＜社外の人への態度が悪く，評判が良くない社員がいます。態度を改めさせるためには，どうしたらいいのでしょう。＞
　態度が悪い，というのは評価（抽象的事実）です。しかし，それを起点にして，将来に向けた行為規範に引き直します。つまり，勤務態度のモデル（行為規範）を示し，改善指導の目標を明確にします。例えば，上司，同僚に対して暴言を吐く社員がいたら，事実関係を調査・確認した上で禁止行為を明確に伝え，改善を指導します。そして，改善しなければ，退職してもらいます。
　以下ア，イで，この設問を材料にやるべき準備等を説明します。

ア．無防備に問題を指摘しない

「社外の人への態度が悪く，評判が良くない」は，それ自体は評価であって，（具体的）事実ではありません。したがって，それを指摘しても，当該社員から，「そんなことはありません。『態度が悪く，評判が良くない』というのなら，具体的に，私がいつ，どこで，誰に対して，どのような言動をしたのか，明確にしてください」と開き直られます。会社が答えに困れば，「それ見たことか。そんな事実なんてないから答えられないんですよ。こんな指摘をすること自体，私へのパワハラです。謝罪してください」と追及されます。つまり，こういう指摘は，『態度が悪く，評判が良くない』と評価できる具体的な行動を，日時，場所，内容を特定して記録化していないと，反撃されます。よって，過去の問題行動を指摘するなら，これらを特定した事実の記録があることが前提です。もし，その記録があるなら，逆に踏み込んで，口頭でもよいので注意をしてもよいです。よりクリアーに注意するなら，文書でして下さい。

以上まとめると，記録がなければ，将来の行為規範として通知又は誓約させます。記録があれば，過去の行為も指摘・注意した上で，将来の行為規範として通知又は誓約させます。いずれにしても，そのような評価となるような言動をした社員を放置するのはよくありません。

イ．やるべきこと，準備すべきこと

そこで，対応プロセスを段階（順序）毎に示すと，

第1に，行為規範（過去の問題行動が特定できれば，それも指摘・注意する）を明確にして，口頭又は文書で通知し，（本人が提出すると言うなら）誓約書を提出させ，

第2に，第1の行為規範に違反したときは，警告（厳重注意）又は懲戒し，

第3に，それでも改善しないときは，退職（退職勧奨して合意退職，さもなくば解雇）させる，

という順序です。合わせて大事なことは，このプロセスを記録化（証拠化）することです。

以下，各段階毎に説明します。

第1段階　行為規範を明確にして口頭又は文書で通知し又は誓約させる

　まず，業務指示として，将来の行為規範を明確に示します。当該社員が「社外の人への態度が悪く，評判が良くない」ということなら，それがどういう内容かを関係者から確認して分析し，当該社員への行為規範として整理します。問題行動が記録化できているなら，それを指摘し，注意します。

　例えば，ある営業職の社員につき，社外の人への態度の悪さから社外の人から苦情を受けていたとします。その場合，まず，その「苦情」の具体的な内容を聞きます。また，同僚が当該社員の社外の人への態度を見たり聞いたりしていたのなら，その同僚から話を聞き，その内容を具体化します。そして，勤務態度の問題度を，例えば，次のように整理します。

　①顧客の担当者に対し失礼な受け答えをする
　②顧客の担当者と電話会議を設定したのに時間を守らない
　③顧客の担当者に，2日以内に確認結果を報告すると約束したのに，報告しない

こうやって，問題行動の内容を分析・整理して，この問題ある勤務態度に対し，次のように行為規範を設定し，当該社員に口頭で伝えます。
・顧客担当者との口頭でのやりとりは丁寧にし，けして職場の仲間と話すような口調でしないこと（上記①の問題の行為規範化）
・顧客担当者と電話会議や確認事項報告を約束したときは必ず守り，万一事情があって守るのが難しければ，事前に当該担当者に電話し，その旨を伝えるとともに，代わりの約束（電話会議なら代替の日時，確認事項報告の期限内報告が無理ならいつまでならできるか）をすること（上記②③の問題の行為規範化）

　こういう行為規範を明確にさせての注意を口頭又は文書でします。つまり，最初は口頭で，それでも改善しないときは文書でする，という順序です。もっとも，記録化する必要があるので，口頭の場合でも業務報告書（**書式3-12**）の形で上司へ報告して下さい。文書で注意するときは，その文書を交付することで記録化が可能となります。
以下，具体的に口頭又は注意をする際の注意事項を説明します。

第1章 日常の人事労務管理

＜行為規範を伝える際の留意点＞

① 場所は小さな会議室で

　当該社員の上司である課長が，当該社員の直属上司の係長と一緒に，当該社員に対し，「伝えたいことがあるから面談室（小さな会議室）に来るように」と指示します。これに対し，当該社員が，「私に何を伝えたいのですか。それを言わない限り行きません」と言ったら，課長は当該社員に，「業務指示として伝えたつもりだが，そういう行動は業務指示違反になるが，指示に従わないのか」と言ってください。

② 通知する時間帯を選ぶ

　面談室で注意をするタイミング（時刻）ですが，注意による混乱回避の観点から，夕方の退勤時刻の直前（例えば午後4時～）がよいでしょう。ただ，当該社員に，「会社は自分に注意するため自分を残業させた」と言わせないため，1時間前くらいから始め，早めに終わったら，その日の残りの労働義務は免除し，その代わり，改善をすることをよく考えるように，と言って早く帰社させるとよいでしょう。

③ 通知の際の役割分担

　いよいよ当該社員が面談室に入室したら，課長が注意する役割，係長が記録係と役割分担します。

　まず，口頭で注意するときは，課長から当該社員に対し，注意内容を，口頭で伝えて下さい。そして，その内容を，係長がメモを取って下さい。口頭注意終了後，係長のメモを報告書にして，課長から上司への報告書の形にして提出して下さい（**書式3-12参照**）。

　次に，文書で注意するときは，課長から当該社員に対し，文書の内容を，当該社員に交付する前に読み上げてください。その上で文書を手渡し，文書の写し（コピー）に当該社員自身に確認（署名）させてください。当該社員がこれを拒否したら，そのことを写し（コピー）に係長が記録してください（「○○課長が当該社員に注意書を読み上げ手渡し，その写し（コピー）に受領したことの確認のため署名を求めたところ，当該社員はこれを拒否した」と記載します）。

　もし，手渡した文書を当該社員が破り捨てても，文書の内容は課長が読み上げた時点で当該社員に伝わっているので，何ら問題ありません。むしろ，破り捨てる行為は当該社員の問題性をより浮き彫りにするので，

そのような行動があったら，明確にその旨記録してください。

注意を受けた本人が，その注意事項を誓約すると言うなら，その本人に対し，誓約事項を口頭で確認した上で，誓約書という文書にして提出してもらいます。これは，事前に口頭で何を誓約するかを確認することで方向違いの誓約書が提出されないようにするのです。他方，本人が自発的に作成し提出したというため，企業の方で予め文面を用意するのを避けるのです。

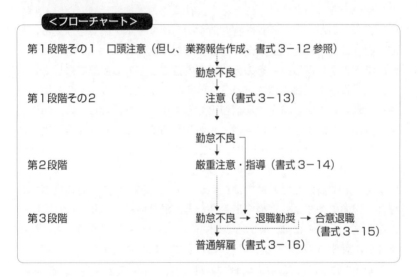

＜反撃への切り返し方－その1（通知自体への反撃に対して）＞

当該社員から，「なぜ，そんな当たり前なことを私に言うのか。言うなら，他の営業社員にも平等に言ってくれ」と言われたら，「あなたの社外の人への態度のひどさを指摘する人がいる。ただ，会社としては，その点の真偽を確認するよりは，あなたの将来の勤務態度にそのように指摘されていることがなければ，それで問題ないと思っている。それゆえ，あなたにそのような指示をした」と回答します。つまり，過去の問題点を指摘することで他の社員には指示しない合理的根拠を示しながら，それ自体が争点化しないよう将来の問題とするのです。

それに対して，当該社員が，「それは，私への名誉毀損だ。事実ではない」と食い下がったら，「むしろ，あなたが今後，会社のこの指示に

則って勤務すれば，あなたの勤務ぶりが悪くないことを証明できる。それが動かぬ事実ではないか。あなたが自身で証明できるいい機会なのだから，しっかりやってもらいたい」と，切り返したらよいでしょう。

また，「なぜ，私だけにそういう指示（注意）をするのか」と言ってくることは，当然，想定されます。そのときは，問題点を指摘してください。それに対し，当該社員は，それを否定し，そんな疑いをかけるなら会社は立証してみろ，と言ってきたりします。それに対しても，「過去，あなたがそう言われていることを，会社はそのまま信じていない。むしろ，将来，あなたが，それを打ち消す勤務態度を示す機会を与えることで，会社は見極めたいと考えている」と切り返します。

＜反撃への切り返し方－その２（通知内容についての反撃に対して）＞

注意・指導を文書（**書式3-13，14参照**）などですると，その場で当該社員からいろいろ口頭で反論が出てきます。これに対しては，簡単に再反論ができればしてください。しかし，口論になりそうなら，当該社員に対して，「言い分があるのなら文書で会社に提出するように」と伝えて打ち切ってください。この日の面談は，注意する場であって，議論する場として設定したわけではないからです。加えて，当該社員の言い分は，口頭でやるより文書で出させた方が混乱回避になり，争点も明確になります。さらには，正式な文書を作るというのは，普通の人は神経を使い消耗するので，当該社員もこれをすれば疲れます。

その後，会社に出てきた文書がわけのわからないものなら，文書にて，当該社員に対し，「意味が不明なので，表題を付け各表題ごとに10行以内に要旨をまとめて改めて提出するように」と整理させてください。けして，当該社員から出てきたわけのわからない文書を，時間をかけて当該社員のために解釈して再反論を準備する，といった非効率なことはしないでください。問題社員への対応は，ただでさえムダな時間を使います（そして何も生産しません）。紛争対応は，ただでさえも疲れます。そして紛争の中でたくさん疲れた方が，譲歩します。よって，担当者は出来るだけ疲れず，他方，問題社員が疲れるように持っていくのが，円満解決の方向になります。

なお，当該社員が宿題（反論書の作成・提出）する時間は，労働時間ではありません。なぜなら，社員に提出を義務付けているものではなく，

V. 退職

社員がその文書を作成した時間は，社員が自己判断で任意に作業した時間であり（社員が宿題をしなくても，それ自体にはペナルティがあるわけではありません），「使用者の指揮命令下に置かれている時間」（三菱重工業長崎造船所事件　最一小平12.3.9）ではないからです

第2段階－第1の注意に違反すれば，厳重注意・指導または（軽い又は中程度の）懲戒

　口頭で注意をし（第1段階その1），その後文書による注意・指導をし（第1段階その2，なお，フローチャートでは，各1回ずつのようになっていますが，複数回してもよいです），その中で改善されなければ，厳重注意・指導あるいは軽い懲戒処分（例えば，けん責），場合によっては中程度の懲戒処分（例えば，減給，短期間の出勤停止）をして強く警告します。

＜反撃への切り返し方－　パワハラ被害の申出があった場合の対応＞

　上司である管理職が当該社員を注意・指導する過程で，当該社員の方から，その上司からパワハラを受けたと申し出てきたりします。その場合は，注意・指導の過程をいったん中断し，その申出に理由があるかどうかの確認をし，なければ再開します。

　つまり，その申出を無視するのではなく，それを文書にさせて申出内容を固定させた上で，申出内容を調査し，本人に調査結果を伝え，改めて改善指導を続けるのです。こういった申出を口頭で受けると，不正確となり，しかも当該社員から「そんな内容の申出はしていない」などと言われて，時間と労力がムダになります。文書で内容を固定化させた方が時間も労力もかからず，また変更されることもないので，何重にもメリットがあるのです。

第3段階　改善しなければ退職させる

　第2段階を経ても改善されなければその時点で退職勧奨し，それを受ければ，合意退職（書式3－15），受けなければ，いよいよ普通解雇（書式3－16）又は懲戒解雇を決断します。

VI 労働時間・休憩・休日

1．当該労働条件の運用における戦略的意義

　当該企業の事業目的達成（理念実現）のためには，その構成員である従業員がその分担された職責を当該企業の事業目的達成（理念実現）に向けて遂行する必要がありますが，それにかかる時間（労働時間），日（労働日）は賃金が発生します。そこで，その内容（質），量（時間数）の両側面（質的・量的側面）とも効率よく行ってもらう必要があります。

　そして，これら労働に関する質的・量的側面での指示・命令は，いずれも使用者＝当該企業の権利であり，従業員にとっては義務ですので，これを根拠（背景）に，労働時間，労働日（休日），休憩を管理することは，運用担当者の日常の重要な仕事といえます。

2．運用上にあたって必要な法的知識

（1）労働義務について

　労働契約は，「労働者が使用者に使用されて労働し，使用者がこれに対して賃金を支払うことについて，労働者及び使用者が合意することによって成立する」（労働契約法6条）もので，労働の提供と賃金の支払が，それぞれ労働者，使用者の義務となる契約です。

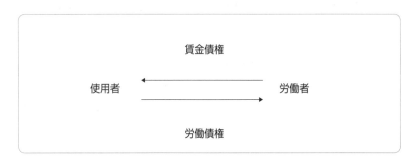

VI. 労働時間・休憩・休日

よって，労働は，労働者にとって，原則は，義務であって権利ではありません（読売新聞社事件 東京高決昭33.8.2。日本自転車振興会事件 東京地判平9.2.4他）。他方で，使用者は労働者に対し，労働＝労務の提供を求めること（権利）ができます。この「労務の提供」に必要な時間が労働時間です。その労働時間は，「労働者が使用者の指揮命令下に置かれている時間をいい，それに該当するか否かは客観的に定まるものであって，労働契約，就業規則，労働協約等の定めのいかんにより決定される」ものではありません（三菱重工業長崎造船所事件 最一小判平12.3.9，大星ビル管理事件 最一小判平14.2.28）。

(2) 上記 (1) の具体的内容

その具体的内容は，ア．質的側面とイ．量的側面に分けることが出来ます。それらは，ア．職種特定（限定）特約がない限り（あれば，その範囲で），どのような仕事をどのような方法で遂行するかを命じること（質的側面），イ．所定労働日・労働時間を超えて時間外労働あるいは休日労働を命じること（量的側面）が内容です。但し，イ．の労働の量的側面については，労働を行うのが生身の人間であるため，働きすぎで健康を害する危険があるので，労働基準法が規制（同法32条以下）しているところです。また，質的側面でも量的側面でも，権利濫用法理（労契法3条5項）が適用され規制されます。

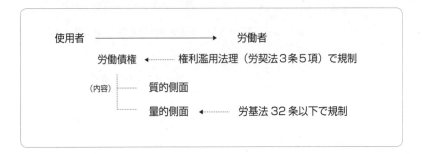

(3) 休憩・休日の位置付け

法律（労基法34条，35条）によって，1日の労働時間の途中に休み（休憩）を入れること，一週間の中で1日の休み（休日）を入れることを最

255

第1章　日常の人事労務管理

低限の労働条件として規制がされているので，制度設計（就業規則）上，その規制を反映して設計がされているはずです。この法律の規制は，上記（2）イの労働義務の量的側面に関する規制で，労働者が長時間労働によって集中力を欠いて事故を起こしたり，疲労が重なって健康を害さないよう，また，私生活との調和を図るようにするためです。

　したがって，休憩も休日も，労働から解放されていないといけません。休憩は，労働から解放されている時間，休日は労働義務が当初からない日です。実質的にそういった実態がなければ，休憩や休日を付与したことになりませんので，運用では，その観点からの注意が必要です。例えば，昼間の休憩時間中に電話番をさせていれば，それ以外の仕事をさせていなくても，労働から解放されていたとはいいにくく，休憩を与えていたことにはなりにくいです。

(4) 各種労働時間制・適用除外（管理監督書）における労働義務の質的・量的側面

　第2編で解説する際に使った労働時間規制の整理を，改めて次のとおり示しながら，解説します。

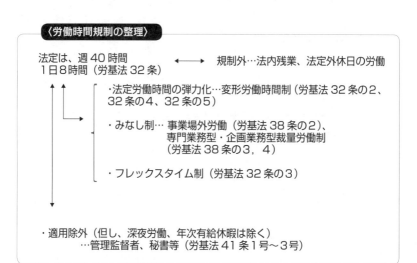

Ⅵ．労働時間・休憩・休日

　通常の週40時間，1日8時間（労基法32条）を前提に労働の枠組を設計している企業では，上記（1）～（3）は，そのまま妥当します。むしろ，上記（1）～（3）の説明は，この原則的な労働時間制を念頭においたものです。

　他方，修正（法定労働時間の弾力化，みなし制，フレックスタイム制），適用除外の労働にはぴったり妥当しないので，ここでこの修正された労働時間制を適用したときの運用上の留意点を説明します。

ア．法定労働時間を弾力化（変形制）した場合

　この労働時間制では，法定労働時間を弾力化しているだけなので，原則的な労働時間制と同じに考えて問題ありません。つまり，弾力化された労働時間の枠組の中で，企業はその適用対象者（労働者）に対し，量的，質的に指揮命令ができます。

　まず量的には，当該労働時間の枠組の時間，労働することを指揮命令するとともに，その枠組内で仕事が終わらなければ，三六協定の範囲内で，時間外，休日労働を命ずることが出来ます。一方で，その枠組内で仕事を終わらせるよう指示し，時間外，休日労働を禁止することも出来ます。

　次に質的には，上記労働時間の枠組の中で，どういう仕事をどう行うかを具体的に指示・命令が出来ます。

　当該労働時間制が，原則的な労働時間制と異なるのは，後述しますが，事前振替の許容範囲です。すなわち，原則的な労働時間制の下，毎日規則正しい労働時間であれば，ほぼフリーハンドで，事前に休日と労働日の振替が出来ます。しかし，いわば不規則の労働時間制である変形制では，事前にすでにその不規則に決まった（労働者に受容させた）労働時間を，使用者の都合で変更するのは労働者にとって不利益が大きい，というバランス感覚の下（後掲下級裁判例参照），変形制の下で事前振替が出来るためには，変更の予測が可能な程度に具体的事由を定めることが求められます。

イ．みなし制の場合

　同じみなし制でも，事業場外労働のみなし制と，専門業務型の企画業務型のみなし制は，全く別物です。前者は，労働時間の算定し難いために，便宜的に，原則，所定労働時間，例外，「当該業務の遂行に通常必

要とされる時間」みなされます（労基法38条の2の1項）。労働時間の算定ができれば，みなされません。よって，労働の量的側面と質的側面が変容を受けることはなく，所定労働時間内で通常終わる仕事を，例えば，A顧客の本社に14時に行くように，と質的（営業先の指示）にも量的（時刻の指示）にも業務指示・命令が出来ます。もし，その時刻にA顧客の本社に行っていなければ，職務専念義務違反あるいは業務命令違反で，人事上の指導か懲戒の対象になりえます。

他方，専門業務型・企画業務型のみなし制では，そうはなりません。なぜなら，みなし制が適用されるのは，「対象業務の遂行の手段及び時間配分の決定等に関し，当該対象業務に従事する労働者に対し，使用者が具体的な指示をしないこと」（労基法38条の3・1項3号，また，同38条の4・1項1号以下も，この専門業務型と同様の前提で要件設計）が要件だからです。つまり，労働時間の使い方に労働者に裁量があることが要件である以上，企業が，この制度を自企業の人事制度の中に導入しておきながら，その対象者（労働者）にその裁量を認めないで具体的な指揮命令をするのは，自己矛盾だからです。事業場外労働のみなし制のように，A顧客のところに14時に行くように，とは言えないのです。

もっとも，これらのみなし制でも，その適用対象者（労働者）に裁量があるのは，（「対象業務」についての）「労働時間の使い方」についてであって，労働しない（「対象業務」以外のことをする）裁量はありません。労働と無関係のことを，「裁量」を理由に行うことは出来ません。例えば，当該労働（従事する専門業務ないし企画業務）に必要がないのに，図書館に行ったり，セミナーに出席したり，何やっているかわからない外出をしたりをする「裁量」は，労働者にないのです。労働といえるには賃金の対価となる価値のあるものでなければならず（労働契約の双務有償性），労働時間は「使用者の指揮命令下に置かれている時間」（前掲三菱重工業長崎造船所事件等の最高裁判例）です。いかに，裁量が認められているとはいえ，賃金の対価と言えないような行為をしていては，労働とはいえないし，「使用者の指揮命令下に置かれている時間」と評価できないような時間は，労働時間ではないのです。よって先の例でいえば，「図書館に行くのは，あなたの現在の仕事とどういう関係があるのか」，「セミナーは，あなたの現在の仕事とどう関係があるのか」「外

出中は，あなたの現在の仕事とどういうことで必要か」を確認することは，当然出来ます。これらは，賃金を支払っている以上，使用者の当然の人事権の行使です。これに対し，労働者は，自分は「裁量」がある「みなし制」適用者ゆえ答える必要はない，などとは言えないのです。もし，「対象業務」と無関係なことであれば，その時間は労働時間ではなく，職務専念義務違反となります。

次に，専門業務型・企画業務型のみなし制の適用者の質的側面についても，適用者（労働者）に「対象業務の遂行の手段」に裁量が認められているとしても，前述のとおり，労働と無関係のことをする裁量は，認められません。よって，上記量的側面と同様に対応することが可能です。このことは知識として持っておくと，勝手なことをする裁量労働制適用対象者に対応するのに役立つと思います。

ウ．フレックスタイム制の場合

フレックスタイム制は，始業終業時刻に労働者の裁量（選択権）がある労働の枠組です。よって，労働の量的側面では，その始業終業時刻につき，使用者は介入できません。しかし，それ以外の量的側面と，労働の質的側面については，別段フレックスタイム制適用者に裁量はないので，使用者は，フレックスタイム制適用者（労働者）に対し，こういうふうに仕事をするように，という指揮命令は出来ます。

エ．適用除外（管理監督者）の場合

企業が，自企業の従業員を適用除外（管理監督者）としているのは，その適用条件（昭63.3.14基発150号，詳しくは，第2編第2章Ⅵ2（4））からして，出退勤の時刻等の管理がされていないという点がその適用条件が認められる要素の1つである以上，基本的には，労働時間のみならず労働日の管理もされていないことが基本となります。上記イの専門業務型，企画業務型のみなし制との比較からしても，労働の質的側面にも企業が指示を具体的にするのは，自己矛盾となります。もっとも，企業は，当該労働者に賃金（しかも，通常の労働者より高い）を支払っている以上，その高い賃金にふさわしい給付（労働）を求めることは，権利としてあります。その観点からの労働の質的・量的側面への業務指示・命令は出来ると考えます。つまり，基本的・重要な点を指示命令はできます。以下，例を挙げて説明します。

第1章 日常の人事労務管理

　適用除外者（管理監督者）が，例えば，名古屋地域の営業責任者であれば，企業はその者に対し，その名古屋地域の営業を強化するための計画の立案を指示したり，計画の実行結果の報告を求め，部下の労働管理の状況の報告を求めたりできるでしょう。ただ，その求めた結果の出来が悪いので翌週の日曜日に出勤してその日の午後4時までにその強化計画を立案するように，と出勤を指示しての業務命令はできません。もし，それを行うなら，来週中に営業強化計画書を提出するように，という指示になります。イメージとしては，期限と到達点ないし水準を伝える，というものです。つまり，重要で基本的な指示にとどめ，マイクロマネージメントするような具体的な指示は，内容的（質的）にも時間的（量的）にもしない（できない），ということです。

3．運用上のポイント

（1）労働義務について
ア．各種労働時間制と労働義務
　上記2（4）は，各種労働時間制の労働の枠組全体を通した説明です。以下は，その労働の枠組の中の労働義務にスポットをあてて，各種労働時間制毎に改めて確認し，説明します。
　まず，原則的な労働時間制（労基法32条の週40時間，1日8時間）においては，上記2（1）～（3）に述べたことがそのまま妥当します。
　（法定労働時間を）弾力化した労働時間制（変形制，労基法32条の2，32条の4,32条の5）においても，その弾力化（変形）された労働時間の枠内では，やはり上記2（1）～（3）に述べたことが，そのまま妥当します。なお，休日の事前振替については，休日の箇所で説明します。
　みなし制では，事業場外労働（労基法38条の2）は，労働時間を算定し難いゆえのみなし制なので，上記各労働時間制と本質的差異はなく，上記2（1）～（3）に述べたことが，そのまま妥当します。他方，専門業務型，企画業務型（労基法38条の3, 4）においては，その適用される労働者に，対象業務の履行の手段と時間配分の決定等に関し裁量があるので，その業務の仕方（労働の質的側面）や時間の使い方（労働の量的側面）に企業は具体的な指揮命令は出来ません。そのかわり，労働

時間は実労働時間に関係なく，あらかじめ決めた時間数がその労働時間とみなされます。

フレックスタイム制（労基法32条の3）では，労働者に始業終業時刻を選択する裁量が認められるので，企業がこれを奪う（介入する）ような指示・命令は出来ません。例えば，朝8時の営業会議に必ず出席せよ，という業務指示・命令は出来ません。

適用除外者（管理監督者）には，労基法41条2号前段の要件を実態に即した判断（昭63.3.14基発150号）で行いますが，その際判断する3つの要素の1つに，労働時間（労働日も）についての裁量性のあることが挙げられています。よって，基本的には，労働の量的側面については管理監督者に裁量があるはずなので，企業が管理監督者に，労働時間の量的側面に指揮命令することは，自己矛盾であり出来ないと考えます。また，管理監督者の判断の要素のもう1つに，「労務管理について経営者と一体的立場にある」ほどの権限と責任が求められます。よって，それだけの権限や責任のある者に，労働の内容（質的側面）につき具体的に指揮命令するのもおかしいといえます。したがって，管理監督者に対しては，労働義務の履行としては，期限と到達点を指示・命令するレベルで行うことになります。

イ．企業の各労働時間制選択（導入）の自由，対象者への適用取消の自由

第2編第2章Ⅵで，わが国の労働時間法制について整理しましたが，原則的な労働時間制（週40時間，1日8時間，労基32条）に加えて，それ以外の労働時間を取り入れるかは，その企業の選択（自由）です。そして選択するときどのように設計するかも，国（法）の規制を満たす限り，自由です。その設計の仕方については，第2編第2章Ⅵで説明しました。

そして，企業が労働時間制を選択し制度設計において，その労働時間制の適用対象者を決めるとともに，その適用と（適用後の）取消は当該企業の権限でできる，と明記しておけば，運用において，一旦はその労働時間制を適用したが，その労働時間制における労働時間の使い方に問題のある従業員には，その適用を取消し，原則的な労働時間規制（週40時間，1日8時間）を適用することが可能です。以下，具体的に説明し

ます。

ⅰ. フレックスタイム制の適用の取消しの例

　例えば，フレックスタイム制を導入したA社で，コアタイム（10時〜15時に設定したとします）にはいるが，あとの時間は，日々自分の好きな時間帯で，月曜日は10時から22時までいたかと思えば，火曜日は朝6時〜15時，水曜日はまた10時から22時という勤務振りの従業員Lがいました。A社は重要な会議をどうしてもコアタイムの時間帯に入れられず，はみ出すことがありましたが，従業員Lは，自分はフレックスタイム制適用者だからと言って会議の途中で帰ってしまったり，会議終了後その日のうちに対処すべきこととなった課題に対応すべく出席メンバーが作業を始めると，従業員Lだけ帰宅したりします。こういう問題への対応としては，従業員Lに，会議の途中退席を禁止したり，会議後の作業に参加するよう業務命令を出すのは，法律が定めるフレックスタイム制を適用していることと矛盾します。

　思いますに，フレックスタイム制は，自律した責任感のある労働者を念頭に置いています。同制度の下での残業時間は，その労働者がその判断で働いた分だけ無条件に支払いますが，それは，労働者の自律と責任感を信頼して制度が成り立っているのです。これに対し，上記行動をする従業員Lは，適用するにふさわしいとはいえません。

　よって，対応の正解は，従業員Lへのフレックスタイム制の適用を取消し，原則的な労働時間制（週40時間，1日8時間）でしっかり管理する，ということです。もっとも，これをいきなりすると，従業員Lから権利濫用（労契法3条5項）と言われる可能性があるので，一度面談して，会議途中の退席をやめ，また会議後の作業への参加を促します（これは，責任感と自律性に訴えるのであり，業務上の指示ではありません）。そして，この面談は2名で行うこととし，場所は非公開の会議室にして下さい。その際のやりとりは，上司宛（面談者が従業員の直属の上司の課長とその課の係長の2名なら，課長の直属の上司の部長宛）への業務報告書をまとめて記録化（証拠化）して下さい。そして，1〜2週間様子を見て変わらなければ，従業員Lへのフレックスタイム制適用を取消す，ということでよいでしょう。

ⅱ. 企画業務型裁量労働制の取消しの例

もう一つ例を挙げます。企画業務型裁量労働制を導入したＢ社で，離席が多く日中ほとんどいない，成果もほとんど出てこない従業員Ｍがいたとします。これなども，離席を禁止する業務命令は，企画業務型裁量労働制の適用と矛盾します。しかし，企画業務型裁量労働制は，労働時間の使い方を労働者の裁量に委ねることで，質のよい，そして効率的な労働をしてもらう制度です。上記の例で，従業員Ｍが成果がほとんどない，離席が多く日中ほとんどいない，というなら，どこかの場所でサボっているのでしょう。それでは，Ｂ社が，企画業務型裁量労働制を導入し従業員Ｍに適用した意味はありません。

この対応の正解も，従業員Ｍへの企画業務型裁量労働制の適用を取消して，原則的な労働時間規制（週40時間，１日８時間）でしっかり管理することです。その管理の中で，離席を禁止し，あるいは５分以上離席するときは許可を得るように，とすればよいでしょう。なお，企画業務型裁量労働制の適用を取消すにあたり，事前に面談して注意をし，それを記録化しておくべきは，先のフレックスタイム制の例と同じです。

ウ．日常の服務規律を運用する中でよく発生する案件 ― 仕事を選り好みする従業員への服務規律の適用（労働義務の質的側面の問題）

筆者がよく相談を受ける代表的なものとして，従業員甲に仕事Ａ，Ｂ，Ｃの３つのお願いをしたところ，その従業員甲は，仕事Ａは以前やったことはあるのでOK，仕事Ｂは面白そうだからOK，でも仕事Ｃはやったこともないし面白そうではないのでお断りする，と言って断られ，そのため，真面目によく仕事をやってくれる従業員乙に，仕事Ｃをお願いした。従業員乙はとてもよくやってくれたが，半年も続き忙しくなって体調を壊しそうになっている。他方，従業員甲は，定時になると帰宅し余暇も楽しんでいるようである，何とかならないか，といったものです。

この問題は，労働義務の質的側面の問題なので，上記アの労働時間制において，従業員甲に対し，企業が原則的な労働時間制，または変形制，あるいは事業場外労働のみなし制を適用していることを前提に考えます。専門業務型，企画業務型のみなし制を適用した労働者であると，以下の対応はやりにくいです。フレックスタイム制でもやりにくいです。これらの労働時間制適用者の場合は，その適用を取消してから（上記イ，参照），以下の対応をするのがよいでしょう。なお，適用除外の労働者（管

第1章 日常の人事労務管理

理監督者）には，上記の問題はそもそも想定しにくいので（適用除外の労働者に，仕事A，B，Cをするよう指示というマイクロマネージメントは，想定できないので），説明を省略します。

さて，この場合，きちんと労務管理をしないと，従業員乙はつぶれて労災事件（安全配慮義務違反等民事責任も追及されます）となり，他方，従業員甲は問題社員化し（モンスター化して手におえなくなります），さらに，それらを職場で見ていた他の従業員達は会社を信頼しなくなり職場のモチベーションも低下することになりますので，しっかり対応することが必要です。

この相談案件の中には，すでに労務管理上の決定的なミスがあります。それは，仕事（A，B，C）は使用者が命ずるもので，従業員はそれに従う義務があり，従業員の方から仕事を選択（選り好み）出来るものではないのだ，という点の理解が欠如しています。上記で，仕事Cを従業員甲が断るのを受け入れてしまっており，これは，労務管理上の決定的なミスです。

そこで，これに気づいた時点で，改めてこのミスを将来に向けて解消します。とるべき具体的対応を以下，述べます。

例えば，次のように伝えます。「甲さん，会社が甲さんにお願いした仕事Cは，仕事A，仕事Bに劣らず大事な仕事であり，甲さんの勤続年数や経験からしたら，これまでやったことがなかったとしても，工夫していくうちに慣れて出来るようになる。仕事Cもやってもらえないであろうか。」と改めて伝えます。これに対して，従業員甲が，「何度も同じことを言わせないでほしい。私は，この年齢になって，やったこともない仕事など出来ない，他に出来る人や適任者はいるはずで，私にそれをさせるのは嫌がらせではないか」と同じことを繰り返したりします。

そこからは，非日常の世界，とスイッチを切り替え，従業員甲をどこか小さな会議室にでも呼び，1人書記役の係長を入れて2：1にして，「先程来，仕事Cをしてやってもらえないか，と依頼したが，甲さんに誤解のないように明確に伝える。これは業務上の指示である。日常的には，仕事を，わざわざ業務上の指示である，などと言って伝えるのは職場がぎくしゃくするので，『依頼』とか『お願い』とか表現しているだけである。明確に改めて伝えるが，仕事Cを甲さん，あなたがするように会

社は業務上の指示をしている。これを拒否すれば，就業規則第4条1項の『所属上長の指示命令を誠実に守り』に違反する。このことを明確に伝えても，甲さんあなたが拒否するというなら，業務上の指示違反という評価になるが，それでよいのか」と伝えるのです（実際は，もっともっとやわらかく伝えてもよいです）。

　もう少し説明しますと，労働契約は，労働者（従業員）が労務を提供し，使用者がその対価として賃金を支払う（労契法6条参照）という双務有償契約です。この契約関係において，従業員には，働くこと，つまり労務を提供するのは義務であって，権利ではありません。義務である以上，仕事（労働の中味）の選択（選り好み）は出来ません。他方，使用者（企業）は，労務の提供を権利として求められます。そして，長期雇用を前提とする日本企業の場合，提供を求める労務の内容に限定はありません。使用者は，権利者として，どういう働きをしてもらうかを決定する権利を有している，ということです。もちろん，労働関係では権利濫用法理が発達しており，労務の指示をする場合でも，その権利を濫用してはいけない（労契法3条5項）ですが，先程の例は，従業員甲の勤続年数・待遇から仕事A～Cをするよう求めた，ということなので，原則として権利濫用にはならないのです。念のために申せば，たしかに，従業員に対し，例えば各職務を公募して各従業員の応募を待って適任者に職務の割当てを決めたり，職務を分担させるにあたり希望を聞いたりする企業はあります。しかし，これは，高いモチベーションを持って職務に従事してもらった方が生産性が高まるために企業がそうしているだけで，従業員が権利として選択しているわけではないのです。つまり，労務政策的に「人」を活かして使うため，そういうことをしているだけで，「人」（従業員）が仕事につき選択したり，決定したりする権利を行使しているわけではありません。

（2）休日について
ア．各種労働時間制と休日
　休日に関して，各種労働時間制毎に，改めて，説明します。
　まず，原則的な労働時間制（労基法32条の週40時間，1日8時間）においては，上記2（3）に述べたことがそのまま妥当します。

第1章 日常の人事労務管理

　（法定労働時間を）弾力化した労働時間制（変形制，労基法32条の2，32条の4,32条の5）においても，その弾力化（変形）された労働時間の枠内では，やはり上記2（3）に述べたことが妥当しますが，休日の事前振替については，イの箇所で詳しく説明します。

　みなし制では，事業場外労働（労基法38条の2）は，労働時間を算定し難いゆえのみなし制なので，上記各労働時間制と本質的差異はなく，上記2（3）に述べたことが，そのまま妥当します。他方，専門業務型，企画業務型（労基法38条の3, 4）においては，多くの企業では，導入するときの制度設計として，所定労働日の労働時間の裁量だけで，（法定外）休日労働についての裁量までは認めないものが多いです（第2編第2章Ⅵ2（3）の各規定例参照）。つまり，法的には（法定外）休日労働も含めて，その労働時間数が賃金に反映されないということは可能ですが（菅野「労働法」第10版380頁参照，但し，厚生労働者は，適用を認めるのを，「1日のみなし」のみとする解釈を採用し，実務上は認められていません－平12.1.1基発Ⅰ号），専門業務型，企画業務型を導入する多くの企業は，そこまで徹底していません。この多くの企業の場合の休日出勤に関しては，各企業の就業規則の定めによることになります。つまり，通常は，上記原則的な労働時間制と同様の対応をするものと思われます。

　フレックスタイム制（労基法32条の3）は，労働日の始業終業時刻を労働者の選択する裁量を認めるだけなので，法定休日であっても法定外休日であっても，休日出勤が労働時間となるかは，各企業の就業規則の定めによります。通常は，休日はフレックスで出退勤することは予定せず，事前の申請をしてもらい許可した時間数だけ休日労働を認める，という定めをするのではないかと思います。

　適用除外者（管理監督者）は，まさに適用除外となるので，その休日の深夜に働いているとかでもない限り，割増賃金（労基法37条）等の発生はありません。ただ，使用者は，適用除外者（管理監督者）に対しても安全配慮義務を負うので，恒常的に長時間労働が認められる適用除外者（管理監督者）には，労務管理をする必要があります（平13.4.6基発339号1項の「なお，」書きが，留意すべき内容です）。つまり「なお，本基準の適用から除外する労働者についても，健康確保を図る必要がある

ことから、使用者において適正な労働時間管理を行う責務があ」ります。
イ．休日の事前事後振替の裁量
　休日の事前事後振替において、振り替えるのが事前か事後かでは法的意味が全く違い、当然、運用上の留意点も異なります。
ｉ．事前振替
　事前振替は、事前に労働日と休日を交換することなので、その効果は、交換後の労働日と休日が初めからその配置だったことになります。この交換権を使用者が取得するには、労働契約上の根拠が必要です。普通、全従業員の労働についてのルールなので、就業規則に定めます。そして、事前振替の結果、交換後の労働日と休日が初めからその配置だったことになるので、休日労働による割増賃金の問題は発生しません。ただ、その結果の労働時間数が、週単位で40時間を超えれば、その観点から割増賃金が発生します。よって、事前振替をする場合、交換後に配置された労働日の週が40時間を超えないようにするのが、割増賃金を発生させないポイントとなります。
　そのポイントは、制度設計上、休日を週の起算日とする設計をするのが得です。下図のとおりです。

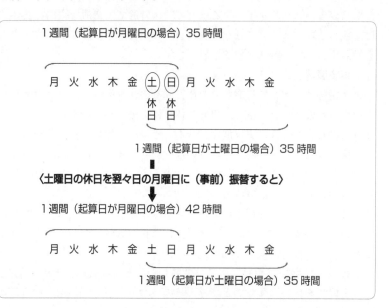

運用で事前振替をするときは、必ず同一週内で振替える（交換する）のが得です。週単位でも40時間を超えないからです（上図の下の週設計です）。異なる週に振替えると、普通は、振替えた先の週で、労働時間が40時間を超え、その超えた時間分の割増賃金が発生します。なお、「事前」振替なので、振替えは、「事前」、つまり交換する休日と労働日いずれの日の前の日にする必要があります。ただ、その「前の日」自体までもが、同一週内の日である必要はありません。但し、変形労働時間制を導入し、適用している労働者には、この事前振替は原則ダメです。例外として、変更の予測が可能な程度に具体的事由を定めることで初めて可能となります（JR東日本事件　東京地判H12.4.27、JR西日本事件　広島高判H14.6.25）。例えば後者の裁判例を見ますと、会社就業規則の「ただし、業務上の必要がある場合は、指定した勤務を変更する」との定めに基づき一旦特定された1ヶ月の変形勤務を変更したことについて、裁判所は、変更をすること自体ダメとは言わないが、「特定」（労基法32条の2）の趣旨が労働者の生活への影響を考えてのことなので、変更する場合は、上記のような抽象的な規定はダメで、労働者にどのような場合に勤務変更がされるか了知するほどの、例外的で限定的な事由を具体的に記載しこれに基づいてしなければならないと、判示しています。事由を設計する上で、参考になると思います。

ⅱ．事後振替

事後振替は、休日に労働させた後に、その休日労働した日と労働日を交換するものです。よって、現実に休日に労働させているので、もはや休日労働したという事実は消えません。その休日労働した日と別の労働日を振り替える＝交換するというのは、別の労働日を休日に代えることでその日の分の賃金（100分の100）と休日労働した日の賃金（100分の125ないし135）とを清算する（100を引いて25ないし35にする）、ということです。これも、使用者がそれをする権限を取得するには、労働契約上の根拠が必要で、こういうことは全従業員の労働について発生しうることなので、普通は就業規則に定めます。

このように事後振替は、休日に労働したことを前提に、その賃金を、他の労働日を休日にすることでその日の賃金分と清算（相殺）すること

Ⅵ．労働時間・休憩・休日

なので，その前提である休日が付与されていた事実も，消えません。よって，その休日に労働させたからといって，休日に休ませなかったのだから週休制に反する，ということになりません（休日を付与することが週休制であり，週休制には，実際休むことまでは含まれていません）。よって，本来は，代休を付与する必要もないのです。ただ，支払う賃金を出来るだけ増やさないため，他の労働日と清算し，割増分だけ（その労働した休日が法定休日なら35％分，法定外休日なら25％分）の支払で済ませよう，というものなのです。

ウ．休日出勤の積立制度について

相当数の企業では，この事後振替において，代わりに休む労働日を特定せずに，労働者に「積立」として，労働者がその後に自由に休める休日数として使用することを認めたりします。

しかし，これはかなり疑わしいものです。代わりに休む労働日を特定しないので，休日労働分の賃金は不払状態です。よって，休日労働だけが残り，その分の賃金が未払いのままずっと残っている状態で，労基法24条1項（「全額払原則」）違反の状態が常態として続いていることになります。従業員がその後，この積立された（未払賃金）日数分休むことで，休んだ日数分の賃金分が未払賃金から清算合意によって消える（清算される）ことになります（積立日を使って労働日を休むことで，従業員の清算の意思が表示されるので，この時点で個別の清算合意成立と評価するのだと考えます）。

休日労働に伴う賃金は，月一回払原則（労基法24条2項）から，各計算期間に対応する支払日（但し，就業規則で，その次月の支払日とあれば，それも有効です）と考えますので，計算期間を超えて休日労働を未払（未清算）にすることは，労基法違反のリスクを発生させ，きわめて危ない状態といえます。例えば，賃金の計算期間が前月16日～当月15日，当月25日払いで，各計算期間ごとに割増賃金も含めた所定外賃金を所定賃金と一括に25日に支払うとしたら，2月16日～3月15日の間の休日労働分は，その期間中の労働日と清算しないと，3月25日以降（所定外賃金は翌月の支払日と定める就業規則になっていれば，4月25日以降）その未払分が労基法24条違反の状態になります。当該企業に不満を持って退職した者が刑事告発でもしたら，大問題となるでしょう。場合によっ

269

ては、関係者は刑事事件で起訴されるかもしれません。

危険な制度といえます。筆者はお勧めしません。

(3) 休憩時間について
ア．各種労働時間制と休憩

休憩に関しては、適用除外者（管理監督者）以外の労働者において、各種労働時間制毎で違いがあるわけではありません。どの労働時間制でも、労働時間が6時間を超えれば45分、8時間を超えれば60分、休憩時間を付与しなければなりません（労基法34条）。休憩といえるには、その実質、つまり労働から解放されている、という時間がなければなりません。そこで、これに関連してよく実務上発生する問題を、以下、イ、ウで解説します。

イ．休憩時間は、実質的に労働から解放されていることが必要

多少の拘束をしても、実質的に労働から解放されていないとはいえないとして、休憩時間であることを否定されないケースもありますが、実質的に労働から解放されていることが必要なことを、よく意識する必要があります。昼休み中に休憩している従業員に、思わず、「この書類2部コピーして」と言うのは止めましょう。「思わず」やっていることは、おそらく日常的にやっているでしょうから、そういう実態があるなら、実質的に労働から解放されているとはいえない、という評価になりやすいです。休憩時間が終わるのを待って、例えば、13時きっかりに、コピーを頼めばよいのです（ちなみに筆者もそうしています）。緊急なら労働時間になってもやむを得ず指示をすべきですが、日常的に緊急なことはあるはずありません。

ウ．休憩時間に頻繁に仕事が発生するときは、代わりに休憩時間を付与する

常態として休憩時間に食い込む状況なら、休憩時間帯の設定を変更する（制度変更）のでしょうが、常態ではないとすると、そこまでは、ということでしょう。しかし、休憩時間に頻繁に仕事が発生するときは、その休憩時間は労働から解放されていない、そして使用者の指揮命令下に置かれた時間である（労働時間）という評価になるので、そのままにしていては、残業時間が発生します。終業時刻まで働けば、この休憩時

Ⅵ．労働時間・休憩・休日

間に働いた時間分，所定労働時間を超えてしまっています。したがって，終業時刻までにこの働いてくれた時間分を所定労働時間帯の中のどこかで休憩時間を付与しないと，残業時間が発生することになります。但し，残業代を支払うつもりなら，何もしなくてよいです。

Ⅶ 時間外・休日労働，出退勤

1．当該労働条件の運用における戦略的意義

（1）時間外・休日労働について

　上記Ⅵの延長上にあります。つまり，当該企業の事業目的達成（理念実現）に必要な時間外・休日労働になっているかをチェックし，なっていないならそれを指摘・改善し，あるいは不必要・非効率な時間外・休日労働を禁止することが，運用担当者の日常の重要な仕事といえます。特に，時間外・休日労働を無制限にさせることは，多額の人件費の発生，労災事故の発生につながります。よって，異常な時間外労働や休日労働があったら，しっかり管理する必要があります。これを怠ると，運用担当者も当該企業と共同被告で億円単位の損害賠償請求を提起され（民法715条，709条），人生が狂います。

（2）出退勤管理について

　上記（1）の延長上です。しっかり出退勤を管理する必要があります。多額の人件費の発生，労災事故の発生を防止する上で必要だからです。

2．運用上のポイント

　Ⅵで，「労働」は労働者にとって義務であり，これに対応する権利を使用者が持っている，という説明をしました。これは，時間外労働でも休日労働でも同じです。もっとも，労働義務の量的側面の問題で，労働者の健康や私生活との調和において大きな影響を与えるので，時間外・休日労働を使用者が権利として命じられるとしても，労使協定の締結（労基法36条）が必要です。その条件の下での使用者の権利，ということです。以下，これを出発点として，それぞれにつき運用上の留意点を解説します。

（1）時間外労働

Ⅶ. 時間外・休日労働，出退勤

ア．各種労働時間制と時間外労働

時間外労働は，前述のとおり，労働者にとって義務であり，使用者にとっては労働債権の量的側面に属する権利行使の問題です。ただ，労働者の健康確保の観点から法定労働時間（労基法32条）外の労働をさせるには三六協定が必要で，させれば割増賃金の支払が必要です。こういう条件の下の使用者の権利です。

さて，時間外労働に関して，各種労働時間制毎に改めて確認し，説明します。

まず，原則的な労働時間制（労基法32条の週40時間，1日8時間）においては，Ⅵ2（1）（2）に述べたことが，時間外労働についても妥当します。（法定労働時間を）弾力化した労働時間制（変形制，労基法32条の2，32条の4，32条の5）においても，その弾力化（変形）された労働時間の枠内では，やはりⅥ2（1）（2）に述べたことが，そのまま妥当します。つまり，時間外労働について，どういう仕事をどういうレベルでするのかの質的な指示や，何時から出勤して何時までで終わらせるかといった量的な指示は，使用者の権利として出来ます。当然，時間外労働の禁止も，権利者として出来ます。

みなし制では，まず事業場外労働では労働時間がみなされるのに，時間外労働をさせるということは，おそらくは，通常の事業場外労働に加えて，その労働日に特別な事業場外労働をさせる，ということでしょう。そうなると，その特別な事業場外労働に「通常必要とされる時間」労働時間をみなさなければならなくなり，それに相当する賃金も支払わなければならない，ということになるのではないかと考えます。

次に，2つの裁量労働制（専門業務型・企画業務型）についての時間外労働は，物理的・現実的にその時間数が発生していても，賃金に反映されることはありません。

フレックスタイム制では，単純に，その労働分の時間数が労働時間としてカウントされることになります。

適用除外（管理監督者）については，深夜にならない限り，賃金に反映されることはありません。

イ．長時間労働を防止する意識

後記（3）のリスクからも，また効率的な事業運営を図る目的からも，

第1章　日常の人事労務管理

　この意識は必要です。具体的には，労働省告示第154号（平成10.12.28）にて示された労働時間を一応の目安として，運用を図るべきです。そして，ある一定の時間外労働時間数となったときは，社内に公表するとか，上司に注意を喚起することを考えた方がよいです。例えば，休日労働も含め月の法定時間外労働時間が月45時間を超えたときは，これを上司に通知し，それが2ヶ月連続となったときには，本人と上司に注意をし，さらに3ヶ月連続となったときは，本人と上司に注意だけではなく，その部署内で公表し，かつそのような結果となったことの本人と上司の連名の報告書で提出を求め，それでも4ヶ月連続となったときは，本人と上司に警告をし，改めて，報告書を提出させ，社内公表し，それでも5ヶ月連続となったときには，本人と上司に次月以降の30時間を超える時間外労働を禁止する旨の業務命令を出す，というようにです。

　長時間労働をよしとする，企業文化ないしその部署の文化があるとしたら，それを是正する運用も必要となります。その旨啓蒙する社内通達を出し，従業員説明会を開催します。合わせて，無駄な会議をやめるようにとか（例えば，会議は原則30分で結論を出す。会議に出席しても発言しない者はメンバーからはずし少数精鋭でやる，会議中に資料にあたりその間は待ち時間になるような準備不足の会議はしないetc），具体的な指導を含めて運用をすべきです。部署内や会社で配る資料にしても，資料が多いと多くの人がこれを読むのに時間が費やされます。会議や議題の重要性に比例して資料の量や関与するメンバーを決めることで，無駄な仕事，余分な時間は少なくなります。

　稟議書にしても，持ち上がりで係長→課長→次長→部長→部門長→担当役員といった形が多く，結局，決済した者の中で誰が責任を負うのか，はっきりしない稟議の採り方があり，いかがかと思います。決済した以上，その課題に問題が発生したら，責任を負う必要があります。端的には，損害が発生したなら一部でも負担し，場合によっては退職すべきです。そういう責任を取らせるとしたら，上記の稟議は，責任者が多すぎです。その課題に問題が発生しても，誰も責任を負わない，ということがよくあります。責任のないところに権限はなく，権限のないところに決済（決定）はないはずです。こういったところから，簡単な議題は，課長までで決裁終わり，その代わり，問題が生じたら課長と係長で，賠

償し，降格を受け，場合によっては，退職する，というプロの組織を作るべきです。そのかわり，待遇もはっきり，その課題がうまく行ったら，それを高く評価して賞与で報いる，といったメリハリが，運用でも不可欠と考えます。

(2) 各種労働時間制と休日労働

休日労働についても，上記(1)アと同様のことが言えます。なお，法定外休日の労働は，労基法35条，36条の規制外ですが，週40時間規制（労基32条1項）との関係で，三六協定が必要で，法定外休日労働によって週の労働時間が40時間を超えれば割増賃金（但し，35％ではなく25％）の支払義務を負います。

(3) 時間外労働と休日労働に伴うリスクの確認

ア．未払賃金のリスク

労働者が長時間作業し，あるいは休日に仕事場に出て作業しているとき，それを使用者が黙認していれば，使用者の指揮命令下に置かれている時間となり，未払賃金を請求されます。

イ．労災・安全配慮義務違反を問われるリスク

さらに，時間外労働ないし休日労働が多いことで労働者が健康を害してしまえば，労災認定がされ，その過剰な時間外労働，休日労働を黙認したら安全配慮義務（労契法5条）違反で使用者自身が民事責任を追及されます。

例えば，無断で長時間の時間外労働，休日出勤を繰り返している従業員Aがいるとき，使用者がそれに気付くことが出来たのに，それを禁止なり何らかの対応をしなければ，黙認していたことになり，その時間は労働時間との評価になり，上記ア．イ．のリスクとなります。

(4) 上記(3)への対応の仕方

上記2の冒頭部分（(1)の前）の理解が大事です。つまり，時間外労働，休日労働は，労働者にとって義務であり権利ではないこと，逆にいえば，使用者は労働債権の量的側面の権利行使の一環として禁止・規制を命じうる，ということです。もっとも，熱心に業務に担わりたいと

第1章　日常の人事労務管理

いう労働者のモチベーションを傷つけないことも大事です。つまり法的には当然出来るが、職場の労働者のモチベーションに配慮する必要がある、という視点（バランス）が大事です。

この視点（バランス）から、次の順に整理するとよいでしょう。

ア．時間外労働・休日労働の位置付けを周知

労働日における残業（時間外労働）は所定労働時間の延長なので不可避的に発生しますが、休日労働はあまり発生しないものです。よって、前者は長時間に亘らない限りやむを得ないとしつつ、後者は例外と位置付けるべきでしょう。

そこでまずは、全従業員に対し、その旨周知し、そして休日労働の場合はその例外が許容される条件を明示するとよいでしょう。そのため、全従業員に文書（メールも含め）で周知し、明確にしておくとよいです（書式3-17）。

イ．（労働日の）時間外労働も長時間は規制する

各労働日で所定労働時間以内に常にその日の仕事が終わることはないでしょうから、例えば、各労働日45分（月単位で15時間強）の残業（時間外労働）は各自の判断で可能とし、それを超えて残業が必要（翌日の所定労働時間帯にするのでは間に合わない仕事）な場合は45分までは上司の許可で、それを超えるときは部門長の許可、但し、1日3時間を超えることは厳禁する、というように、時間外労働においても濃淡をつけた規制にすれば、現場に根づくでしょう。

ウ．休日労働は許可制にする

他方、休日労働については許可制とし、事前に申請して許可する、という制度とするとよいでしょう。

エ．長時間労働を常態とする者、無断に休日労働した者への禁止命令

制度を無視して勝手に出て作業した労働者の時間は、「使用者の指揮命令下に置かれている」とはいえないので、賃金は支払われないとともに、そのような労働者には、長時間労働を禁止（例えば、原則、1日3時間を超える残業は禁止する、但し、業務からどうしても超えるときは、許可を得なければならない）する旨、許可を得ないでの休日労働は禁止する旨を個別に業務命令で発令するとよいでしょう。実際、神代学園ミューズ音楽院事件（東京高裁平17.3.30）は、「使用者の明示の残業禁止

VII. 時間外・休日労働，出退勤

の業務命令に反して，労働者が時間外又は深夜にわたり業務を行ったとしても，これを賃金算定の対象となる労働時間と解することはできない」とし，割増賃金の支払請求を棄却しています。

オ．上記エに違反した場合の懲戒処分等の指導

上記エにもかかわらず，これに違反して勝手に出勤した者には，軽い懲戒処分（けん責等），あるいは文書による厳重注意をして，強く指導すべきです。それにも違反したら，懲戒処分の程度を上げていきます。出勤停止等の処分を行うことになります。

このように，労働者のモチベーションにも配慮した現実的な設計と運用が，大切です。

Ⅷ 年次有給休暇

1．当該労働条件の運用における戦略的意義

　適切な労務管理の観点から，主なものとして2つほど重要な点があります。

　1つは，制度（設計）で労基法39条の年次有給休暇（年休）とそれを上回る年休とを明確に区別して定められている場合，運用上もこれに則った対応をする必要がある，ということです。

　もう1つは，年休の管理をその年休の性格をしっかり理解して行う，ということです。運用担当者が勝手に従業員の年休の時季指定をしたり（時季指定は労働者の権利），欠勤の年休への事後振替をルーズに認めたり（事後振替は，福利厚生の観点から，使用者が欠勤者に便宜を図るもの）が実際上，散見されます。前者が紛争になって裁判例で上司に損害賠償が認められた事件もあり，また後者ではルーズな事後振替は職場のモチベーション・モラルを低下させます。

　適切な労務管理の一環として，運用上，上記の留意点に注意し年休を適切に管理することは，重要な意義を持ちます。

2．運用上のポイント

(1) 労基法39条の年休とそれを上回る年休との区別とそれに応じた対応

ア．法令の年休への対応

　法令の年休については，労基法39条で規律がされています。その中でも（企業からの）時季変更権の行使はかなり難しいので，従業員が労基法39条の年休を行使（時季指定）してきたら，余程のことがない限り，認めざるを得ません。制度上，時季指定が「取得日の~日前」となっていれば，それを満たない時季指定（年休の取得）は，撤回してもらうとよいでしょう。しかし，会社の制度が，例えば「1週間前」だと，そも

そも規定の有効性に疑義が生じるので、これに違反した時季指定がされてもそれが2〜3日前なら、説得しても撤回しなかったら認めてしまった方が安全です。

このように、法令の年休を労働者が時季指定してきたら、「事業の正常な運営を妨げる場合」（労基法39条5項但書）は、余程のことがないと認められないので、その時季指定に任せるほかありません。他方、企業の方から、いかに労働者が欠勤したとしてもその欠勤日につき勝手に年休を取得したことにするのは違法です（労基法39条5項違反）ので、注意して下さい。

イ．上記アを上回る部分への対応
ⅰ．日数分について

例えば、入社後6か月経過した時点で12日付与するとしたら、10日を上回る2日分は、法律（労基法39条1項）を上回る部分です。この部分は、強行法規である労基法を超えるもので規制が及ばないことから、「時季変更権」は、上記（1）とは異なり、ある程度自由に出来るでしょう（法律の規制がないので、「時季変更権」という使い方をそもそもしなくてよいでしょうが）。例えば、取得を求めてきたその日が忙しそうなら、「時季変更権」を行使し、その日は認めない、別の日に休暇と取ってくれ、と言ってよいでしょう。規程（制度）が、このように法令の年休とそれを上回る年休とを区別していれば、上記のような運用が可能です。

ⅱ．付与の時期について

例えば、入社後6ヶ月経過した時点で10日付与するのを2分割し、入社と同時に5日付与、その後8割出勤するのを条件に6ヶ月経過時点でさらに5日、その後1年毎に2日ずつ増やす（12日、14日、16日…とする）という場合です。

入社と同時に5日付与する年休を使って説明すると、入社日から6ヶ月時までの間に有給休暇を取得できる期間は、法律を上回る部分（誤解のないように申し上げますが、法律を上回るのは日数ではなく期間です）です。よって法的規制はありません。端的には、時季変更権の規制（「事業の正常な運営を妨げる場合」でなければ行使できない。労基法39条5項）は及びません。この入社時付与の5日の年休は最初の6ヶ月間は法的規制なし、6ヶ月経過した瞬間に上記労基39条5項の規制がされる、

ということです。よって、最初の6ヶ月間については設計は自由です。通常は、試用期間があるでしょうから、試用期間中は使用できないとか、取得するときは使用者の同意が必要として、運用上もそうすることが可能です。もっとも、制度上そのように設計しないと、法律上の制度と同様とするのが労使の意思と合理的解釈がされ、試用期間中の年休の取得を拒否する場合も、「事業の正常な運営を妨げる場合」が適用されます。試用期間ゆえその期間中の年休取得は、それ自体が「事業の正常な運営を妨げる場合」にあたると言いたいところですが、取得日数や試用期間中の従業員の態度・能力により慎重に個別に判断されると考えます。したがって、しっかり制度（規程）に、試用期間中の取得においては会社の同意が必要、などと明記しておいたほうがクリアーです。さらに、この設計につき紛争になったとき裁判所等から誤解されないため、入社時に前倒しして付与する5日は、6ヶ月経過時付与の10日の半分であることを明記し、且つ時効も6ヶ月経過時点から2年（よって、この5日は入社時点からは2年半時効にかからない）とするとよいでしょう。

（2）欠勤日への年休の事後振替について

この事後振替は、本来の有給休暇の取得ではありません。病気で欠勤した時点で欠勤日となります。休暇というのは、労働日における労働義務を休暇の取得によって（労働日の始まる前に）消滅させるものなので、すでに欠勤日となった労働日を有給休暇へ振り替えるのは、有給休暇の取得ではありません。この振り替えは、企業が従業員に便宜を図って、有給休暇の取得にしてあげる、ということです。

この事後振替をどこまで（範囲）行うのかは、企業の裁量です。よって、頻繁に突発の病気欠勤を繰り返す従業員には、有給休暇の事後振替の便宜は認めない、という対応を考えた方がよいです。そういう従業員には何らかの根本的治療が必要であり、きちんと計画的に治療を行うべき（自己保健義務の履行）です。それをしないで欠勤を連続・断続して繰り返す者を放置していては、職場のモラルも低下します。

もっとも、こういう問題意識は、公平性を確保するため、当該企業の各職場で共有する必要があります。人事部と確認をして、どこまで便宜を図るのか、内部（管理職と人事部）でガイドライン（内々の基準）を

持っておくとよいでしょう。
　このガイドラインは，例えば，次のように考えて作ります。
　生身の人間だれでもカゼなどで突然，発熱し，翌日出勤できなくなることは，年に1～2回はあります。それを欠勤として賃金カットしては職場のモチベーションが低下するので，滅多にないそういう突発欠勤につき，福利厚生の観点から年休の事後振替を認めるのです。しかし，毎月とか毎週突発欠勤をしなければならない人間は滅多にいません。むしろ，毎月とか毎週突発欠勤する人間というのは，何か根本的に健康障害があるか，怠け者です。前者なら休職や労働条件変更（有期雇用にして，労働日や労働時間を少なくする等），後者なら注意指導をする話で，いずれにしても，年休の事後振替をさらに認める福利厚生の話ではありません。よって，一定の線引きが必要です。例えば，年休の事後振替は，年に6回に限って認める，それを超えたときは，欠勤のままとする，というようにです。そしてこの線引きをしたら，全従業員にこの線引きを説明するとよいでしょう。その際，欠勤した後に年休を取得させるのは労働者の権利ではなく，使用者の福利厚生の観点からの便宜の供与であることを，最初に説明します。ほとんどの従業員は，正当な年休の取得をしていると勘違いしているからです。よって，全従業員に，次の点を周知するとよいでしょう。
・欠勤への年休の事後振替は，従業員の権利ではなく，福利厚生の観点からの企業の配慮であること
・そしてその配慮において，年6回を限度としてすること。なぜなら，同じ職場の同僚の負担を考えたとき，その程度がバランスとして適切であること
・年6回を超えたときは，欠勤のままであること
以上，全従業員に説明するとともに線引きを公表することで透明性を持った労務管理なります。そして，勤怠管理上は，この事後振替を年6回限りで認めるにしても，後からでもはっきり分かるように記録してください。筆者は，よく勤怠不良の社員への対応につき企業から相談を受け，当該社員の出勤記録を持ってきてもらうと，年休の事後振替が正常な年休の取得と見分けがつかないことが多く，勤怠の悪さ加減が分からず，苦労することが多いのです。

IX その他の法定休暇・休業，任意の休暇・休業

1．当該労働条件の運用における戦略的意義

　有給が法的に保障されていない法定休暇・法定休業は，まず，労基法の定めるものとしては，公民権行使（法7条），産前産後休業（法65条），育児時間の請求（法67条），生理休暇（法68条）があります。また，労基法以外の法律が定める主なものでは，育児休業（育児介護休業法5条以下），介護休業（同11条以下），子の看護休暇（同16条の2以下），介護休暇（同16条の5以下），があります。

　次に，任意の休暇・休業でよくあるものとしては，慶弔休暇，病気有給休暇などです。

　いずれの休暇・休業も，当該企業の事業目的，文化・規模（体力）から，どこまで福利厚生制度として設計するのが適切か（どこまで認めるかとか，有給とするのかとか）で制度化されているので，一旦制度化された以上，その制度内容に則った適切な処理が運用者に求められます。つまり運用者は，設計の目的・ねらいに則った運用をしなければならない，ということです。

2．運用上のポイント

　運用者は，制度設計されたとおりに適切に運用するだけです。筆者は，この労働条件の運用で特に労働紛争の経験はありません。もっとも，次の相談を2～3度受けたことがあります。すなわち，仕事が忙しかったので結婚休暇を結婚後1年を超えた翌年に取得すると申請された，制度上何も規制していないが拒否したい，大丈夫か，という内容です。確かに，新婚ではなくなった1年経過後に結婚休暇を取得するのはどうかと思いますが，それは制度上明記しておいた方がよいです。運用で行うのは，後味も悪くなりかねないので，止めた方がよいでしょう。

X 安全衛生

1．当該労働条件の運用における戦略的意義

　職場が健康で活力のある場でありつづけることは，企業の繁栄に不可欠の前提です。もっとも，通常の企業ではこの安全衛生に関する労働条件に詳細な規定を定めません。ただ，危険業務や公共の安全に直結する事業を目的とする企業では，制度（就業規則）上，安全や衛生に関する詳細な規定を定めているはずなので，そういう制度の下では，運用上，この安全や衛生に関する詳細な規定をきちんと遵守しているかをチェックすることが大事です。これは，上記Ⅰの服務規律と事実上重なるでしょうが，安全や衛生の目的は，当該従業員を保護するためのものなのです。よって，行為規範を設立し，遵守させるという実際の行動面では，事実上重なりますが，目的が違います（企業機密の保護と個人情報の保護の違いのようなものです）。

　運用担当者が，あまりに安全衛生に無関心で，それが原因で重大事故を発生させると，（無過失責任でも発生する）労災に加え，企業とその運用担当者に民事責任が生じかねません（民法709条，民法715条）。

　以上，運用担当者は，これらの点を強く意識して規定（制度）の実施（実行）に従事して下さい。

2．運用上のポイント

　安全衛生において運用上重要な点は，次のものです。
(1) 安全衛生の徹底は，労災事故の発生を予防する
　労災事故は，企業にとって大切な人的資源の喪失・機能低下であり，当該従業員にしては自身の健康の中長期に亘る喪失・機能低下であり，いわば，ロス－ロスの関係で，誰れも得をする関係になりません。こんな無意味で悲しいことは，絶対に避けなければなりません。

　安全衛生，特に安全を常に確保することは，かかる，ロス－ロス発生

を予防します。運用者がこの問題意識を持って規定（制度）の運用に従事することが大事です。

（2）働きやすい職場を確保するためでもある
　上記（1）に加えて、安全衛生の徹底、特に衛生状態をよりよくすることは、働きやすい職場の確保となり、従業員のモチベーションを高めます。同じ従業員でも、安全で気持ちがよい職場で働くのと、そうではない職場で働くのとでは、モチベーション＝効率に大きな差が出ます。

（3）健康診断の受診義務の履行
　企業は、従業員に関し、労安衛法上、定期健康診断を受診させる義務があります。この「義務」は、労働契約の相手方である従業員に対して負っているものではなく、国に対して負っています。つまり、私法上の義務ではなく、公法上の義務です。他方、労働者も定期健康診断を受診する義務があるので、従業員も公法上の義務を負っています。その趣旨は、国民の健康・福祉を維持することで不必要な税金が発生しないためです。
　問題は、定期健康診断を受けない従業員がいることです。これを放置すると、この公法上の義務違反になり是正勧告等行政指導の対象となりますし、万一事故となったら、安全配慮義務違反を追及されかねません。そこで、運用者は、定期健康診断の受診率を高めるべく、例えば、次の対応を行うことが考えられます。
① 　受診してない従業員をリストアップし、本人及び上司に連絡して受診を促す。そして、これをメール等で記録化する。
② 　毎年受診していない従業員には、定期健康診断の時期の2～3週間前に、今年は必ず受診するよう文書で通知する。上司にも、フォローするようメール等で通知する。
　使用者は、定期健康診断の受診義務を履行すべく努力したことを記録化することで、従業員の健康を維持し、万一事故が発生しても、企業への民事責任追及の足がかりにならないようリスク管理するのです。

Ⅹ．安全衛生

（4）個別の受診命令について

　従業員全員を対象とする定期健康診断の他に，特定の従業員について，個別に専門医への受診をさせたい，という事態がときどき生じます。それは，①連続して欠勤する従業員に対し，私傷病休職命令を発令するかの判断のとき，②休職者から復職の際の主治医からの診断書が提出されたが，これを検証すべく産業医等への受診をさせたいとき，あるいは③職場で異常言動をする従業員に対し病気を疑い確認したいとき，などです。

　これら（①～③）は，いれば債務の本旨に従った労働義務の履行が可能かを判断するためのものであり，その債権者である使用者が行うわけですから，必要性があれば出来ます。ただ，受診命令を出す必要性がなければ，医師の診断を受けることは従業員の高度のプライバシー又は人格に関わることなので，権利濫用（労契法3条5項）となります。よって，その必要性は慎重に判断して下さい。

　上記①～③のケースであれば，筆者は，受診命令を発する業務上の必要性はあると考えます。実務上もそうしていて，別段，問題になっていません。

　そして，この受診命令を出したにもかかわらず，従業員がこれを無視したときは，上記例示のケースであれば，次のように進めます。

①について

　長期療養（休職）が必要か否かを判断するため受診命令を発令したが，これを拒否してきたのであれば，長期療養が必要と判断する資料はない，という前提で進めてよいでしょう。休職命令を発令せず，欠勤状態のままとし，それが1ヶ月程度になれば普通解雇する，というのも可能でしょう。

②について

　復職時の主治医の復職可能との診断書を検証するため産業医（産業医が私傷病休職の原因となった病気の専門医でなければ，産業医が推薦する専門医）への受診を命じたのに，これを無視してきたら，もう一度受診命令を出し，それでも無視してきたら，今度は（同時平行でもよいです），主治医の診断書の内容に関し診療情報の提供を従業員（休職していた者）の同意を得た上で主治医に情報提供を求め，これに対しても従

業員ないし主治医が無視をしてきたら，これら一連の経過を判断材料として，復職可能とは認められない，という判断も可能でしょう。

③について

職場での異常言動をする従業員への受診命令の無視については，その無視された事実も産業医等に相談し，（診断は拒否されていても）その異常言動をする従業員の言動を正確に情報提供すれば，産業医等は意見（但し，面談できてないので，あくまで診断ではありません）を述べられるでしょう。通常は，病気の疑いが強い，という意見を述べてくれるでしょうから，これを根拠に私傷病休職制度があれば休職発令し，なければ退職勧奨し，これを受け入れなければ普通解雇することになるでしょう。

（5）ストレスチェックの受検の勧奨

2015年12月1日労安衛法改正に伴って年に1回のストレスチェック実施が企業に義務（但し，従業員50名未満の事業場は努力義務）づけられました。年1回ですと，上記（3）の定期健康診断と一緒に行うのが，簡単で分かりやすいといえます。但し，それぞれが異なるものであることを従業員に認識できるよう措置を講じなければならないので，この点は注意して下さい。

ストレスチェック受検の結果，高ストレス者として面接指導がされ，医師から「就業制限」の意見（なお，完全に「休業必要」との意見なら，私傷病休職とパラレルに考えればよいので，やるべきことは明瞭です。）がされると，待遇も，他の従業員との公正性を図る観点から，一定の修正（賃金の一時的減額等）をする必要が出てきますので，その場合はどうするかは，予め考えをまとめておいた方がよいでしょう。

XI. 災害補償

1．当該労働条件の運用における戦略的意義

　不幸にして発生した労働災害（通勤途上の災害との区別から，業務災害とも言います）への対応も，安全衛生に劣らず重要です。
　これは，企業リスク管理上，深刻ではない災害と，深刻な災害とを分類して，メリハリをつけた運用が必要となります。後者の場合は，いわば非日常の状態なので，運用担当者のストレスはきわめて大きく，通常，被災労働者は，弁護士を立てたり，外部の労働組合に加入して様々な要求してくるので，運用担当者だけでの対応は困難です。とはいえ，展開は，ほぼパターン化されていますので，ここで解説することは，読者の皆さんが先を見通す上で（ストレスを少なくする上で），有意義となります。

2．運用上のポイント

　労働災害（以下，単に労災）が発生したときは，重大でない労災事故と重大な労災事故とでは，緊張度が全く違いますので，運用上のポイントも分けて説明します。
(1) 重大でない労災事故のとき
　労災事故は，ケガと病気の2類型に分類できます。
ア．ケガの場合
　通常，ケガは職場で発生した事故によるケースがほとんどなので，業務起因性の判断は比較的明確です。被災労働者の労災申請に協力して，所定の用紙への証明欄に記入をして，その手続を進めることになります。休業すれば，その補償給付が出ますが，それは平均賃金の60％支給なので，その残り（40％）の話が出るかもしれませんが，特別給付が20％なので（但し，法的には損益相殺できません），双方で話し合って，何らかの解決を図ればよいでしょう。

イ．病気の場合

　病気の場合は，なかなか業務起因性の有無は分かりません。被災労働者の労災申請に協力して，所定の用紙への証明欄に記入するとしても，病気と業務との因果関係は分からないのに証明するのは，良い対応ではありません。分からないなら，証明対象からはずし（申請用紙の事業主の証明欄をご確認下さい），その部分は，二重線で抹消した上で，残りを証明することで協力すべきでしょう。

（2）重大な労災事故のとき

　重大な労災事故の発生は当該企業にとって異常事態なので，慎重な見極めと対応が必要となります。

　重大な労災事故は主として2つに類型化できます。それは，A．過労死事故と，B．うつ病自殺です。いずれの事故においても，企業への民事責任が成立するには，
ⅰ．「業務上」であることと，
ⅱ．企業に事故に対する責任（安全配慮義務違反，注意義務違反）があること，
の2つが要件です（ⅰだけなら，労災認定だけです）。

　以下，過労死事故とうつ病自殺に関し，上記ⅰ，ⅱの要件に関し説明することで，不幸にして重大な労災事故が発生したときの事件の見極めと対応を解説します。

A．過労死事故
ⅰ．「業務上」であること

　過労死（障害）事故の多くは，脳や心臓疾患の基礎疾患を持つ労働者が過労によってそれを悪化させ発症し，死あるいは植物人間（障害）となる，というものですが，業務上の認定については通達があり（平13.12.12基発1063号，労基則別表第1の2の8号），同認定基準では，
①発症直前から前日までの間において，発症状態を時間的・場所的に明確にしうる異常な出来事に遭遇したこと（「異常な出来事」），
②発症に近接した時期（発症前おおむね1週間）において特に過重な業務に従事したこと（「短期間の過重業務」），

③発症前の長期間（おおむね 6 ヵ月間）にわたって，著しい疲労の蓄積をもたらす特に過重な業務に就労したこと（「長期間の過重業務」。1ヵ月80時間をこえる時間外労働が目安とされている）

の，いずれかの「業務上の過重負荷」を受けたことによって発症した脳心臓疾患は，業務上の疾病として取り扱う，とされます。

　この場合の「過重業務」の判断の中心は労働時間であり，月の法定外労働時間が80時間を超える場合には，過重との評価がされやすいといえます。被災労働者が企業への民事責任を追及する前に労災申請をしていれば，その結果が出ているので，その場合は，この論点は争いようがないことが多い（まれに，労基署が判断を誤っていることあり）です。

ⅱ．**民事責任の有無**

　当該事故結果に対し，具体的に特定された安全配慮義務ないし注意義務に違反する事実があったかです。長時間労働の結果，災害が発生したということであれば，安全配慮義務ないし注意義務の内容は，当該労働者に長時間労働させない義務ということになるでしょうし，その義務違反はいずれも認められるでしょう。

B．**うつ病自殺**

ⅰ．**「業務上」であること**

　うつ病自殺については，精神障害の業務起因性の判断指針（平23.12.26 基発1226第 1 号）で，業務上の有無の認定がされます。

　この判断指針では，精神障害の業務起因性の認定要件としては，

①当該精神疾患が業務との関連で発病する可能性のある一定の精神疾患（対象疾病）にあたること，

②発病前のおおむね 6 ヵ月間に業務による強い心理的負荷が認められること，

③業務以外の心理的負荷および個体側要因により発病したとは認められないこと，

を掲げています。②の「心理的負荷」の強度の判断は，上記指針の別表の評価表における同負荷を与える出来事とその強度（弱，中，強）の具体的な摘示に従って行われることとされます。

ⅱ．**民事責任の有無**

　当該事故結果に対し，具体的に特定された安全配慮義務ないし注意義

務に違反する事実があったかです。うつ病になって自殺したケースでいえば，当該労働者がうつ病に罹患しないように配慮することが具体的に出来たのであれば，それが安全配慮義務ないし注意義務の内容となるでしょう。そして，その配慮を怠った結果，事件（自殺）が発生したということなら，その義務違反は，いずれも認められるでしょう。

（3）実際に重大な労災事故が発生したときの通常の展開とこれへの対応

（2）の知識を前提に，実際に重大な労災事故が発生したときの通常の展開とこれへの対応を時系列で解説していきます。

労災事故のトラブルは，被災者が，
・労災申請をして認定を受けた後に民事責任を追及するパターンと，
・労災申請はせずその分も含めて民事責任を追及するパターン（電通事件最２小判平12.3.24はこちら）

があります。前者では，通常は，ⅰの「業務上」は，労基署で認定されているため争点になりません（例外として，労基署の判断に誤りがある場合は，争点になります）。専ら民事責任，端的には，安全配慮義務違反ないし注意義務違反（過失）の有無だけが問題となります。後者では，ⅰの「業務上」も含めて，争点となります。

a．労働者からのアクション
①労働組合に加入して，あるいは弁護士に委任して，損害賠償請求をする。

被災労働者ないしその遺族が，外部の合同労組に加入してその組合から団交要求，または弁護士に委任してその弁護士から内容証明郵便が送付されてきます。その内容は，次の②で説明する損害賠償請求です。被災労働者ないしその遺族が，前者（組合加入）の選択をするときは，弁護士費用を負担できないか，負担する意思がないときが多いです。後者（弁護士に委任）を選択するときは，労働組合というものになじみがなく，法律専門家に委ねた方が安心するというときが多いです。

②民事責任を追及する。

上記①で解決がされないときは，次のアクションとなります。それは，被災労働者ないしその遺族から，上記ⅰの「業務上」（因果関係のある）

XI. 災害補償

災害（損害）であることを前提に，不法行為に基づいて，加害者（民709条，注意義務違反）とその加害者の使用者である企業（民715条）を共同被告として損害賠償請求，あるいは債務不履行（安全配慮義務違反，労契法5条，民415条）に基づいて，企業を被告として損害賠償請求（慰謝料，逸失利益等）の訴訟が考えられます。このアクションは被災労働者ないしその遺族が単独でするのは無理なので，弁護士を選任した上でします。

b．企業の見極め，対応

企業は，ⅰ「業務上」ではないこと，そして，ⅱ安全配慮義務違反や注意義務違反はないことが主張できるか，を見極めます。その上で事件の収拾を図ります。

① 見極め

A．過労死事故

過労死事故については，なんといっても労働時間を算定する証拠の分析に尽きます。労基署も裁判所も，労働については質（仕事の内容・密度）よりも量（労働時間）を圧倒的に重視するからです。

労働時間の算定は，労基署等の実務では，当該労働者が使用していたパソコンの稼働時間（スイッチを入れてから切るまでの時間）に一定の休憩時間（内勤なら1時間，外勤なら2時間）を差し引いて計算するとか，所持品検査をしている会社では，その入社時，退社時の時刻の間の時間から一定休憩時間を差し引いて計算する，というものです。もし，その時間帯に私用等業務外の時間があるなら，企業の方で反証することが求められます。

労働時間を算定すれば，ⅰ「業務上」も，ⅱ安全配慮義務違反や注意義務違反も，見極めがつきます。

B．うつ病自殺

うつ病自殺については，

①直前の業務負荷（質的，量的＝労働時間）

②上記負荷によって，当該労働者がどのように心の健康を害していったか，メール・手紙で健康な人間では通常言わないようなこと，例えば，死にたいという記述を繰り返していた等，

などが重要な証拠です。これらの分析によって上記判断指針の枠組を使

って，ⅰ「業務上」を見極め，それに応じて，ⅱ安全配慮義務違反や注意義務違反の見極めをします。
A，B共通事項
　A，Bいずれの事故でもⅰ，ⅱを見極める中で法的（民事）責任がありそうである（ⅰ，ⅱいずれもある）と判断したときは，和解交渉の材料の見極めに入ります。以下は，A，Bいずれの事故でも共通の見極め事項です。

　まず，被災労働者に，その災害への過失ないし寄与はないか，を分析します。過失相殺の主張の可能性の検討です。

　Aの類型でいえば，自宅での作業時間が労働時間であると判断されそうなときでも，その自宅への仕事の持ち帰りは，被災労働者側の過失なり寄与と判断される余地があります（持ち帰りを企業が規制していたとき等）。そのように主張できないかを見極めます。被災労働者が心臓病等の基礎疾患を持っていたなら，その労働者のその病気への健康保持努力の状況を見極めます。喫煙，食事制限違反等，基礎疾患に有害な生活習慣を改善していない事実などが，その材料になります。

　Bの類型では，被災労働者の性格・心因的要素（脆弱性）が災害発生に寄与している場合は，同様の判断材料（過失・寄与事実）になります。ただ，使用者側の業務管理上の配慮における落ち度の比重が高いケースでは，これが否定される（電通事件最二小判平12.3.24他）ので，慎重な判断が求められるといえます。

　さらに，労災保険給付の可能性があれば，これも資料等を受領して計算します。損益相殺を主張して支払額から控除するためです。上乗せの労災補償をしていたなら，その支払分は，やはり，控除の対象となります。弔慰金等の名目であっても100万円単位の金額が大きいものは，裁判例では損害賠償の趣旨も含むとして控除の対象とするものが多いので，ある程度の大きな金額の支払は，名目は何であれ，控除の材料としてよいと考えます。

②　対応
　上記①の見極めをしたら，紛争にどう対応するか（和解の仕方）を検討します。
　ⅰ「業務上」ではない，あるいは，ⅰ「業務上」といえても，ⅱ安全

XI. 災害補償

配慮義務違反や注意義務違反がないと明確にいえ，かつ証拠によっても裏づけられるのであれば，本来はゼロですが，事案の性格からは若干額での和解を試みます。つまり，それ（法的責任なし，よって支払はゼロ）を前提に，裁判外での紛争なら，交渉をしその中でその旨の主張し，一定の（若干の）和解金での解決を図ります。すでに裁判になっているなら，その裁判手続に沿って主張し，立証（反証）を展開し，（法的責任なしの心証を得た）裁判所からの和解勧告に乗って，一定の和解金での解決を図ります。

　他方，ⅰ及びⅱが認められそうであれば，上記過失相殺，損益相殺に相応する事項を主張し，裁判外で交渉，あるいは裁判上では主張をした上で，事案に見合った金額での和解を目指します。その場合の和解の中で一番注意しなければならないのは，被害労働者との和解が損害を賠償する内容となると，労災保険給付等公的給付との調整等で，被災労働者のその後の労災等による年金が停止になったり，他方，労基署から，企業が求償を受ける可能性（リスク）もある点です。これに対応できるように，和解条項の内容は慎重に組み立てる必要があります。

XII 表彰および制裁

1. 当該労働条件の運用における戦略的意義

上記Ⅰの服務規律で企業の事業目的達成(理念実現)のために必要な行為規範を設定したのに,これに違反し,企業秩序に違反した従業員が出たときは,きちんと制裁(懲戒処分)をしないと,企業秩序が維持できません。

他方,上記行為規範を遵守し,企業価値を高める行動をした従業員には,しっかり表彰して他の従業員に企業としての姿勢を示すことは,企業の事業目的達成(理念実現)のために,有意義な運用といえます。

2. 運用上のポイント

(1) 表彰

企業秩序(あるいは企業価値)を高めた者を表彰する,ということです。類似の制度に賞与制度もありますが,目的が違います。なぜなら,表彰はあくまで企業秩序との関係でプラスの行動をとった従業員のインセンティブですが,賞与は,査定期間(日本企業では,通常は6ヶ月毎,外資系企業では,通常は1年毎)の企業業績への貢献に対する配分です。賞与があるから,表彰はいらない,という意見があるとしたら,それは,両者の違いが分かっていない,ということになります。

表彰の運用は,次のようにすればよいでしょう。

ア.表彰の有無の判断

まずやるべきことは,表彰事由該当性の認定です。そして,該当する表彰事由の事実が企業秩序に照らしこれをどれほど高めたか,の実質的評価です。賞与が企業業績への貢献に比較し,表彰は企業秩序への貢献です。目的が違いますので,該当性及び実質的評価をする観点も違います。運用担当者は,表彰制度の運用において(該当性の判断と実質的評価をする上で),この相違を明確に意識する必要があります。

イ．表彰の時期

　表彰の時期は，その審議の効率性から，年に1回，適切なタイミングで行うのがよいでしょう。もっとも，特別に企業秩序に貢献したのでそのタイミングで表彰した方が効果的なら，特別にその時期（タイミング）に実施するのがよいでしょう。表彰の目的は企業秩序の強化にあり，そのためこれに貢献した者を表彰することで，その者のモチベーションをより高めるとともに他の従業員への模範（モラル）を示すことなので，その目的に効果的なタイミングなら，そのタイミングを逸さず実施するのが，まさに目的に叶います。

ウ．表彰の仕方

　表彰の仕方は，上記表彰の目的からして公表した方がよいでしょう。どの範囲まで（氏名，表彰の対象となった具体的行為まで）公表するかは，企業の裁量です。しかし，制裁とは性格が全く違いますので，氏名や表彰の対象となった具体的行為まで公表するのが，その目的に叶うと考えます。

（2）制裁（懲戒処分）

　制裁（懲戒処分）は，就業規則に明記されても，懲戒権濫用法理（労契法15条）によって規制されるので，運用での一番大切なポイントは，この懲戒権濫用法理が適用されても無効とならないように行う，ということです。具体的には，次の順で行うとよいです。

ア．非違行為の調査

　内部告発でも，被害者からの申請でも，税務調査の過程からでも，いずれでも非違行為が発覚したら，調査を始めます。被疑者に分かると，証拠を隠滅する可能性があるので，調査の初期段階では，その告発者・申請者からのヒアリング（税務署なら，情報提供），資料の提供，それに対応する企業の資料（伝票やEメールなど）の収集が中心です。

　その後，資料（証拠）を収集し終え，隠滅されるリスクがなくなったら，中間者（非違行為に関し，事実関係を知る他の従業員等）からの事情聴取に展開していきます。

　それらが客観的資料で裏付けがとれたら，最後は，被疑者からの事情聴取をします。

告発者（申請者），中間者，被疑者いずれにおいても，事情聴取をしたらその結果は文書にまとめ，署名をもらう必要があります。

イ．上記アを受けた事実認定

（署名入りの）事情聴取書,客観的資料により非違行為が認定出来れば，A4の紙2～3枚に，認定できた非違行為をまとめます。ときどき見かけるのは，Aさんはこう言っている，Bさんはこう言っている，と対比しているだけの文書ですが，それは，事実認定ではありません。AさんとBさんそれぞれの供述のうちでどちらの供述を信用し（採用し），証拠資料から，どのように事実を認定するのか，を確定する必要があります。事実は一つしかありません。それを認定します。

項目としては，ⅰ．非違行為に至った経緯，ⅱ．非違行為の特定（多数のお金の使い込みなら，別表にするとよいです），その手口，ⅲ．非違行為による企業秩序違反の結果，ⅳ．被疑者の自白の有無，といったところでしょう。

ウ．上記イで認定した事実（嫌疑）を当該被疑者にぶつける（弁明の機会の付与）

上記イで認定した事実（嫌疑）を当該被疑者に伝え，何か弁明はあるか，と聞きます。くれぐれも，上記アの事情聴取とこの弁明の機会とを混同しないで下さい。事情聴取の目的は,事実認定の資料の収集であり，弁明の機会の目的は，既に認定した事実（嫌疑）について被疑者の言い分・言い訳を聞くことです。それは情状としても使います。目的が違うのです。そして，弁明の機会に対して被疑者が言った弁明は独立の文書にした上で，上記イにまとめた資料に追加します。情状として下記エの処分の選択の際，考慮するためです。

弁明の機会を付与したと言えるためには，認定した事実（嫌疑）を被疑者に一旦ぶつけないといけません。では，被疑者が弁明の機会を付与しても出頭しないときはどうしたらよいでしょうか。単に何月何日何時に弁明の機会を付与するので出頭するように，と電話なりメール・文書なりで伝えても，認定した事実（嫌疑）が被疑者に伝わっていないと，出頭しなかったことが，その弁明の機会が付与されたのにその機会を放棄した，とはなりません。筆者は，クライアントに次のようにアドバイスしています。すなわち，最初の呼び出しに応じないときは，文書を特

定記録にして，その文書の中に認定した事実（嫌疑）と就業規則所定の懲戒事由の条文・号を挙げて，この嫌疑につき貴殿の弁明を聞く機会を設けたのでいついつ来社されたい，と伝えます。このように認定した事実（嫌疑）をぶつけながら出頭する日時・場所を伝えてはじめて，万一出頭しなかったとき，その機会を放棄した，という評価になります。

エ．懲戒処分の選択，被懲戒者への通知

　上記イ，ウでまとまった事実，被疑者の弁明を踏まえて，どの懲戒処分をするかを決めます(選択)。その際,先例も確認する必要があります。先例に比較して重すぎたりすれば，相当性欠如となり，権利濫用となるからです。ということは，先例がないときは，今回の選択が先例となるので，それを強く意識して決める必要があります。

　なお，懲戒解雇，諭旨解雇する際には，退職金をどうするかは必ず出てきます。

　その場合は，

　ⅰ．まずは，支給制限条項の確認です。退職金規程の中に，懲戒解雇等のときは退職金を支給しない，と明記されていなければ，原則，退職金は支払わなければなりません（例外として，労働者からの退職金請求を権利濫用として請求棄却したアイビ・プロテック事件　東京地判平12.12.18がありますが，ごく例外であり，これに頼るのは関心しません）。

　ⅱ．次に，実際に不支給（ないし減額）するときは，当該懲戒解雇事由が，「永年の勤続の功を抹消または減殺するだけの背信性がある場合に限って」，全額あるいは一部支払わないことが出来る，とするのが裁判例の傾向です（東京貨物社（退職金）事件　東京地判平12.12.18，東芝事件　東京地判平14.11.5，日本リーバ事件　東京地判平14.12.20，東京貨物社（解雇・退職金）事件　東京地判平15.5.6，山本泰事件　大阪地判平15.5.9，トヨタ車体事件　名古屋地判平15.9.30，小田急電鉄（退職金請求）事件　東京高判平15.12.11，日音（退職金）事件　東京地判平18.1.25等多数）。つまり，支給制限条項は，全額払原則（労基法24条1項）とは無関係ですが，懲戒解雇事由があるからといって当然に不支給にできるものではなく，当該退職金の賃金後払的性格（ただ，その性格の強弱も，退職金制度の設計次第）から限定解釈がなされ，不払とするのがやむを得ない事実（永年の勤労の功を抹消または減殺するだけの

背信性を裏付ける事実）があるかを実質的に判断して，その不払（一部も含めて）の当否が決せられます。

　よって，当該個別事案において，「永年の勤労の功を抹消または減殺するだけの背信性」があるかどうか，を慎重に判断しなければなりません。

オ．その他－被害者がいる場合の対応

　非違行為につき，被害者がいる場合は，制裁するだけではなく，非違行為者に被害者と示談させた方が，企業リスクは少なくなります。なぜなら，その懲戒事案で被害者がいる場合，企業秩序に違反して他の従業員（被害者）の権利や人格を侵害していることから，通常，その侵害行為は，企業の事業遂行の中で行われた可能性が高く，使用者責任（民法715条）が成立する可能性が高いからです。よって，懲戒処分だけしても，被害者との関係を解決しないと，被害者から，企業と当該労働者を共同被告として民事訴訟を提起されるリスクがあります（企業は民法715条，当該労働者は民法709条）。よって，懲戒処分する時点で一括して解決するのが，合理的です。

　被害者の方も，加害者が懲戒処分されたということで，企業には，よくやってくれたという思いも相当あるので，そういう思いのあるうちに解決した方が，コストも手間も少なくて済むはずです。通常は，懲戒処分の対象者＝加害者に支給してもらい，謝罪文も出してもらって，一括解決します。もっとも，非違行為が軽く，被害者がただ謝ってくれればよい，というときもあります。そういうときは，一括解決をして示談書まで出して大ごとにすると，被害者はかえって消極的になりますので，そのときはしなくてよいです。要は，運用上，状況を個別に見て，臨機応変に行って下さい。

第2章　賃金制度の運用

I　当該労働条件の運用における戦略的意義

　賃金が，当該企業の事業目的達成（理念実現）のためにきわめて有意義な労働条件であることは，第2編第3章の最初に詳しく述べたとおりです。ウィン・ウィンによって，従業員のやる気を出させ，事業目的（理念）を当該企業と共有することで，当該企業の事業目的達成（理念実現）をまさに担保するものです。

　もっとも，制度設計どおり運用しないと，絵に描いた餅になってしまいます。運用を制度（賃金制度）目的を達成するために現実に実行するには，
・それに合致した人事考課制度を整備し
・人事考課者をトレーニングすること
は，不可欠です。場合によっては，人事考課の透明性を高める工夫（被考課者へのフィードバック，不服申立制度）も必要です。

　そして，昇給制度の実施も，上記の延長上です。
　以下，運用上の留意点も，第2編3章に対応して解説します。

第2章 賃金制度の運用

Ⅱ 給与の計算等

運用実務上，日常的に出てくる問題として，
A　前月の過払を翌月以降に清算したい
B　退職時に会社（企業）に対し支払うべきもの（債務）があり，これを回収したい
というものがあります。

1．Aの調整的相殺の仕方

(1) 必要な知識
Aについては，最高裁判例（福島県教組事件　最一小判昭44.12.18，群馬県教組事件　最二小判昭45.10.30）があり，ある賃金計算期間に生じた賃金の過払をのちの期間の賃金から控除すること（「調整的相殺」，法律的には，過払賃金の不当利得返還請求権を自働債権としての相殺）は，その時期，方法，金額などからみて労働者の経済生活の安定を害さないかぎり，賃金全額払原則による相殺禁止の例外として許容される，とします。すなわち，過払のあった時期と賃金の清算・調整の実を失わない程度に合理的に接着した時期になされ，労働者に予告されるとか，その額が多額にわたらないとか，要するに，労働者の経済生活の安定をおびやかすおそれがない場合には，調整的相殺は許されます。

理由として掲げるのは，賃金過払の不可避性（遅刻，欠勤などの減額事由が賃金支払日に接着して生じた場合は減額困難による賃金過払が生ずる。また賃金計算上の過誤・違算も避けがたい），及び賃金と関係ない他の債権を自働債権とする場合とは趣きを異にすること（実質的にみれば本来支払われるべき賃金はその全額の支払を受けたことになること）の2点です。この「その時期，方法，金額などからみて労働者の経済生活の安定を害さないかぎり」の基準はそれなりに具体的ではありますが，一義的ではないので，具体的ケースでどこまで相殺してよいか悩みます。

（2）調整的相殺の仕方のポイント

　筆者のアドバイスは，次のとおりです。
・まず，基本的な理解として，最高裁は，調整的相殺の「時期，方法，金額」と3つのメルクマールを示していますが，これはあくまで例示であって，重要なのは，「労働者の経済生活の安定を害さない」ことです。よって，月100万円の給与と月20万円の低い給与とでは，調整的相殺のできる金額は違う（前者なら30万円程度でも可能でしょうが，後者では月2万円程度でしょうか）ということです。また，「時期，方法」も，分割して調整的相殺する場合，その分割の回数も，高い給与とそうでない給与では違う，ということです。
・次に，その前提で，まず，「時期」とは，一般には過払等のあった時に近いことです。ただ，気づいた（発覚）のが1年後の場合は近くはないですが，それでも，調整的相殺は可能と考えます。但し，気づいた時から，「労働者の経済生活の安定を害さない」ように工夫することが必要です。つまり，1年後の場合は，過払した分がその労働者の生活費の中に完全に組み込まれてしまっているので，調整的相殺する金額は，「労働者の経済生活の安定を」考えたとき，過払後すぐのケースよりももっと少ない金額で相殺していく，ということかと考えます。
・「方法」は，通常は分割です。過払が30万円なら，2万円×15回とかです。ただ，賞与が出る時期を跨いでいるなら，その賞与からも調整的相殺はできます。賞与は，給与より通常は多い金額なので，多くの金額を調整的相殺できますが，当該従業員の生活への影響も聞いて，いくらまでなら「労働者の経済生活の安定を害さない」か，確認して進めればよいです。もっとも，従業員は「苦しい」と言ってくるでしょうが，では，過払分は何に使ったのかと質問して下さい。従業員の言い分を聞くだけにとどめないで下さい。
・「金額」は，1ヶ月いくらまで調整的相殺できるかは規制はなく，実質的な基準として前掲の「労働者の経済生活の安定を害さない」というだけです。その数値基準として，筆者が参考にするのは，給与への差押制限です。つまり，民事執行法上は4分の1（25％）を超える差押を禁止しています（民事執行法152条2項）。この趣旨は，労働者の経済生活

第2章　賃金制度の運用

の安定を害さないということなので，法律は異なりますが，類似した趣旨なので，筆者は，これを参考にクライアントに助言をしています。但し，給与が月20万円の場合は，慎重に考えた方がよいです。なぜなら，債権者が債務を回収するのは1回だけのこと（債権者は回収に手間のかかった債務者に今後貸すことはない）と違い，自企業の有機的結合体の一員である従業員への過払の調整なので（優先させるべきは，「回収」ではなく「モチベーションの維持」），上記民事執行法の規制は上限で，それより下回るように慎重にした方がよいからです。

2．Bの回収（相殺）の仕方

（1）必要な知識

Bは，通常の相殺になります。

まず，一方的相殺はダメです。これも最高裁判例（関西精機事件　最二小判昭31.11.2，日本勧業経済会事件　最大判昭36.5.31）があり，生活の基盤たる賃金を労働者に確実に受領させることが全額払原則（労基法24条1項）の趣旨であるから，同原則は相殺禁止の趣旨をも包含する，と判示しました。

次に，合意相殺は条件付で可能です。これも最高裁判例（日新製鋼事件　最二小判平2.11.26）があり，当該相殺が労働者の自由な意思に基づいてされたものであると認めるに足りる合理的理由が客観的に存在するときは，全額払原則に反しない，と判示しています。

この最高裁判例に対しては，（一方的）相殺が労基法24条に違反する以上，同条が強行規定であるのであるから合意があっても相殺は無効であるはずで，おかしいではないか，との有力な批判がありますが（菅野和夫「労働法」第11版補正版437〜438頁・弘文堂），おそらく，最高裁判例は，次のように考えていると思われます。まず，退職金を放棄した退職者が賃金全額払の原則で無効と主張した事件で，賃金債権の放棄は自由な意思に基づいてなされるかぎり全額払の原則と抵触しない，本件では放棄をするにつき合理的理由があり自由な意思に基づいている，と判示（シンガー・ソーイング・メシーン・カムパニー事件　最二小判昭48.1.19）しました。この延長上で日新製鋼事件を考えると，労働債権の

放棄を自由意思でできる以上，相殺はその放棄より労働者に利益なので，やはり自由意思であれば可能である，となります。労基法24条1項が強行規定ではという疑問も，労働債権の有効な放棄によってそれがゼロになるので，ゼロの全額はゼロである。その延長上である合意相殺で労働債権はゼロになるので，その全額もゼロであり，違反しないとうことです。

(2) 相殺合意の仕方 ― 自由な意思を確保するための工夫

上記(1)から，相殺する合意（同意）する上で従業員がなぜそうするのかの動機（理由）を文書に残す工夫が，重要になります。
よって，
ⅰ 相殺合意は必ず文書化する
ⅱ 上記ⅰの文書の中に，なぜ従業員が自分の労働債権を相殺するのかの動機（理由）をある程度具体的に記載しておく
ということです。

例えば，次のような文書です。

「私は，在職中，会社の金銭を横領し，別表一覧表（本書では省略）のとおり，合計で180万円の損害を会社に与えました。今度，私が退職するにあたり，規定退職金は150万円であるところ，退職金規程の支給制限条項（第○条1号）が適用される結果，不支給であることの話は聞きましたが，今月分の賃金40万円あるところ，私は自身の意思により，これと上記180万円を対象額（40万円）で相殺することに合意します。残金140万円については，退職後，月5万円ずつ，28回に亘り，支払（賠償）います。その間無利息であること，上記支払（賠償）が終了したときは刑事告訴はされないことを，よく理解するとともに，ありがたく了解します。」

まず，規定退職金は，別に支払われるという期待のもとに相殺合意をしているわけではないことを明らかにして，後で錯誤と主張されることを回避します。そして，相殺合意は，長期分割による弁償金の支払が無利息であること，また自分の犯罪行為を刑事告訴されず，との引換えであることから合意に至っていること，を書面上明らかにし，「自由な意思」が確保されていることを証拠化します。

III 基準内給与

　まさに，当該企業の人事労務管理が制度設計に反映されるところですが，運用上の留意点としては，その制度に，反映・具体化した待遇（基準内給与）面での人事労務管理の目的を日常的に活かしていく，という意識を持つことが大事です。もっとも，その意識は，年功型賃金制度ではそれほど要請されないのに対し，企業の理念実現（事業目的達成）のため能力（成果）主義型賃金制度を導入する場合は，強く要請されます。なぜなら，まさに企業の理念・事業目的の各職責への具体化である人事考課項目の達成度によって待遇が変わるはずなので，その人事考課項目の設定と達成度を各チェックし，それをフィードバックする人事考課者の運用能力が問われるのです。個々の人事考課者の運用能力の高さ，及び当該企業が全体として運用する中での各従業員間の適用の公正性によって，制度を活かすか殺すかが決まります。

　したがって，これを担保するためには（以下は，能力（成果）主義型賃金制度を採用した企業を前提とする説明です），

1　人事考課項目の設定と達成度の各チェック，フィードバックがそれぞれ適正にされること
2　上記1を担う人事考課者のトレーニング
3　さらに，上記2の人事考課者自身の人事考課項目として，上記1の考課対象者（被考課者）の項目の設定，達成度の各チェック，フィードバックをそれぞれ適正にしているか，を入れます。それを，人事考課者の昇格・昇給，賞与に反映させ，出来が悪ければ降格させる，という対応の材料にする，

ということが効果的です。以下，1〜3につき，簡単に説明します。

1　人事考課項目の設定と達成度の各チェック，フィードバックがそれぞれ適正にされること

　当該企業の人事考課制度が，被考課者へのフィードバックや不服申立

までないものなら，上司による人事考課が適正にされていることへの担保が弱いので，しっかりチェックする工夫が必要です。典型的には，直接の上司の人事考課に加え，その上の上司のチェックにより直接の上司が偏った判断をしていないかのチェックです。その他，特に低い評価（平均より2段階下などの評価）をするときは，当該期間中の具体的なエピソードを記載させる等の裏付けを求めるなど，これらは，直接の上司の偏った，あるいは恣意的な評価を防止する工夫です。さらには，下記3のように，人事考課者である直接の上司自身の考課項目の中に，「部下への適正なる考課」を入れます。

　フィードバックや不服申立まである人事考課では，被考課者が反論や不服申立の機会を保障されることで，人事考課の偏りや恣意をある程度回避できます。フィードバックにあたり，被考課者に，説明を受けたことの確認の署名をさせたり，内容を了解したことの署名をさせると，人事考課の結果が共有でき，なおさらよいといえます。不服申立については，どの機関が審査するかが問題であり，審査機関の人員構成が人事考課者側（人事部長とか役員とか）だけだと公平（正）性に疑問を持たれかねませんので，非管理職（組合の委員長とか従業員代表とか）を入れて構成する（但し，過半数は人事考課者側とする）とよいでしょう。

2　上記1を担う人事考課権者のトレーニング

　昇格試験の中で，人事考課に関するテスト問題を入れて，そういった能力のある者のみ人事考課者に昇格させるとか，毎年，人事考課者向けに説明会を開いたり，イントラネットで年1回テストを行ったりして，その能力を維持させる工夫が必要です。

3　上記2の人事考課者への処遇に反映する

　そして，人事考課者への考課項目の中にも，「部下への適正なる考課」を入れて，これを果たせない人事考課権者は，その点につき低評価とし，その評価結果を賞与や翌年の昇給に反映させます。

　そして，それが何度も続くときは，降格する人事上の対応が必要です。

第2章　賃金制度の運用

何度も人事考課が適正に出来ないということは，人事考課者としての能力はなかったということで，降格は業務上の必要があり権利濫用にはならないでしょう。

Ⅳ　基準外給与

　能力（成果）主義型賃金制度では，給与は基本給（職務給）に一本化され，基準外給与はせいぜい時間外・深夜，休日労働（労基法37条）といった法令上の賃金に限られる傾向を示しますが，年功型賃金制度では，給与が純粋に「働き」に比例する設計をしないので，基本給を年功型（年齢給又は勤続給）にした上で，豊富な生活保障手当（家族手当，住宅手当等），ただ，折衷的に（申し訳程度に）職務に見合うものとして役職手当等の仕事手当と，各種手当が多岐に亘ります。

　よって，運用においては，年功型賃金制度では，能力（成果）主義型賃金制度とは異なって，Ⅲの基準内給与の運用で手間がかからなかったのとは違い，逆に，基準外給与を適正に運用するのにエネルギーを使う必要があります。例えば，家族手当は家族の年齢や構成の変化によって支給の有無と額が異なってくるので，毎年チェックが必要です。住宅手当にしても，法令上の割増賃金の算定基礎から外せるような手当であり続けるためには（労基法37条，労規則21条　平11.3.31基発170号），支給要件として，賃貸借契約書や住宅ローン契約書の写を提出してもらって確認をしなければなりません。住居が変われば，改めて申請しなおしてもらう必要があります。

＜賃金規程にない賃金の支払いについて＞

　筆者は，ときどき賃金規程にない賃金を支払う実態を見受けます。常日頃，自企業の規程をスタートに人事労務管理を行っていれば，このようなことは発生しませんが，自企業の規程をあまり見ずに人事労務管理を行っている企業では，こういったことがときどき発生します。これは，労基法89条２号違反の違法状態が続いていたことになります。当該企業に不満を持った従業員が刑事告発すれば，刑事事件としての捜査がされます（労基法120条１号で30万円以下の罰金）。くれぐれも注意して下さい。年１回は，実態と規程に乖離がないかをメンテナンスするとよいでしょう。

V 昇給

　第２編３章Ⅴで解説したとおり，当該企業がどのような制度（典型的には，年功型賃金制度か能力（成果）主義型賃金制度）を採っているかによって，昇給の設計は違うはずです。
　そして，昇給の運用は，その制度設計した目的に適合するように実行する必要があります。主なポイントは，次のとおりです。

1　当該企業の昇給制度では，毎年の昇給が権利あるいは期待権として成立する余地があるか，といった自企業の制度の確認

（1）昇給請求権有無の確認

　まず，就業規則（給与規程）上，毎年（最低）１号俸は昇給すると明記されていれば，昇給請求権ありということになり，それをしなければ，その後の月々の給与の支払は，全額払原則（労基法24条１項）違反となります。そこで，これを制度的に変更するとすると，労働条件の不利益変更の問題となり，変更の合理性（労契法９条，10条）がないと効果が否定されます。よって，慎重な制度的対応が必要になります。

（2）期待権の成否の確認

　次に，就業規則（給与規程）上は，上記（１）のような定めがなかったとしても，その企業が黒字でも（大）赤字でも毎年決まって１号俸を30年間昇給し続けてきたとしたら，労使慣行を根拠に（労働契約を補充して）１号俸の昇給請求権あり，ないし１号俸昇給する期待権あり，とされる危険があります。前者は労働債権として認められるので，上記と同様に全額払原則（労基法24条１項）違反となります。裁判所が労働債権とまで認定するのに躊躇して期待権の限度で認めると，労働債権のような無条件ではなく，使用者に昇給しないことに「故意又は過失」があったとき，不法行為が成立し，損害賠償債権としてその１号俸昇給相当分が認められます。

　運用者は，自企業の規定ないし労使慣行がどうであったかしっかり見

Ⅴ. 昇給

極めないと，大事件を招来することになります。つまり，この問題は，全従業員の毎月の賃金額に影響しますので，大問題となります。

2 　上記1で，権利（昇給請求権）ないし期待権として認められることではないとして，昇給はどういう基準に基づいて行うのが制度目的に合致するのか，の確認

　就業規則に昇給の基準は明記されているはずです（労基法89条1号参照）。もっとも，多くの企業では，「会社の業績，本人の貢献に応じて昇給する（ことがある）」程度の抽象的記載なので，これを当該企業の理念・事業目的から補充し（具体化し）基準化します。つまり，どういう場合「貢献」であったといえるか，その程度はどのようなものか，を評価する基準を設定します。

　この基準は，制度（就業規則）で固定化するのではなく，時代（時期）に応じて設定できるように，運用で設定し開示するのがよいと考えます。そうすれば，企業は，その時代（時期）に合致した当該企業の理念・事業目的をタイムリーに具体化でき，他方，従業員の方も，今後1年間の目標が明確になり，それを労使で共有化でき，「人」の有機的結合体として企業が効率的に機能することになります。

3 　上記2を確認したら，当該年度の昇給をその目的に合致するよう実施する

　上記2で，制度ではなく，運用で，昇給基準を設定し実行するということになったなら（その方を筆者はおすすめしますが），ⅰ. 昇給基準の設定はその年度の初め，ⅱ. その実行（考課査定による金額の上昇）は，その年度の終り，に行います。つまり，平成30年でいえば，同年4月1日に昇給基準を設定し，その実行は，平成31年3月31日時点までの1年間の勤務状況を昇給基準にあてはめて金額を算出します。

　そして，上記ⅰ. の昇給基準は，当該企業の理念・事業目的を当該時期（時代）に具体化し，これをそれぞれの従業員の職責に階段状になるように分析することで，具体化します。従業員には，それで1年間その職責を果たすべく働いてもらい，上記ⅱの1年経過した時点で，その各

第2章　賃金制度の運用

人の達成度によって，昇給の有無と金額を決定します。

4　基本的な留意点

　昇給は，使用者が事業目的を達成するために人事労務管理上持っている3つのカード（武器）の1つです。他方において，一度昇給したのを後から下げる（減給）のは，原則は当該従業員の同意が必要です（賃金の下方硬直性）。慎重に上記2の判断をして，いくら昇給するかを決めて下さい。

第3章 賞与制度の運用

1．当該労働条件の運用における戦略的意義

　賞与も，賃金と同様，当該企業の事業目的達成（理念実現）のためにきわめて有意義な労働条件であることは，第2編第4章にて述べたとおりです。ウィン・ウィンによって従業員のやる気を持たせ，事業目的を当該企業と共有させることで，その事業目的達成（理念実現）を担保するのです。

　ただ，昇給が当該企業の事業目的への連続した貢献への反映（賃金の上昇は以降の労働条件のベースになる）であるのに対し，賞与は当該査定期間の業績配分です。したがって，賞与を当該企業の戦略上で効果的に使うなら，当該査定期間前に，その査定の対象となる目標項目を（その中でも優先順位を）明確にしておくのがよく，しかもそれは，当該従業員だけで立てる目標ではなく，当該企業のその査定期間時期の事業目的をブレークダウンして当該従業員の職責に引き直した内容の中から策定するのがよいです。もちろん，当該従業員の自主性・主体性を確保するため，目標は，当該従業員に立てさせるのがよいですが，上記事業目的を各職責毎に反映させながら立てさせる必要があります。

　筆者は，賞与を一律に，例えば月例賃金×2として，企業の業績が良くても悪くても，あるいは従業員の職務遂行が良くても悪くても，一律に支払っているケースをよく見ます。自らの人事労務政策・管理の一番大きな武器を放棄していることになり，とてももったいないと思っています。

2．賞与の法的性格

　賞与は，本来任意のものであり，通常は（特に能力（成果）主義型賃金制度では）業績配分が目的で，制度（就業規則）上もそのように定め

ている企業がほとんどです。よって，運用でも，この賞与を各単位期間毎にその期間の企業の業績を各従業員に配分することがその内容です。

ここで運用上の注意点は，業績配分であるはずの賞与を，一律の基準（例えば，月額給与×2とか）で企業の業績が良くても悪く（大赤字）ても長年に亘って支給すると，就業規則（賃金規程）上では賞与請求権は発生していないのに，労使慣行でその内容（月額給与×2の額）の賞与請求権あり（あるいは，期待権ありとして不法行為に基づく損害賠償債権）として認められる可能性が出てきます。よって，少なくとも，業績が悪いときには，それに応じて金額を変える（大赤字ではふつう賞与はゼロですが，それに抵抗があるなら，月額給与×1とか）必要があります。こういった運用によって，賞与が請求権や期待権と認められるリスクを回避できます。

3．運用上のポイント

(1) 賞与は人事労務管理のカード（武器）である

第2編第4章でも述べましたように，一旦労働者を採用すると，解雇はむずかしく（労契法16条），労働条件の不利益変更も原則出来ない中（同9条，10条），企業が「人」の有機的結合体として効率的な組織であるため人事労務管理するのに持つカード（武器）は3つ（賞与の他,昇給,昇格・降格を含む配転）しかありません。このうち，配転は何年かに一回であり（昇格・降格は臨時にできますが,それはめったにできません），昇給は年に1回ですが賃金の下方硬直性（一度上げると，従業員の同意がない限り下げられない）からしてそれほど一気に上げられません。単位期間（半年又は1年といった査定期間。以下，同じ意味です）毎に独立に業績配分する賞与は，そのカード（武器）の中で一番有力なものです。

そこで運用では,賞与を自企業の人事労務管理のため最大限利用する，という強い意識が必要です。

(2) どのようにカード（武器）を使うか

賞与を自企業の人事労務管理に使う場合，その単位期間における自企

業の課題（目標）と賞与を結びつけることになります。つまり，賞与の配分基準の中に，その時期（単位期間）の自企業の課題（目標）を組み入れ，それを各従業員の職責に具体化する，ということです。具体的には，ⅰ．その時期（単位期間）の初めに，その期間（時期）の自企業の課題（目標）を各従業員の職責に応じて階段状に分析することで具体化し，それを賞与の配分基準とし，ⅱ．各従業員には，その時期（単位期間）勤務し，その結果上がった業績を，それぞれの貢献に応じて，具体的には上記賞与の配分基準に則って，支給の有無と金額を決める，ということです。

（3）人事考課は相対評価－昇給は絶対評価

　こういった発想は，昇給に近いものです。すなわち，対象期間における業績への配分という点は共通ですが，配分の仕方が，賞与だとその1回限りで完結するのに対し，昇給はその1回の昇給では完結せず，その昇給した賃金がそれ以降の処遇のベースになる点が，違います。それゆえ，賞与では，人事考課は相対的な評価にして全体原資を配分するという発想になり，昇給は，その後も昇給したベースがいわば引き継がれるので，それに見合う評価にするということで，人事考課は絶対評価になる傾向になります。賞与と昇給は，業績への貢献に対する配分の，1回限りか（賞与）引き継がれるのか（昇給）の違いから，人事考課の仕方も異なる傾向（相対評価か絶対評価か）です。

第4章 退職金制度の運用

1．当該労働条件の運用における戦略的意義

　退職金は，当該企業の事業目的（理念）に則った制度設計がされているはずなので，運用で留意すべき点は，
・支給金額や支給先を間違えない
・支給制限条項の正確な運用
です。前者は事務的なことですが，死亡退職のとき支給先を確定するのにどうしたらよいか，提出してもらう資料はどこまで必要かで，ときどき悩んだりします。
　後者の支給制限条項の正確な運用は，下級審判例が集積していて一定の方向性が出ているので，これに則った判断が必要です。これはなかなか難しい判断です。
　第2編第5章の設計に対応する運用上の留意点を，解説します。

2．運用上のポイント

(1) 支給対象者の確定

　筆者が運用上相談を受ける案件としては，従業員が死亡退職したときの退職金の受給者と，提出してもらう書類へのアドバイスが多いです。

ア．受給権者の確認

　賃金は労働の対価である性格から相続財産ですが，退職金は違います。設計次第で，相続財産にも遺族固有の権利にもなります（但し，相続税法上は，別の観点から法制化されています）。これは，退職金の任意性からです。つまり，企業は退職金制度を設ける設けないの自由があり（任意性，労基法89条3号の2），したがって，設けるときは，その設計を自由にすることが出来ます。よって，受給権者をどうするのかも設計次第になるのです。

その設計は，大きく分けると受給権者を，
①相続人とする規定
②独自に定める規定．この場合，よく見るのは，労規則42条ないし45条の規定の準用
です。なお，死亡退職金の受給権者の定めがないときは，規定の合理的解釈によって確定することになります。

そこで，当該企業において，規定（制度）上退職金の受給権者を確認する必要があります。これは，当該企業の規定を読んで確認する作業になります。

イ．提出してもらう書類

受給権者の確認をした結果，上記アのうちの①か②かが分かります。そこで，①の場合は，相続人であることを裏付ける資料，戸籍謄本等を提出してもらいます。次に，②の場合は，その順位の資格があることを裏付ける資料を提出してもらいます。この場合も，戸籍謄本，住民票（同居の有無の判断のため）等を提出してもらうことになります。

（2）支給制限条項の運用
ア．限定解釈されることを確認する

前述（第2編第5章）したとおり，裁判所は，退職金が実質的に賃金の後払い的性格があることを考慮して支給制限条項を限定解釈し，実際に退職金の支給をゼロにしたり減額するときは，「永年の勤続の功を抹消または減殺するだけの背信性がある場合」に限って認めます。この限定解釈は，その目的（賃金後払い的性格の考慮）からすると，懲戒解雇の場合に限らず，支給制限事由のどれにおいても，かかる限定解釈がされると考えます（裁判例の射程は長い）。もっとも，退職金制度の任意性からすれば，当該企業の退職金制度の作りが，年功型か成果（能力）主義型か，さらにはそれぞれの要素をどの程度内容に入れているかによって，限定解釈の程度と仕方は個別的に異なってくるはずです。ただ，ここまで強く意識して詳しく判示する下級審裁判例は，現時点ではほとんど見当たりません。

イ．限定解釈基準に則って当該事案を判断する

「永年の勤続の功を抹消または減殺するだけの背信性がある場合に限

って」，とあるので，これを次のメルクマールで判断します。
①当該支給制限事由を実質的に見て，「背信性」がどれだけあるか，この「背信性」は，懲戒処分以外の事由では「背信性」は適切ではないかもしれないので，「企業への悪影響」という基準でもよいでしょう。
②他方，当該従業員がどれだけ勤続によって企業に貢献したか，もっともそれに見合う賃金・賞与の支払を受けていれば，当然，相殺されることになりますが，この点算数的にゼロになる，と判示した裁判例は，筆者の知る限り見当たらないので，そう言いきらないほうがよいでしょう。

上記①をよく見た上で，②を考慮して退職金規程で計算された金額（規定退職金）に対しどれだけの支給制限するのが妥当か，を判断します。

(3) 支給時期，清算の運用
ア．支給時期
退職金規程に支給時期が特定されているかを確認し，遅滞しないように注意します。死亡退職金のように必要書類があってそれが請求者の方で整わない場合は，整ったときから遅滞なく支払えばよいです。

退職金規程に時期が特定されていなければ，請求された時から遅滞になるので（民法412条3項），注意して下さい。ただこの場合も，請求にあたり必要書類が整わなければ正当な請求にならないので，遅滞にはなりません。

イ．清算の運用
当該企業に対する債務と退職金とを清算するときは，前記賃金との清算と同じように行えばよいです。

第5章　有期労働者の人事労務管理

1．有期労働者の人事労務管理の戦略的意義

　有期労働者への人事労務管理は2つで，（1）期間自体の管理と（2）期間中の労務管理です。この2つの管理によって，契約期間が満了したとき，そもそも更新するか否か（雇止め），更新するとしてもどういう労働条件で更新するか（更新条件の設定）が可能となります。場合によっては，契約期間途中での解雇も検討することが出来ます。

　このうち，（1）の契約期間の管理は，簡単にできます。それなのに管理をしないと，実質的に期間の定めのない労働契約と同視される（東芝柳町工場事件参照，労契法19条1号）リスクがあります。期間管理を忘れずに行うために，チェックリスト（**書式3－18**）を作って利用するといいでしょう。

　次に，（2）期間中の労務管理は，上記（1）よりはるかに難しいです。しかし，より重要です。この雇用期間中きちんと労務管理をすることで，その結果に基づいて，期間満了時に，ア．更新条件を適正にして更新し，イ．場合によっては，更新条件を満たさないとして雇止めすることが，可能となります。

```
＜有期労働者の労務管理の整理＞

　┬─ 期間の管理（形式チェック）……… 有期の契約期間満了前1か月
　│                                    程度を目安に更新するか否か，
　│                                    するなら更新契約書，しない
　│                                    なら雇用終了の「確認書」で
　│                                    身分関係を明確にする。
　│
　└─ 期間中の労務管理 ……………… 有期労働者が当該契約期間中，
                                        企業が期待する職務遂行をし
                                        ているか否かを評価し，かつ
                                        記録する。
```

317

期間中の労務管理をし，次の契約時の更新条件に反映（適正な条件にする）し，場合によっては雇止めをするということは，有期労働者へも，当該企業の制度設計に則ったそれぞれの役割を果たし当該企業の事業目的達成（理念実現）に貢献しているかどうかを具体化することでもあります。よって，かかる目的に則ってしっかり管理をする必要があります。

2．運用上のポイント

(1) 期間管理

期間管理をしないと，上記1のとおり，正社員の解雇の場合に準じて雇止めが解雇権濫用の法理によって規制されてしまうので，とても大事です。

各有期労働者の契約締結日がバラバラでは，期間管理が煩雑です。そこで最初の契約締結の時点で，終了日を統一に管理できる日にすればよいでしょう。例えば，有期労働者の期間管理の統一日を毎年4月1日とし有期労働契約の期間を原則1年と決め，有期労働者甲と8月26日に締結しても，最初の契約は8月26日から翌年3月31日とし，有期労働者乙と10月21日に締結するときも，最初の契約を10月21日から翌年3月31日とし，甲，乙いずれも更新するときはその翌年4月1日から1年とし，以降同様にします。

さらに，更新の有無・更新条件も統一的に管理出来るように，その更新の有無と更新条件を契約終了日の1ヵ月前に決め，更新するときは新たな更新条件での有期労働契約の締結，更新しないときは有期労働契約終了の確認書をとる取扱いがよいでしょう。後者を行っている企業は，あまり多くないですが，雇止め紛争の予防のためにお薦めします。例えば，書式3-19です。そして，これをミスなく行うため，チェックリスト（書式3-18）を使うとよいでしょう。

(2) 期間中の労務管理

有期労働契約も双務有償契約なのは正社員との契約（期間の定めのない契約）と同様です。支払う賃金に見合う労働をしてもらわなければなりません。見合わなければ，更新の際には，それを次の有期労働契約の

労働条件に反映させるべきですし，あまりひどいようであれば，次の有期労働契約を締結しない（雇止め）ということにもなります。反対に，期待を超える労働提供なら，労働条件（例えば時給額）を上げて更新するとよいでしょう。

それらを円滑に行うためには，各有期労働契約のその有期（期間）中の労務管理が大切です。当該有期労働者に，（その賃金に見合った）どういうことを期待しているのかを明確にし，それを基準に，実際その有期（期間）中の労働はどうだったかを記録する（労務管理）必要があります。具体的には，当該有期労働者の職責に照らし，当該雇用期間中の労働の量・質の過不足の主なエピソードを記載することで，記録化します。場合によっては，注意書や報告書，さらには軽い懲戒処分をしたりします。イメージとしては，前述の問題社員への対応と同じことをして，記録化します。

その結果を，ア．更新の際の労働条件に反映させ，場合によっては，イ．雇止めします。さらに，期間満了を待てないほどの理由があれば，有期（期間）途中で解雇します。アの更新の際の労働条件に反映させるには，それを制度上明記しておいた方がよいことは，第2編第6章にて解説したとおりです。以下，ア，イを詳しく説明します。

ア．更新の際の労働条件に反映させる

更新というのは，契約を延長することではなく，前の契約は一旦終了した上で新たな契約を締結することです。したがって，前の契約と更新契約は別個独立であり，更新契約で新たな契約条件を提示して双方合意することは，自由にできます（契約自由）。この理屈は，労働契約でも同様です。実質的には，有期労働者の労働条件を変更することですが，法的には，新たな契約時にその条件を再設定するものです。

そこで，更新の際に，雇用期間中のパフォーマンス（量と質）を基にして，新たな労働条件を提示します。これを有期労働者が了承すれば，その合意内容で更新契約を締結することは可能です。例えば，時給をこれまで1100円としてきたのを，当該雇用期間中のパフォーマンスが低かったことから，更新契約で1050円を提示し有期労働者が了承したら，時給を1050円とする更新契約が締結できます。

それでは，有期労働者が了承しなかったときはどうなるでしょうか。

企業としては、当該労働者に1100円は高すぎると考え、それだったら更新したくない、と考えていたとします。

　理屈からは、当該労働者が了承をしないときには、更新しない（雇止め）ことが可能です。ただ、雇止めされた有期労働者がその効力を争う展開が容易に予想されます。その際、雇止めには解雇権濫用法理が類推適用されるので（労契法第19条2号）、雇止めが濫用とはいえないほどの合理的理由が必要となります。その判断の中で、雇止めの直接の原因となった新たな（低い）労働条件提示の合理性が判断されることになるでしょう（日本ヒルトンホテル（本訴）事件　東京高判平14.11.26）。

　このように、（企業による）更新時の新たな労働条件の提示→有期労働者の拒否→（企業による）雇止め→雇止め紛争への展開において、争点は、雇止めの原因となった新たな労働条件の提示とその拒否が雇止めをせざるを得ない合理的理由といえるかになります。その点を双方で主張・立証するのです。

　上記設例の、前の契約の時給が1100円であったところ、1050円を更新時に提示したら拒否された、という場合は、50円下げて提示することに合理性があるかが最大の争点で、それが肯定されれば、その提示が拒否された以上、雇止めも合理的理由あり、となるでしょう。

　そして、50円下げて提示することに合理性があるかの評価では、更新の有無と更新する場合の労働条件の見直しにおいて前の契約期間の職務遂行の状況等を斟酌する、といったルールを、契約社員就業規則あるいは有期労働契約書の中に組み込んでいるか否かで、だいぶ結論に違いが生じると思われます。もし、組み込んでいれば（**書式2－7・第28条、第33条参照（383，384ページ）**）、更新への合理的期待は、このルールの限度での期待、という評価になるからです。その結果、その50円下げた提示は、当該有期労働者の職務遂行の状況等にその実態があれば、合理的となり、よってその提示を拒否した有期労働者を雇止めするにも合理的理由あり、となります。他方、このルールを組み込んでいないときは、更新時に、前の契約期間の職務遂行の状況等が、更新の有無、更新する場合の労働条件の見直しにおいて斟酌されることは想定（期待）外、ということになりかねず、そうなると雇止めは合理的理由なく無効となるでしょう。ただ、契約社員就業規則等に明記していなくても、有

期労働者の期間中の労務管理において，それまでの職務遂行の状況等を，更新の有無，更新する場合の労働条件の見直しに斟酌していたのであれば，やはり，更新への期待は，その限度での期待ということで，契約社員就業規則等で上記明記していたときと同様の結論になります。

　ただ，明記していなければ，企業は，この有期労働者への更新管理の実態を立証しなければなりません（他方，契約社員就業規則等に明記していれば，就業規則を提出するだけで立証できるので，立証は容易です）。

　なお，日本ヒルトンホテル（本訴）事件は，会社が契約更新の際に労働条件の変更を提示したことに対して，労働者が異議留保付き承諾を行った（つまり，争う権利を留保しつつ，会社の示す労働条件で働くことを承諾した）ところ，会社が雇止めした事案ですが，控訴審判決は，このような留保付き承諾は有効な承諾とはいえないとして，雇止めを有効としました。

イ．雇止め

　有期労働者の労務の提供の量（勤怠不良）あるいは質（能力・協調性等）が悪ければ雇止めをしますが，この場合，労契法19条で規制されます。その際，同条1号が適用されるケースか，2号が適用されるケースか，が問題になりますが，上記（1）契約期間管理をしっかりやっていれば，1号が適用されることはなく，2号のケースとなるはずです。ただその場合でも，当該企業の更新基準の定め方と運用実績によって，有期労働者の更新への合理的期待の程度が（相対的に）違います。そこで運用担当者は，わが社では，有期労働者の更新への合理的期待はこの程度と，自企業の更新への合理的期待を正確に把握する必要があります（これがやるべきことの第1）。

　次に，この更新基準（有期労働者への合理的期待の程度）に則って，当該有期労働者の有期中の労務の提供が更新するに値する（保護に値する）かを判断します（同第2）。

　この2つ目の判断で雇止めをするという場合は，「事実」とそれを裏付ける「証拠」が必要です。「事実」は，エピソード，つまり，日時を特定した具体的事例がいくつかないといけません。例えば，「6月28日に，顧客の○○という問い合わせに対し，『そんなことも分からなくて，よくこの契約を締結しましたね』と回答して顧客を立腹させ，上司が顧

客のもとに謝罪に行ったが，一緒に行くことを拒否した」といった，「目的」「主体」「客体」「行為内容」を，各特定できるエピソードです。加えて，この事実は，原則，当該有期契約期間中にある必要があります。例えば，有期労働契約が，①2013.4.1〜2014.3.31に締結の後，②2014.4.1〜2015.3.31，③2015.4.1〜2016.3.31，④2016.4.1〜2017.3.31と３回更新し，しかし，④の有期労働契約後は更新せず2017年３月31日で雇止めしたい，と考えたとします。よく相談を受けることに，①や②の期間のエピソードが使えないか，という，各期間が別の契約であることの意識の薄いお話を受けます。しかし，①や②の期間のエピソードは，④の雇止めには原則は使えず，雇止めの理由になりません。有期労働契約は，あくまで期間毎に独立であり，雇止めは，①，②の有期労働契約ではなく，④の有期労働契約の問題だからです。

とはいえ，「原則」といったのは，④の有期労働契約の雇止めにあたって，①，②，③と同様の問題行動が④においてもあったなら，④の有期労働契約の雇止めにあたって，この①〜③の問題行動は，更新を期待しえない合理的理由である④の問題行動を補強する事実といえます。逆に，①，②の期間にあった問題行動と④で発生した問題行動に共通性がなければ，①，②の期間にあった問題行動は，④の雇止めにはほぼ使えません。それは，①，②の期間にあった問題行動は，その時点で，その①，②の雇止めにあたって考慮されるべきで，それなのに更新したということは，使用者は，雇止めするほどの問題行動とは考えていなかった，ということだからです。では，上記の例で，③の有期労働契約の期間満了近くの時点で問題行動があったとき，例えば，３月１日に問題行動がありそれだけ単独では雇止めが争われたときリスクがあるとき，どうしたらよいでしょうか。この対応としては，問題だと認識しているのなら，他の問題行動のない有期労働者と同じ様に更新してはいけません。ではどうするかというと，次のようにします。

・その期間満了間際の問題行動を特定し，更新する雇用契約書に留意すべき事項，ないしは改善すべき事項として特約として添付します。所定の書式に書ききれなければ，別紙にして所定の書式に添付し，一体とします。

・その上で，さらに厳しくするなら，６ヶ月や３ヶ月などにして，通

常の期間（1年）より短くした雇用期間で更新条件を提示します（つまり，特約付or特約＋短期雇用期間，で更新条件提示）。
　これに対して，当該有期労働者がこの更新条件を拒否してくることが，予想されます。しかしこれは，単純な雇止め紛争ではありません。企業の方が雇止めをしたのではなく，有期労働者の方が更新を拒否した（つまり，逆）のです。
　しかし，有期労働者の方がこれは実質雇止めだと主張してくることも，容易に予想がつきます。たしかに，その面はあります。その場合の争点は，他の問題行動のない有期労働者と同様に更新条件を提示しなかったことの合理性です。この場合，期間満了間近のエピソードを事実として特定でき，かつ証拠で裏付けられるかが，その合理性を基礎付けることになります。

書式編

目録

書式2-1　就業規則
書式2-2の1　給与規程（年功型賃金規程）
書式2-2の2　給与規程（部分的な成果主義型賃金制度）
書式2-2の3　給与規程（成果主義型賃金制度）
書式2-3の1　退職金規程（年功型）
書式2-3の2　退職金規程（成果主義型＝ポイント制）
書式2-4　出向規程
書式2-5　休職規程
書式2-6　定年後再雇用規程
書式2-7　契約社員就業規則

書式3-1　入社時誓約書
書式3-2　退社時誓約書
書式3-3　退社時注意書
書式3-4　試用期間延長通知書
書式3-5　転籍合意書
書式3-6　休職発令書
書式3-7　病状に関する情報提供書のご依頼
書式3-8　指定医（産業医）への受診命令書
書式3-9　復職にあたっての確認書
書式3-10　退職届
書式3-11　退職願
書式3-12　業務報告書
書式3-13　注意書

書式3-14　厳重指導書
書式3-15　退職合意書
書式3-16　解雇通知書
書式3-17　残業の禁止について
書式3-18　チェックリスト（管理一覧表）
書式3-19　労働契約終了確認書

書式編

書式2-1　就業規則

目次

第1章　総則（第1条～第2条）・・・・・・・・・・・327頁
第2章　服務規律（第3条～第7条）・・・・・・・・・327頁
第3章　人事（第8条～第21条）・・・・・・・・・・328頁
　第1節　採用及び試用（第8条～第10条）・・・・・・ 328頁
　第2節　人事異動（第11条）・・・・・・・・・・・・329頁
　第3節　休職（第12条～第15条）・・・・・・・・・・329頁
　第4節　退職，解雇（第16条～第21条）・・・・・・・330頁
第4章　勤務（第22条～第30条）・・・・・・・・・・331頁
　第1節　労働時間・休憩・休日（第22条～第26条）・・・331頁
　第2節　時間外・休日労働（第27条）・・・・・・・・332頁
　第3節　出退勤（第28条～第30条）・・・・・・・・・333頁
第5章　休暇（第31条～第38条）・・・・・・・・・・333頁
　第1節　年次有給休暇（第31条）・・・・・・・・・・333頁
　第2節　その他の法定休暇・法定休業等（第32条～第37条）334頁
　第3節　その他の休暇・休業（第38条）・・・・・・・336頁
第6章　災害補償（第39条～第40条）・・・・・・・・336頁
第7章　表彰及び制裁（第41条～第45条）・・・・・・337頁
　第1節　表彰（第41条～第42条）・・・・・・・・・・337頁
　第2節　制裁（第43条～第45条）・・・・・・・・・・337頁
第8章　安全衛生（第46条～第49条）・・・・・・・・339頁
第9章　賃金等（第50条）・・・・・・・・・・・・・340頁

第1章 総則

(目的)
第1条 この就業規則（以下「規則」という）は，社員の労働条件，服務規律その他の就業に関する事項を定める。

(適用範囲)
第2条 この規則は社員に適用し，契約社員，嘱託及びパートタイム労働者については，契約社員等就業規則に定める。

第2章 服務規律

(規則遵守の義務)
第3条 社員は，この規則及びその他諸規定を遵守し，各々その義務を履行し，事業の発展に努めなければならない。

(服務の原則)
第4条 社員は，所属上長に指示命令を誠実に守り，たがいに協力して職責を遂行するとともに，職場の秩序の保持に努めなければならない。
2 上長は，部下の指導に努めるとともに，率先して職務の遂行にあたらなければならない。

(服務の心得)
第5条 社員は，職場の秩序を保持し，業務の正常な運営をはかるため，次の事項を守らなければならない。
　①会社の名誉，信用を傷つけないこと
　②職務の権限をこえ独断的なことをしないこと
　③勤務時間中に，みだりに職場を離れないこと
　④酒気をおびて就業しないこと
　⑤職務を利用して自己の利益をはからないこと
　⑥職務を利用して，他より不当に金品を借用し，贈与を受けるなど，不正な行為を行わないこと
　⑦性的な言動によって，他の社員に不利益を与えたり，就業環境を害さないこと
　⑧許可なく他人に雇われ，他の会社等の役員に就任し又は会社

に不利益を与え若しくは自ら営業をしないこと
⑨他の社員にストレスチェックの受検を求めたり，その結果を聞いたり，あるいは面接指導を求めたり，その結果を聞いたりしないこと
⑩前各号のほか，これに準ずる社員としてふさわしくない行為をしないこと

(秘密保持義務等)
第6条　社員は，会社の内外を問わず，また在職中のみならず退職後も，業務上の機密事項，在職中知った個人情報（マイナンバー情報も含む）又は会社の不利益となるような事項を，他に漏らしてはならず，また事業目的以外に使用してはならない。

(競業規制)
第7条　社員は，退職後6ヵ月以内に競業他社に就業しあるいは自ら競業を営む場合には，事前に会社に通知した上で，了解を得なければならない。

第3章　人事
第1節　採用及び試用

(採用)
第8条　社員の採用は就業希望者のうちから所定の選考手続を経て決定する。

(提出書類)
第9条　社員として採用されたときは，採用後2週間以内に次の書類を提出しなければならない。
　　　①履歴書
　　　②住民票記載事項証明書
　　　③その他会社が指定した書類
　2　前項の書類の記載事項に変更があったときは，その都度すみやかに届出なければならない。

(試用期間)
第10条　新たに採用した者は，採用の日から6ヵ月6ヵ月間を試用期間とする。但し，会社が必要があると認めたときは，6ヵ月を限

度に延長することがある。
2　試用期間中，又は試用期間満了時に社員として不適格であると判断された者は，解雇する。
3　試用期間は，勤続年数に通算する。

第2節　人事異動

（人事異動）
第11条　業務の都合により，配転（就業の場所又は従事する業務の変更），昇格，降格，出向を命ずることがある。
2　前項により，配転，昇格，降格，出向を命ぜられた場合は，正当な理由のない限り，拒否することは出来ない。
3　出向者の出向にあたっての労働条件は，別に定める出向規程による。

第3節　休職

（休職）
第12条　社員（但し，勤続1年未満の者は除く）が次の各号の一に該当するときは，休職を命ずる。
　　　①業務外の傷病による欠勤が引続き1ヵ月を超えたとき
　　　②会社の命令により関係会社または関係団体の業務に従事する（出向を含む）とき
　　　③その他前各号に準ずる特別な事情があり休職させることが適当であると会社が判断したとき

（休職期間）
第13条　前条の休職期間は，次のとおりとする。
　　　①前条第①号のとき　　　6ヵ月
　　　②前条第②号のとき　　　必要な期間
　　　③前条第③号のとき　　　会社が決めた期間
2　前項第1号の期間は，会社が特に必要と認めたときは，延長することがある。
3　第1項第1号の期間は，最初の休職後に復職した後6ヵ月以内に同一又は類似の傷病によりさらに欠勤となったときは，欠勤期

間も含め，前の休職期間に通算する。

(復職等)

第14条　休職事由が消滅したときは，原則として原職務に復帰させるが，異なる職務に就かせることもある。一定の期間リハビリ勤務が必要なときは，その期間中の賃金（賞与を含む）の額，退職金の計算の仕方は，その勤務内容，労働時間等に応じて会社が決定する。

2　復職においては，原則，産業医ないし産業医の推薦する医師の診断書を提出しなければならない。

3　休職期間満了になっても休職事由が消滅しなかったときは，第16条により自然退職とする。

(休職期間)

第15条　休職期間中は，賃金を支給しない。

2　休職期間は，退職金及び永年勤続年数の計算に際してはこれを通算しない。但し，第12条第2号の休職にあってはこの限りではない。

第4節　退職，解雇

(退職)

第16条　社員が次の各号の1に該当するときは，退職とする。

　①死亡したとき

　②定年になったとき

　③本人の都合により退職の申し出をした日から起算し14日を経過したとき

　④休職期間が満了してもなお休職事由が消滅しないとき

　⑤1ヵ月以上欠勤し，連絡がとれないとき

(定年)

第17条　社員の定年は満60歳とし，定年に達した日の属する月末をもって退職とする。但し，希望する者は，定年後再雇用規程に則って有期にて再雇用する。

(辞職)
第18条　社員が自己の都合により退職しようとするときは，少なくとも14日前までに，退職の申し出をしなければならない。

(解雇)
第19条　社員が次の各号の1に該当するときは，解雇する。
　　　　①勤務能力又は勤務成績が不良で，改善の見込みがないと認められたとき
　　　　②健康不良で勤務に耐えられないと認められたとき
　　　　③協調性を欠き，その他会社の構成員としての適格性がないと認められたとき
　　　　④会社の名誉あるいは信用を著しく毀損する行為をしたとき
　　　　⑤事業の運営上やむを得ない事情により事業の継続が困難になったとき，又は事業の縮小により他の職務に転換させることかできず人員削減が必要となったとき
　　　　⑥その他前各号に準ずるやむを得ない事由があるとき

(解雇の予告)
第20条　前条により解雇する場合には，試用期間中の者（14日を超えて引き続き使用された者を除く）を除き，30日前に本人に予告するか，平均賃金の30日分に相当する予告手当を支払う。

(退職者の義務)
第21条　退職又は解雇（解雇予告期間中をも含む）された者は，退職日までに，会社が求める引継ぎを円滑に履行しなければならない。
　2　退職又は解雇（解雇予告期間中をも含む）された者は，退職の際，所定の誓約書を会社に提出しなければならない。

第4章　勤務
第1節　労働時間・休憩・休日

(労働時間及び休憩)
第22条　所定労働時間は1週（週の起算日は土曜日とする。以下，本章において同様とする）40時間，1日8時間とし，始業・終業の時刻及び休憩時間は次のとおりとする。

　　　　始業　8時30分　終業　17時30分
　　　　休憩　12時から13時まで
　　2　業務上の都合により，前項の時刻を臨時に繰り上げ，または繰り下げることがある。この場合においても，1日の労働時間が8時間を超えることはない。

(休日)
第23条　休日は，次のとおりとする。
　　　　①土曜日，日曜日（法定休日）
　　　　②国民の祝日（振替休日を含む），年末年始（12月30日から1月3日まで）
　　　　③会社創業記念日
(労働時間の計算)
第24条　社員が出張した場合の労働時間は，特に指示があったときを除き，所定労働時間勤務したものとする。
　　2　営業社員の事業場外労働における労働時間は，労使協定で定めるところにより9時間労働したものとして取り扱う。
(休憩時間の自由利用)
第25条　休憩時間は自由に利用することができる。
(休日の振替)
第26条　業務の都合によりやむを得ない場合には，事前に，第23条の休日を他の日と振り替えることがある。

　　　　　　　　第2節　時間外・休日労働

(時間外・休日労働)
第27条　業務の都合により，所定労働時間を超え，又は休日に労働させることがある。
　　2　前項の場合において，労働基準法で定める労働時間を超え，又は休日に労働させるときは，会社はあらかじめ労働者を代表する者と書面による協定をし，これを所轄労働基準監督署長に届け出るものとする。但し，満18歳未満の者は，時間外労働又は休日労働させることはない。

3 第1項の時間外・休日労働は，会社の命令又は承認を得て行う（サービス残業・休日出勤は厳禁する）。但し，承認を得るには，時間外労働では，各日1時間までは直属上司の事前・事後の承認（口頭も可）とし，各日1時間を超えるときは所属部門長に事前に申請の上，文書（メールを含む）による承認とし，休日労働の場合，事前申請の上，所属部門長の事前の文書（メールを含む）による承認を得なければならない。

第3節　出退勤

（出退勤手続）
第28条　社員は，始業及び終業の時刻を厳守し，出退勤は所定の場所において，出退勤時刻を各自のタイムカードに記録しなければならない。
　2　社員がやむを得ない事由により遅刻するときは，あらかじめ所属長に届け出て承認を受けなければならない。但し，事前に承認を受けることができないときは，事後遅滞なく，その承認を受けなければならない。

（欠勤）
第29条　病気その他やむを得ない事由により欠勤しようとするときは，所属長に届け出なければならない。
　2　病気欠勤が引続き3日以上に及ぶときは，医師（会社が医師を指定することもある）の診断書を提出しなければならない。

（早退，外出等）
第30条　やむを得ない事由により，早退し又は勤務時間中に外出しようとするときは，所属長の許可を受けなければならない。

第5章　休暇
第1節　年次有給休暇

（年次有給休暇）
第31条　次表の勤続年数に応じ，所定労働日数の8割以上出勤した者に対し，同表に掲げる日数の年次有給休暇を与える。

勤続年数	6ヵ月	1年6ヵ月	2年6ヵ月	3年6ヵ月	4年6ヵ月	5年6ヵ月	6年6ヵ月以上
有給休暇日数（日）	10	11	12	14	16	18	20

 2　年次有給休暇を取得しようとする者は，所定の手続により，事前に（原則，前日午前中までに）届け出るものとする。但し，社員が指定した日に休暇をとらせることが事業の正常な運営に支障があるときは，指定した日を変更することがある。

 3　前項の規定にかかわらず，会社は労使協定を締結したうえで各社員の有する年次有給休暇のうち5日を超える日数について時季を指定して与えることがある。

 4　当該年度の年次有給休暇の全部又は一部を消化しなかった場合，その残日数は翌年度に限り繰り越すことができる。

 5　第1項の出勤率の算定に当たり，業務上の傷病による休業期間，育児・介護休業法に基づく育児休業期間・介護休業期間，産前産後の休業期間，及び年次有給休暇取得の期間は，これを出勤とみなす。

第2節　その他の法定休暇・法定休業等

（産前産後の休業等）

第32条　6週間（多胎妊娠の場合は14週間）以内に出産する予定の女性社員は，その申出によって，産前6週間（多胎妊娠の場合は14週間）以内で休業することができる。

 2　女性社員が出産した場合には，8週間の産後休業を与える。但し，産後6週間を経過した女性が請求した場合には医師が支障がないと認めた業務に就くことができる。

 3　女性社員で，生理日の就業が著しく困難な者から請求のあったときは，必要な日数について，就業を免除する。

 4　前各項の休業は，無給とする。

（公民権の行使）

第33条　選挙権その他，公民としての権利を行使するため必要ある場

合には，社員からの請求により公民権行使のために必要な時間を与える。
2 前項の必要時間は，無給とする。

（育児休業）
第34条 1歳未満の子（特別の事情ある場合1歳6ヵ月）の養育を必要とする社員は，会社に申し出て育児休業，育児短時間勤務，子の看護休暇の適用を受けることができる。
2 育児休業，短時間勤務，子の看護休暇の対象者，手続等の必要事項は，法律の定めるところによる。

（介護休業）
第35条 傷病のため介護を要する家族がいる社員は，会社に申し出て介護休業，介護休暇，介護短時間勤務の適用を受けることができる。
2 介護休業，介護休暇，介護短時間勤務の対象者，手続等の必要事項は，法律の定めるところによる。

（育児時間）
第36条 生後1年に達しない子を育てる女性社員があらかじめ申し出た場合は，休憩時間のほか，1日について2回それぞれ30分の育児時間を与える。但し，無給とする。

（母体健康管理の措置）
第37条 妊娠中又は出産後1年を経過しない女性社員から，所定労働時間内に通院休暇の請求があった場合は，次の範囲で休暇を与える。
　　①産前の場合
　　妊娠23週まで………………4週間に1回
　　妊娠24週から35週まで……2週間に1回
　　妊娠36週から出産まで……1週間に1回
　　②産後（1年以内）の場合
　　医師等の指示により必要な時間
2 妊娠中の女性社員に対し，通勤緩和の観点から，出社，退社各々30分の遅出，早退を認める。
3 妊娠中の女性社員に対し，適宜休憩時間の延長，休憩の回数の増

加を認める。
4　妊娠中又は出産後の女性社員に対し，同社員の諸症状に対応するため，次の措置のいずれかを認める。
　　①作業の軽減
　　②勤務時間の短縮
　　③休業等

第3節　その他の休暇・休業

（慶弔休暇）
第38条　社員が次の各号の1に該当する事由により休暇を申請した場合には，慶弔休暇を与える。

事由	付与日数	取得制限
本人結婚のとき	5日	婚姻届提出後1年以内
配偶者が出産したとき	2日	出産日の前後各1週間以内
父母，配偶者又は子女の死亡のとき	5日	死亡日の前後各5日以内
兄弟姉妹，祖父母又は配偶者の父母の死亡のとき	2日	同上

2　前項の休暇は，有給とする。

第6章　災害補償

（業務上災害補償）
第39条　社員が業務上負傷又は死亡し，疾病にかかり障害又は死亡した場合は，労働者災害補償保険法の定めるところにより，補償給付を受ける。
2　前項の補償給付がされる場合，会社は労働基準法上の補償の義務を免れる。

（通勤災害）

第40条　社員が通勤途上において負傷又は死亡し，疾病にかかり障害又は死亡した場合は，労働者災害補償保険法の定めるところにより給付を受ける。
　2　通勤途上であるか否かの判断は，所轄労働基準監督署長の認定による。

第7章　表彰及び制裁
第1節　表彰

（表彰）
第41条　会社は社員が次の各号の一に該当する場合，表彰する。
　　　　①事業の発展に貢献し，又は業務上有益な創意工夫，発見をなした場合
　　　　②就労態度及び技能において，他の社員の模範とするに足りる場合
　　　　③社会的功績により会社の名誉信用を高めた場合
　　　　④事故，災害を未然に防止し，又は事故災害に際し適切に対応し，被害を最小限にとどめるなど功績が顕著であった場合
　　　　⑤永年誠実に勤務した場合
　　　　⑥前各号に準ずる善行又は功労のあった場合

（表彰の方法）
第42条　表彰は，賞状のほか賞品又は賞金の授与をもって行う。

第2節　制裁

（懲戒の種類）
第43条　懲戒の種類及び程度は，次のとおりとする。懲戒処分は，併科することがある。
　　　　①けん責　　始末書を徴して将来を戒める。
　　　　②減給　　　始末書を徴するほか，減給する。但し，減給は1回の額が平均賃金の1日分の2分の1を超えることはなく，また，総額が一賃金支払期における賃金の総額の10分の1を超えることはない。
　　　　③出勤停止　始末書を徴するほか，3ヵ月を限度として出勤を

　　　　　　　　　　停止し，その間の賃金は支給しない。
　　　　④降格　　　始末書を徴するほか，職務上の地位を免じ，又は
　　　　　　　　　　下位等級へ降格する。
　　　　⑤諭旨解雇　諭旨により退職願を出させるが，これに応じない
　　　　　　　　　　ときは懲戒解雇する。
　　　　⑥懲戒解雇　即時解雇する。但し，所轄労働基準監督署長の認
　　　　　　　　　　定を受けなかったときは，予告手当は支給する。

(けん責，減給，出勤停止又は降格)
第44条　次の各号の一に該当した場合，出勤停止又は降格にする。但し，改しゅんの情が顕著に認められること，過去の勤務成績が良好であったこと等情状により減給又はけん責にとどめることがある。
　　　①正当な理由なく業務に関する命令に従わないとき
　　　②自己の職責を怠り，職務怠慢であったとき
　　　③頻繁に無断欠勤，遅刻，早退，又は外出を行う等，職場の秩序を乱すような身勝手な行為があったとき
　　　④業務上の権限を超え，又はこれを濫用して専断的な行為があったとき
　　　⑤けんか等職場の秩序を乱す行為があったとき
　　　⑥素行不良で会社内の風紀を乱したとき
　　　⑦会社内において，性的な関心を示したり，性的な行為をしかけたりして，他の社員の業務に支障を与えたとき
　　　⑧監督不行届により，部下が会社に損害を与えたとき
　　　⑨前各号に準ずる程度の不都合な行為があったとき

(諭旨解雇又は懲戒解雇)
第45条　次の各号の一に該当した場合，諭旨解雇又は懲戒解雇にする。但し，改しゅんの情が顕著に認められること，過去の勤務成績が良好であったこと等情状により前条の処分にとどめることがある。
　　　①極めて軽微なものを除き，事業場内における盗取，横領，傷害等刑法犯に該当する行為があったとき
　　　②賭博，風紀紊乱等により職場規律を乱し，他の社員に悪影響

を及ぼしたとき
③雇入れの際の採用条件の重要な要素となるような経歴を詐称したとき
④会社の承認を得ないで，他の事業へ転職したとき
⑤14日以上正当な理由なく無断欠勤し，出勤の督促に応じないとき
⑥業務に関する重大な秘密を他に漏らしたとき
⑦業務に関連し私利をはかり，又は不当に金品その他を収受するなどの行為があったとき
⑧素行不良で会社内の風紀を乱したとき（行為が前条よりも重いとき）
⑨職責を利用して交際を強要したり，性的な関係を強要したとき
⑩前条各号に該当する行為を反覆し，改しゅんの情が認められないとき
⑪前各号に準ずる程度の不都合な行為があったとき

第8章　安全衛生

(安全及び衛生)
第46条　会社は，社員の安全及び衛生のため，積極的な措置をとるものとし，社員は常に安全及び衛生に関する規定及び通達，指示を厳守し，その予防に努めなければならない。

(災害処置)
第47条　社内に災害その他非常災害が発生し，又はその危険があることを知り，その他異常を認めた場合は，直ちに臨機の処置をとるとともに，関係者に連絡し，その被害を最小限にとどめるよう努めなければならない。
 2　社員が法定伝染病，その他行政官庁の指定伝染病もしくは就業することが不適な疫病，又は他に悪影響を及ぼすおそれのある疫病にかかった場合は，勤務を禁止する。

(健康診断)
第48条　会社は，社員の採用の際及び毎年1回定期に健康診断を行う。

但し，必要ある場合は，全部又は一部の者に対して臨時に行うことがある。
　2　社員は，正当な理由なく，前項の健康診断を拒むことはできない。
（ストレスチェック）
第49条　社員は，自己の心身の健康に留意し，特に心の健康を保持するため，会社が実施する年１回のストレスチェックを受けるよう努めるものとする。
　2　前項の結果，高ストレス者として面接指導が必要との通知があった社員は，医師による面接指導を受けるよう努めるものとする。
　3　社員は，前項の面接指導を受けたときは，その内容を踏まえ，自身の健康を保持するよう努めるものとする。

第9章　賃金等

（別規程）
第50条　賃金等については，別に定める。

付則

（施行）
第1条　この規則は，平成　年　月　日より施行する。

書式2-2の1　給与規程（年功型賃金規程）

目次

第1章　総則（第1条～第3条）・・・・・・・・・・・・342頁
第2章　給与の計算（第4条～第9条）・・・・・・・・・342頁
第3章　基準内給与（第10条～第18条）・・・・・・・・344頁
第4章　基準外給与（第19条～第21条）・・・・・・・・347頁
第5章　昇給（第22条～第28条）・・・・・・・・・・347頁
第6章　賞与（第29条～第31条）・・・・・・・・・・348頁

書式編

第1章　総則

(目的)

第1条　この規定は，就業規則第○条により，社員に対する給与の決定，計算，支払方法，締切，支払の時期ならびに昇給に関する事項，および賞与支給に関する事項を定める。

　2　契約社員，嘱託，パートタイマーに対する給与は，契約社員等就業規則に定める。

(給与決定の原則)

第2条　社員の給与は，会社の支払能力・社会的水準・物価状況および社員の職務遂行能力，年齢，勤続，職責などを考慮してきめる。

(給与の構成)

第3条　給与は，基準内給与と基準外給与とに分け，その構成は次のとおりとする。

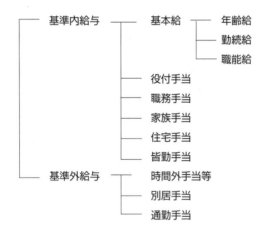

第2章　給与の計算

(計算期間，支払日)

第4条　給与は，前月21日より当月20日までの分を当月25日（但し，銀行非営業日のときはその前の銀行営業日）に支払う。

(非常時払い)
第5条　前条の定めにかかわらず，次の各号の一に該当する場合は，既往の就業に対する給与を支払う。但し，本人（本人死亡の場合はその遺族）より請求のあった場合に支払う。
　①本人またはその扶養家族の出産，疾病のとき
　②本人またはその扶養家族の婚礼または葬儀のとき
　③災害による非常の場合の費用に当てるとき
　④その他事情止むを得ないと会社が認めたとき

(欠勤控除等)
第6条　欠勤・早退・遅刻・私用外出などにより所定就業時間の全部または一部を就業しなかった場合は，その不就労の日数・時間に対応する給与は支給せず，計算方式は，次のとおりとする。

　（1）欠勤の場合
$$\frac{基準内給与}{1カ月平均所定勤務日数} \times 欠勤日数$$

　（2）遅刻，早退，私用外出の場合
$$\frac{基準内給与}{1カ月平均所定勤務時間} \times 当該時間数$$

　2　本条の定めは，管理職には適用しない。

(中途入退社者の日割り計算)
第7条　給与締切期間途中に入社又は退社した者の給与は，日割り計算により支給するものとし，計算方式は，次のとおりとする。

$$\left(\frac{締切期間中の基準内給与総額}{} - 皆勤手当\right) \times \frac{出勤日数}{1カ月平均所定勤務日数} + 基準外給与$$

　2　通勤手当は，日割計算とする。

(給与より控除)
第8条　次の各号の一に該当するものは，支払のときに控除する。但し，第4号については，社員の過半数を代表する者との書面による協定書に基づいて行う。
　①所得税および住民税
　②健康保険料および厚生年金保険料の本人負担分
　③雇用保険料の本人負担分
　④預貯金，保険料その他本人が委託し会社が承認したもの
(給与の支払方法)
第9条　給与は，全額を直接社員に通貨をもって支払う。但し，本人が希望する場合は，金融機関の本人名義口座に振込みを行うこととする。

第3章　基準内給与

(基本給)
第10条　基本給は，年齢給，勤続給および職能給で構成する。
(年齢給)
第11条　年齢給は，15歳で70,000円とし，1歳増すごとに1,000円増加する。但し，50歳を超える年齢で増加はない。
(勤続給)
第12条　勤続給は，勤続1年（1年の期間満了をもって1年と計算する）につき800円とする（例えば，満5年なら800円×5＝4,000円）。但し，50歳を超える年齢で増加はない。
(職能給)
第13条　職能給は，職能資格等級を次の7等級（下表）に分類し，その職能に対応する別表の額とする。但し，満55歳以上の職能資格等級は原則として停止とするが，業務上能力優秀なものは考慮することがある。

職能資格等級・職層・職位表

職層	職能等級と内容	対応する職位
管理職	7等級 ・高度な体系的知識をもち総合的判断により，新たな計画を立案し，積極的に業務遂行できる者。 ・会社の経営方針，計画について経営者を補佐し，部下を指導監督することのできる者。	部長
管理職	6等級 ・一定の組織の長として，所管業務の的確な企画立案を行い部下に指示命令し，業務遂行のできる者。 ・経営者を補佐できる者。	課長
リーダー職	5等級 ・担当業務について詳細な知識を持ち，グループの責任者として指導し，統率することができる者。 ・特命事項のできる者	課長代理・主任
一般職	4等級 ・上長の代行ができる者。	D級職
一般職	3等級 ・職務遂行に充分な知識を持ち，上長の一般的な指示がなくとも通常業務を的確に処理できる者。	C級職
一般職	2等級 ・業務遂行に必要な知識を持ち，上長の一般的な指示により通常業務を遂行できる者。	B級職
一般職	1等級 ・上長の直接の細かい指示，または予め定められた基準に従い，定型的反覆的職務を行なうことができる者。	A級職

（役付手当）

第14条　役付手当は，管理職，リーダー職の地位にある者に対して，次の区分により支給する。

(1) 部長　　　　60,000円以上
(2) 課長　　　　50,000円以上
(3) 課長代理　　10,000円以上
(4) 主任　　　　5,000円以上

（職務手当）

第15条　職務手当は，次の区分により支給する。

(1) 防火管理者　5,000円　　(4) 危険物取扱主任　3,000円
(2) 安全管理者　2,000円　　(5) 火元責任者　　　1,000円
(3) 衛生管理者　2,000円　　(6) 安全衛生推進者　2,000円

（家族手当）

第16条　家族手当は，本人が扶養する無収入の同居親族者に応じ，次の基準により支給する。

(1) 配偶者　　　　　　　　　　　　　　　13,000円
(2) 満18歳未満の長子　　　　　　　　　　3,000円
(3) 満18歳未満の次子以下1人につき　　　　2,000円
(4) 満65歳以上の直系尊族1人につき　　　　2,000円
(5) 満55歳以上の寡婦たる実養母　　　　　2,000円
(6) 満18歳未満の弟妹1人につき　　　　　　2,000円

（住宅手当）

第17条　住宅手当は，家賃補助として家賃の75％（但し，上限は7万円とする）を支給する。

（皆勤手当）

第18条　皆勤手当は，給与締切期間中精勤した者に，次により支給する。

1カ月無欠勤者	7,000円
欠勤1日の者	3,000円
欠勤2日の者	1,500円

2　前項の皆勤手当は，管理職には支給しない。

第4章　基準外給与

(時間外手当等)

第19条　就業規則第〇条に規定する時間外勤務等の割増賃金は，次の計算により支給する。

(1) 時間外勤務

$$\frac{(基本給＋役付手当＋職務手当＋皆勤手当)}{1カ月平均所定勤務時間数} \times 1.25 \times 時間外勤務時間数$$

(2) 法定休日勤務

$$\frac{(基本給＋役付手当＋職務手当＋皆勤手当)}{1カ月平均所定勤務時間数} \times 1.35 \times 休日勤務時間数$$

(3) 深夜勤務

$$\frac{(基本給＋役付手当＋職務手当＋皆勤手当)}{1カ月平均所定勤務時間数} \times 0.25 \times 深夜勤務時間数$$

2　前項第1号および第2号は，管理職には支給しない。

(別居手当)

第20条　就業規則第〇条により単身赴任する場合，次により支給する。
　　　表（略）

2　前項の支給額は，その都度会社が決定する。

(通勤手当)

第21条　通勤手当は，社員が居住の場所より会社に通勤のため交通機関を利用する者に，原則として，通勤定期券の現物を支給する。但し，通勤距離2キロメートル以上の者とする。

第5章　昇給

(昇給)

第22条　昇給は，原則として4月1日付をもって定期昇給を行う。

(定期昇給の内容)

第23条　定期昇給は，当該年度の職務遂行能力，勤務状況，責任感，

協調性，貢献度等を人事考課で評定（S，A，B，C，Dの5段階評価）のうえ行う。

（ベースアップ）
第24条　経済状況に応じてベースアップを行うことがある。

（臨時昇給）
第25条　臨時昇給は，特に功労のあった等昇給の必要を生じた場合に行う。

（昇格）
第26条　会社は，職務遂行能力，責任感，企画力，判断力，勤務成績等勘案のうえ，職能資格等級の昇格を行うことがある。

（新規学卒者の初任給）
第27条　新規学卒者の初任給は，基準内給与額と社会的水準を勘案のうえ決定する。

（中途採用者の初任給）
第28条　新規学卒者以外の中途採用者の給与は，経験年数等を考慮して，決定する。

第6章　賞与

（賞与の支給）
第29条　賞与は，原則として6月および12月に，会社の業績及び社員の勤務成績・貢献度等に応じて支給する。

（賞与の算定期間）
第30条　賞与の算定期間は，前年12月1日から当年5月末日までを夏季賞与，当年6月1日から11月末日までを冬季賞与とする。

（賞与の受給資格）
第31条　賞与の当該期間に在籍した者でも，賞与支給当日に在籍していない者には支給しない。

附則

第1条　この規程は，平成　年　月　日より施行する。

別表（第13条関連）

ピッチ額\号	1 (900)	2 (1,100)	3 (1,300)	4 (1,600)	5 (1,900)	6 (2,200)	7 (2,800)
1	52,500	69,500	90,500	113,000	139,500	171,000	254,000
2	53,400	70,600	91,800	114,600	141,400	173,200	256,800
3	54,300	71,700	93,100	116,200	143,300	175,400	259,600
4	55,200	72,800	94,400	117,800	145,200	177,600	262,400
5	56,100	73,900	95,700	119,400	147,100	179,800	265,200
6	57,000	75,000	97,000	121,000	149,000	182,000	268,000
7	57,900	76,100	98,300	122,600	150,900	184,200	270,800
8	58,800	77,200	99,600	124,200	152,800	186,400	273,600
9	59,700	78,300	100,900	125,800	154,700	188,600	276,400
10	60,600	79,400	102,200	127,400	156,600	190,800	279,200
11	61,500	80,500	103,500	129,000	158,500	193,000	282,000
12	62,400	81,600	104,800	130,600	160,400	195,200	284,800
13	63,300	82,700	106,100	132,200	162,300	197,400	287,600
14	64,200	83,800	107,400	133,800	164,200	199,600	290,400
15	65,100	84,900	108,700	135,400	166,100	201,800	293,200
16	66,000	86,000	110,000	137,000	168,000	204,000	296,000
17	66,900	87,100	111,300	138,600	169,900	206,200	298,800

書式編

書式2−2の2　給与規程（部分的な成果主義型賃金制度）

目次

第1章	総則（第1条～第3条）・・・・・・・・・・・・・	351頁
第2章	給与の計算（第4条～第9条）・・・・・・・・・	351頁
第3章	基準内給与（第10条～第16条）・・・・・・・	351頁
第4章	基準外給与（第17条～第19条）・・・・・・・	352頁
第5章	給与の改定（第20条～第22条）・・・・・・	353頁
第6章	賞与　・・・・・・・・・・・・・・・・・・	354頁

第1章　総則

第1条〜第2条　省略（書式2−2の1と同じものは省略，以下に同じ）

（給与の構成）
第3条　給与は，基準内給与と基準外給与とに分け，その構成は次のとおりとする。

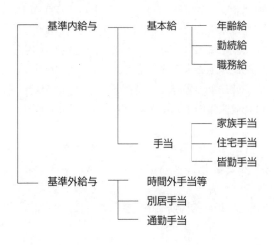

第2章　給与の計算

第4条〜第9条　省略

第3章　基準内給与

（基本給）
第10条　基本給は，年齢給，勤続給，職務給で構成する。

第11条〜第12条は，給与規程書式2−2の1の同条と同じ

（職務給）

第13条　職務給は4つの職務等級に分類し，それぞれの等級の標準額，上限額，下限額は，別紙職務給表（注，例①を前提）による。
　2　新規学卒者又は中途採用者（これらに準ずる者を含む）の職務給は，経験，能力等を基準に職務等級を決定した上，別紙職務給表の範囲で個別に金額を決定する。

（家族手当）
第14条　家族手当は，本人が扶養する無収入の同居親族者に応じて，次の基準により支給する。

　　　　（1）配偶者　　　　　　　　　　　　　13,000円
　　　　（2）満18歳未満の長子　　　　　　　　3,000円
　　　　（3）満18歳未満の次子以下1人につき　2,000円
　　　　（4）満65歳以上の直系尊族1人につき　2,000円
　　　　（5）満55歳以上の寡婦たる実養母　　　2,000円
　　　　（6）満18歳未満の弟妹1人につき　　　2,000円

（住宅手当）
第15条　住宅手当は，家賃補助として家賃の75％（但し，上限は7万円とする）を支給する。

（皆勤手当）
第16条　皆勤手当は，給与締切期間中精勤した者に，次により支給する。

1カ月無欠勤者	7,000円
欠勤1日の者	3,000円
欠勤2日の者	1,500円

　2　前項の皆勤手当は，管理職には支給しない。

第4章　基準外給与

（時間外手当等）
第17条　就業規則○条に規定する時間外勤務等の割増賃金は，次の計算により支給する。

（1）時間外勤務

$$\frac{(基本給＋役付手当＋職務手当＋皆勤手当)}{1カ月平均所定勤務時間数} \times 1.25 \times 時間外勤務時間数$$

（2）法定休日勤務

$$\frac{(基本給＋役付手当＋職務手当＋皆勤手当)}{1カ月平均所定勤務時間数} \times 1.35 \times 休日勤務時間数$$

（3）深夜勤務

$$\frac{(基本給＋役付手当＋職務手当＋皆勤手当)}{1カ月平均所定勤務時間数} \times 0.25 \times 深夜勤務時間数$$

2　前項第1号および第2号は，管理職には支給しない。

（別居手当）

　　第18条　就業規則第○条により単身赴任する場合，次により支給する。表（略）

2　前項の支給額は，その都度会社が決定する。

（通勤手当）

第19条　通勤手当は，社員が居住の場所より会社に通勤のため交通機関を利用する者に，原則として，通勤定期券の現物を支給する。但し，通勤距離2キロメートル以上の者とする。

第5章　給与の改定

（改定の時期）

第20条　給与の改定は年1回，その時期は4月分給与とする。但し，次の者は，対象から除外する。

　　　　①改定額算定期間における所定就業日数の3分の1以上就業しなかった者

　　　　②定期改定時において休職中の者

　　　　③改定額算定期間中に懲戒処分を受けている者

(改定の基準)
第21条　年齢給は第11条,勤続給は第12条の基準に基づいて昇給する。
2　職務給は,別紙職務給表の範囲内において,人事考課の結果に基づき,直接上司が第1次評価を行い,第2次評価は役員会にて行い,改定額(昇給額・降給額)を決定する。

(ベース・アップ)
第22条　経済状況の変化に伴い,ベース・アップを行うことがある。ベース・アップの時期は定期改定と同時とする。

第6章　賞与

(給与規程書式2-2の1の第29条～第31条が,第23条～第25条となり,内容は同じ。)

附則
第1条　この規程は,平成　年　月　日より施行する。

別紙　職務給表 (第13条関連例①)

(円)

職務等級	職務	下限額	標準額	上限額
1等級	スタッフ職	93,000	115,000	137,000
2等級	現場ないし本部でのリーダー　班のとりまとめ	126,000	158,000	190,000
3等級	主導者的職務	180,000	220,000	260,000
4等級	現場ないし本部での最小単位組織の管理職務	235,000	296,000	357,000

別紙　職務給表（第13条関連例）

(円)

等級	1	2	3	4	5	6	7	8	9	10
1等級スタッフ職（900円刻み）	93,000	93,900	94,800	95,700	96,600	97,500	98,400	99,300	100,200	101,100
	11	12	13	14	15	16	17	18	19	20
	102,000	102,900	103,800	104,700	105,600	106,500	107,400	108,300	109,200	110,100
	21	22	23	24	25	26	27	28	29	30
	111,000	111,900	112,800	113,700	114,600	115,500	116,400	117,300	118,200	119,100
	31	32	33	34	35	36	37	38	39	40
	120,000	120,900	121,800	122,700	123,600	124,500	125,400	126,300	127,200	128,100
	41	42	43	44	45	46	47	48	49	50
	129,000	129,900	130,800	131,700	132,600	133,500	134,400	135,300	136,200	137,100
2等級中級社員（1300円刻み）	1	2	3	4	5	6	7	8	9	10
	126,000	127,300	128,600	129,900	131,200	132,500	133,800	135,100	136,400	137,700
	11	12	13	14	15	16	17	18	19	20
	139,000	140,300	141,600	142,900	144,200	145,500	146,800	148,100	149,400	150,700
	21	22	23	24	25	26	27	28	29	30
	152,000	153,300	154,600	155,900	157,200	158,500	159,800	161,100	162,400	163,700
	31	32	33	34	35	36	37	38	39	40
	165,000	166,300	167,600	168,900	170,200	171,500	172,800	174,100	175,400	176,700
	41	42	43	44	45	46	47	48	49	50
	178,000	179,300	180,600	181,900	183,200	184,500	185,800	187,100	188,400	189,700
3等級上級社員（1800円刻み）	1	2	3	4	5	6	7	8	9	10
	176,000	177,800	179,600	181,400	183,200	185,000	186,800	188,600	190,400	192,200
	11	12	13	14	15	16	17	18	19	20
	194,000	195,800	197,600	199,400	201,200	203,00	204,800	206,600	208,400	210,200
	21	22	23	24	25	26	27	28	29	30
	212,000	213,800	215,600	217,400	219,200	221,000	222,800	224,600	226,400	228,200
	31	32	33	34	35	36	37	38	39	40
	230,000	231,800	233,600	235,400	237,200	239,000	240,800	242,600	244,400	246,200
	41	42	43	44	45	46	47	48	49	50
	248,000	249,800	251,600	253,400	255,200	257,000	258,800	260,600	262,400	264,200
4等級中級管理者（2500円刻み）	1	2	3	4	5	6	7	8	9	10
	235,000	237,500	240,000	242,500	245,000	247,500	250,000	252,500	255,000	257,500
	11	12	13	14	15	16	17	18	19	20
	260,000	262,500	265,000	267,500	270,000	272,500	275,000	277,500	280,000	282,500
	21	22	23	24	25	26	27	28	29	30
	285,000	287,500	290,000	292,500	295,000	297,500	300,000	302,500	305,000	307,500
	31	32	33	34	35	36	37	38	39	40
	310,000	312,500	315,000	317,500	320,000	322,500	325,000	327,500	330,000	332,500
	41	42	43	44	45	46	47	48	49	50
	335,000	337,500	340,000	342,500	345,000	347,500	350,000	352,500	355,000	357,500
5等級上級管理者	年俸制									

書式編

書式2－2の3　給与規程（成果主義型賃金制度）

目次

第1章　　総則（第1条～第3条）・・・・・・・・・・・・357頁
第2章　　給与の計算（第4条～第9条）・・・・・・・・・357頁
第3章　　基準内給与（第10条～第14条）・・・・・・・・357頁
第4章　　基準外給与（第15条～第16条）・・・・・・・・358頁
第5章　　賞与・・・・・・・・・・・・・・・・・・・・359頁

第1章　総則

第1条～第2条　省略（給与規程書式2-2の1と同じものは省略，以下に同じ）

(給与の構成)
第3条　給与は，基準内給与と基準外給与とに分け，その構成は次のとおりとする。

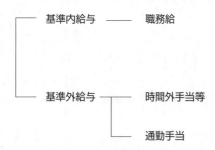

第2章　給与の計算

第4条～第9条　省略

第3章　基準内給与

(基準内給与)
第10条　基準内給与は，職務給で構成する。
(職務給)
第11条　職務給は4つの職務等級に分類し，それぞれの等級の標準額，上限額，下限額は，別紙職務給表（注，例①を前提）による。
　2　新規学卒者又は中途採用者（これらに準ずる者を含む）の職務給は，経験，能力等を基準に職務等級を決定した上，別紙職務給表の範囲で個別に金額を決定する。
(職務給の改定)
第12条　職務給の改定は年1回，その時期は4月分給与とする。但し，

次の者は，対象から除外する。
　① 改定額算定期間における所定就業日数の3分の1以上就業しなかった者
　② 定期改定時において休職中の者
　③ 改定額算定期間中に懲戒処分を受けている者

（改定の基準）
第13条　職務給は，別紙職務給表の範囲内において，人事考課の結果に基づき，直接上司が第1次評価を行い，第2次評価は役員会にて改定額（昇給額・降給額）を決定する。

（ベース・アップ）
第14条　経済状況の変化に伴い，ベース・アップを行うことがある。ベース・アップの時期は定期改定と同時とする。

第4章　基準外給与

（時間外手当等）
第15条　就業規則第○条に規定する時間外勤務等の割増賃金は，次の計算により支給する。

（1）時間外勤務

$$\frac{\text{基本給}}{1カ月平均所定勤務時間数} \times 1.25 \times \text{時間外勤務時数}$$

（2）法定休日勤務

$$\frac{(\text{基本給})}{1カ月平均所定勤務時間数} \times 1.35 \times \text{休日勤務時間数}$$

（3）深夜勤務

$$\frac{\text{基本給}}{1カ月平均所定勤務時間数} \times 0.25 \times \text{深夜勤務時間数}$$

2　前項第1号および第2号は，管理職には支給しない。

（通勤手当）

第16条　通勤手当は，社員が居住の場所より会社に通勤のため交通機関を利用する者に，原則として，通勤定期券の現物を支給する。但し，通勤距離2キロメートル以上の者とする。

第5章　賞与

（給与規程書式2－2の1の第29条～第31条が，第17条～第19条となり，内容は同じ）

附則

第1条　この規程は，平成　年　月　日より施行する。

別紙　職務給表（第11条関連例①）

（円）

職務等級	職務	下限額	標準額	上限額
1等級	スタッフ職	160,000	200,000	240,000
2等級	現場ないし本部でのリーダー班のとりまとめ	240,000	280,000	320,000
3等級	主導者的職務	320,000	370,000	420,000
4等級	現場ないし本部での最小単位組織の管理職務	410,000	470,000	530,000

別紙　職務給一覧表（第11条関連例②）

(円)

等級						
1等級 スタッフ職 （2,000円刻み）	1	2	3	4	5	6
	160,000	162,000	164,000	166,000	168,000	170,000
	7	8	9	10	11	12
	172,000	174,000	176,000	178,000	180,000	182,000
	13	14	15	16	17	18
	184,000	186,000	188,000	190,000	192,000	194,000
	19	20	21	22	23	24
	196,000	198,000	200,000	202,000	204,000	206,000
	25	26	27	28	29	30
	208,000	210,000	212,000	214,000	216,000	218,000
	31	32	33	34	35	36
	220,000	222,000	224,000	226,000	228,000	230,000
	37	38	39	40	41	
	232,000	234,000	236,000	238,000	240,000	
2等級 現場ないし本部でのリーダー 班のとりまとめ （2,500円刻み）	1	2	3	4	5	6
	240,000	242,500	245,000	247,500	250,000	252,500
	7	8	9	10	11	12
	255,000	257,500	260,000	262,500	265,000	267,500
	13	14	15	16	17	18
	270,000	272,500	275,000	277,500	280,000	282,500
	19	20	21	22	23	24
	285,000	287,500	290,000	292,500	295,000	297,500
	25	26	27	28	29	30
	300,000	302,500	305,000	307,500	310,000	312,500
	31	32	33			
	315,000	317,500	320,000			
3等級 主導者的職務 （5,000円刻み）	1	2	3	4	5	6
	320,000	325,000	330,000	335,000	340,000	345,000
	7	8	9	10	11	12
	350,000	355,000	360,000	365,000	370,000	375,000
	13	14	15	16	17	18
	380,000	385,000	390,000	395,000	400,000	405,000
	19	20	21			
	410,000	415,000	420,000			
4等級 現場ないし本部での 最小単位組織の管理業務 （7,500円刻み）	1	2	3	4	5	6
	410,000	417,500	425,000	432,500	440,000	447,500
	7	8	9	10	11	12
	455,000	462,500	470,000	477,500	485,000	492,500
	13	14	15	16	17	
	500,000	507,500	515,000	522,500	530,000	

書式2-3の1　退職金規程（年功型）

目次

第1章	総則（第1条）・・・・・・・・・・・・・・・・・	362頁
第2章	支給対象者（第2条～第4条）・・・・・・・・	362頁
第3章	計算（第5条～第8条）・・・・・・・・・・・	362頁
第4章	加算，支給制限（第9条～第10条）・・・・・・	363頁
第5章	支給時期等（第11条～第12条）・・・・・・・・	364頁

第1章 総則

(総則)
第1条 この規定は,就業規則第○条により従業員の退職金について定めたものである。但し,契約社員,パートタイマー等には適用しない。

第2章 支給対象者等

(支給対象者)
第2条 退職金は,勤続1年以上の従業員が退職した場合に支給する。但し,自己都合による退職の場合は3年以上の場合に支給する。

(退職金受領者)
第3条 退職金の支給を受ける者は,本人またはその遺族とする。
　2 前項の遺族は,労働基準法施行規則第42条ないし第45条の遺族補償の順位による。
　3 会社は,前項により退職金を受領する者に対して戸籍関係書類,住民票記載事項の証明書その他会社が必要と認める証明書類を提出させることがある。

(受給権の処分禁止)
第4条 退職金を受ける権利はこれを譲渡し,また担保に供してはならない。

第3章 計算

(退職金の算定基礎額)
第5条 退職金の計算を行なう場合の基礎となる額は,退職時の基本給とする。

(自己都合による算式)
第6条 (1)の各号の事由により退職した場合は,(2)の算式により算出した金額を退職金として支給する。
　(1) 事由
　　　①自己の都合で退職する場合(就業規則第16条3号)
　　　②休職期間満了による場合(同条4号)

③1ヵ月以上失踪し，連絡がとれないことによる退職（同条5号）

　　　　④解雇であった場合（同第19条1～4号，6号）

　（2）算式

　　　　基礎額×別表の自己都合の支給率

(会社都合による算式)

第7条　（1）の各号の事由により退職した場合は，（2）の算式により算出した金額を退職金として支給する。

　（1）事由

　　　　①死亡した場合（就業規則第16条1号）

　　　　②定年に達した場合（同条2号）

　　　　③会社の都合により解雇する場合（同第19条5号）

　　　　④業務上の傷病，疾病による退職の場合

　　　　⑤当社役員への就任のよる退職の場合

　　　　⑥その他，会社が認める退職の場合

　（2）算式

　　　　基礎額×別表の会社都合の支給率

(勤続年数の計算等)

第8条　勤続年数の計算は，入社日より退職日（死亡の場合は死亡日）までとし，1年未満の端数は月割で計算し，1ヵ月未満の日数は16日以上を1ヵ月に繰り上げ，15日以下は切り捨てる。

　2　就業規則第10条の「試用期間」は，勤続年数に算入する。

　3　就業規則第13条の「休職期間」は，同条1項2号を除き，原則として，勤続年数に算入しない。

　4　従業員が会社に再入社した場合は，再入社前の勤続年数は算入しない。

　5　退職金の計算において100円未満の端数が生じたときは，100円単位に切り上げる。

　　　　　　　　　　第4章　加算，支給制限等

(加算)

第9条　在職中に特に功労のあった退職者に対しては，別に特別功労金

を退職金に附加することがある。

(支給制限等)

第10条　懲戒解雇，就業規則第45条の懲戒解雇該当事由がある退職者，又は退職後に同業他社に就職しまたは競業活動を行なったり，引継義務を履行しない，あるいは所定の誓約書を会社に提出しないなどの背信行為があった場合には，原則として退職金を支給しない。但し，情状によって減じて支給することがある。

2　退職金支給後，前項に該当する事実が明らかとなったときは，会社は，すでに支給した退職金の返還を当該従業員に求めることがある。

第5章　支給時期等

(退職金の支給)

第11条　退職金は，退職の日より1カ月以内に支給する。但し，事故あるときは，事故解消後とする。但し，本人の書面による申出に基づき，本に名義の金融機関口座へ振り込み，または銀行振出小切手，銀行支払保証小切手，郵便為替による支払うことができる。

(債務の弁済)

第12条　退職者が退職，死亡，または解雇された場合で，会社に対し弁済すべき債務があるときは，従業員は支給された退職金の一部または全部をもって弁済を行なうものとする。

付則

第1条　この規程は，平成　年　月　日より施行する。

別表　退職金支給率（第6条（2），第7条（2）関連

勤続 (年)	支給率		勤務 (年)	支給率		勤続 (年)	支給率	
	自己都合	会社都合		自己都合	会社都合		自己都合	会社都合
1	0	0.73	11	6.87	9.01	21	26.50	29.85
2	0	1.41	12	8.03	10.45	22	29.78	32.35
3	1.48	2.07	13	9.27	11.99	23	33.19	34.97
4	2.02	2.73	14	10.60	13.65	24	36.85	37.75
5	2.59	3.50	15	11.98	15.43	25	39.65	39.65
6	3.14	4.14	16	14.08	17.58	26	40.25	40.25
7	3.73	4.92	17	16.21	19.87	27	40.85	40.85
8	4.32	5.71	18	18.47	22.26	28	41.45	41.45
9	4.95	6.56	19	20.87	24.80	29	42.05	42.05
10	5.79	7.67	20	23.36	27.45	30以上	42.65	42.65

書式2-3の2　退職金規程（成果主義型＝ポイント制）

第1章，第2章は，書式2-3の1と同じ（省略）

第3章　計算

（算定方式）
第5条　退職金の算定は，次の算式による計算する。
　　退職金＝職務ポイント×ポイント単価
（職務ポイント）
第6条　職務ポイントは，別表「ポイント付与基準」により算出された各ポイントの累積ポイントとする。
　2　職務ポイントは，職能等級別在級年数1年を一単位とし，1年未満の端数は月割とする。月割計算は，小数点以下第3位を四捨五入し，第2位までの数字により算出する。
　3　毎期4月に，その前月時点の累積した職務ポイント数を従業員に告知する。
（ポイント単価）
第7条　ポイント単価は〇〇〇〇円とする。但し，ポイント単価は諸情勢を総合的に勘案し，改定することがある。
（加算）
第8条　各従業員の各職務の遂行結果に応じ，会社は，前条の職務ポイントを40％を限度に加算することがある（例えば，主任職なら6ポイント限度）。

第4章　支給制限等

（支給制限等）
第9条　懲戒解雇，就業規則第45条の懲戒解雇該当事由がある退職者，又は退職後に同業他社に就職しまたは競業活動を行なったり，引継義務を履行しない，あるいは所定の誓約書を会社に提出しないなどの背信行為があった場合には，原則として退職金を支給しない。但し，情状によって減じて支給することがある。

2 退職金支給後，前項に該当する事実が明らかとなったときは，会社は，すでに支給した退職金の返還を当該従業員に求めることがある。

第5章　支給時期等

(退職金の支給)
第10条　退職金は，退職の日より1カ月以内に支給する（但し，事故あるときは，事故解消後とする）。但し，本人の書面による申出に基づき，本に名義の金融機関口座へ振り込み，または銀行振出小切手，銀行支払保証小切手，郵便為替による支払うことができる。

(債務の弁済)
第11条　退職者が退職または解雇された場合で会社に対し弁済すべき債務があるときは，従業員は支給された退職金の一部または全部をもって弁済を行なうものとする。

付則

第1条　この規程は，平成　年　月　日より施行する。

別表　ポイント付与基準（第6条1項関連）

職務等級	担当職	主任職	係長職	課長代理職	課長職	部長職	部門長職	本部長職
職務ポイント	10	15	20	25	30	60	80	100

書式2-4

出向規程

(目的)
第1条　この規程は，株式会社○○○○（以下，当社という）就業規則第○条第○項に基づき，他の企業または団体（以下，出向先という）に出向する労働者（以下，出向者）の労働条件その他の取扱いに必要な事項を定めることを目的とする。

(出向者の定義)
第2条　出向者とは，当社に在籍のまま他の企業または団体（出向先）に勤務を命ぜられた者をいう。

(人事考課)
第3条　出向者の管理は，当社人事部で行う。
　2　出向者の人事考課は，出向先の所属長の考課に基づき，当社規程により行う。

(勤務)
第4条　出向者は，出向先における服務規律・労働時間・休日・出張・職務内容およびタイトルなどに関しては，原則として出向先の就業規則，決定その他の定めに従うものとする。
　2　年次有給休暇・その他の諸休暇日数に関しては，当社基準による。

(賃金)
第5条　出向者の賃金（諸手当等を含む）等については，当社の給与規程に基づき当社の支給日に支払う。

(賃金改定)
第6条　出向者の基本給の改訂は，当社基準により実施する。

(出向期間)
第7条　出向期間は，原則3年とする。但し，期間途中，当社の都合により出向を解除することがある。
　2　出向期間は，業務上必要のある場合，更新することがある。更新期間は更新時の状況を勘案し，前項の期間を上限として当社が定める。

(出向中の勤務取扱い)
第8条　出向期間は，当社退職金規程の定めるところにより当社の勤続年数に通算する。

(退職金)
第9条　出向者の退職金は，当社退職金規程による。

(福利厚生)
第10条　出向者が当社の厚生施設を利用する場合およびその他の福利厚生については，原則として当社の他の労働者と同様の取扱いをする。
　2　出向者には，当社の慶弔見舞金規程を適用する。

(賞罰)
第11条　出向者の賞罰については，当社および出向先のそれぞれの規程を適用する。

(社会保険)
第12条　労災保険以外の社会保険については当社の資格を継続する。
　2　労災保険は出向先に移管する。

付則

第1条　この規程は，平成　　年　　月　　日から施行する。

書式2-5

休職規程

(目的)
第1条　この規程は，就業規則第○条に基づき，社員の休職に関する基準を定めることを目的とする。

(休職事由)
第2条　会社は，社員が次の各号の一に該当する場合は，休職を命ずる。
　　　（1）　勤続1年以上の社員が業務外の傷病によって連続1ヵ月欠勤したとき
　　　（2）　地方自治体等の議員等に就任したとき
　　　（3）　刑事事件で起訴されたとき
　　　（4）　労働協約に基づき組合専従者となったとき
　　　（5）　ボランティア・海外留学等のため職務に就くことができなくなったとき
　　　（6）　出向を命じられたとき
　　　（7）　前各号のほか会社が必要と認めたとき

(休職期間)
第3条　前条の休職期間は，次のとおりとする。但し，（1）の勤続年数は，採用日から欠勤期間の開始日までの期間により計算する。
　　　（1）　前条1号の場合
　　　　①勤続1年以上3年未満の者　　　　6カ月
　　　　②勤続3年以上5年未満の者　　　　1年
　　　　③勤続5年以上の者　　　　　　　1年6カ月
　　　（2）　前条2号の場合は，公職就任期間
　　　（3）　前条3号の場合は，判決が確定するまでの期間
　　　（4）　前条4号の場合は，労働協約に定める期間
　　　（5）　前条5号の場合は，会社が必要と認めた期間
　　　（6）　前条6号の場合は，出向規程に定める期間
　　　（7）　前条7号の場合は，会社が個別に決める期間
　2　前項の休職期間は，会社が延長の必要を特に認めたときは，その必要な期間延長することがある。

3 前条1号により休職となった者が復職後1年以内に同一又は類似の傷病により再び会社を休んだ場合は，欠勤期間を経ることなく直ちにこれを休職とする。この場合，前の休職期間の上限を限度とする。

(復職)
第4条 会社は，休職者の休職の事由が休職期間満了までに消滅した場合は，復職させる。第3条1項1号の休職者は，復職において，主治医，及び会社の指示に従って産業医ないし産業医の推薦する医師の診断書を提出しなければならない。
2 前項の場合において復職にあたり一定期間のリハビリ勤務が必要なときは，会社は，その期間，職務内容に対応する賃金を，社員の希望も聴取した上で決定する。

(退職)
第5条 休職期間が満了したにもかかわらず，休職事由が消滅せず，あるいは復職をしなかったときには，その休職期間満了日をもって当該休職者は退職とする。

(私傷病休職の場合の処遇)
第6条 第3条1項1号の休職者には，会社は休職期間中賃金を支給しない（無給）。なお，賞与査定期間中に休職期間があるときは，その休職期間勤務がないものと扱う。
2 退職金規程又は永年勤続表彰における勤続年数の計算において，休職期間は算入しない。
3 年次有給休暇における勤続期間においては，休職期間は算入しない。

(公職就任休職の場合の処遇)
第7条 第3条1項2号の休職者の休職期間等の処遇については，前条各項を準用する。

(起訴休職の場合の処遇)
第8条 第3条1項3号の休職者の休職期間等の処遇については，第6条各項を準用する。

(組合専従休職の場合の処遇)
第9条 第3条1項4号の休職者の休職期間等の処遇については，第6

条各項を準用する。
(私事休職の場合の処遇)
第10条　第3条1項5号の休職者の休職期間等の処遇については，第6条各項を準用する。
(出向による休職の場合の処遇)
第11条　第3条1項6号の休職者の休職期間等の処遇については，出向規程の定めるところによる。
(会社が必要と認めた休職の場合の処遇)
第12条　第3条1項7号の休職者の休職期間等の処遇については，個別に会社が決定するものとする。

書式2-6

定年後再雇用規程

(目的)
第1条 この規程は，定年後再雇用社員の採用，及び就業に関する事項を定め，就業条件その他については，個別に雇用契約書にて定める。

(定義)
第2条 定年後再雇用社員とは，定年に達した従業員が希望し，かつ次の各号のいずれにも該当する場合において，会社と雇用契約を結んだ者をいう。但し，会社の業績が再雇用を許さない状況であったときは，この限りではない。
① 定年に達する直前の人事考課がD評価でないこと
② 会社の産業医が60歳以降の就業を不適当とする旨の意見を出していないこと
③ その他，再雇用時点で解雇事由がないこと

(雇用期間及び更新要件)
第3条 定年後再雇用社員の雇用期間は，原則として1年（その期間の満了が満65歳を超えるときは，満65歳までの期間）とする。
2 前項の雇用期間が満了した場合において，第2条に掲げる基準(但し書きも含む)を充足したときは，定年後再雇用社員に事前に通知し，同意を得た上で更新する（自動更新はしない）。但し，満65歳を超えて更新することはない。更新の際の次の雇用条件（労働日，労働時間，賃金等）は，更新時の業務量，前の契約期間の職務遂行結果，当該社員の体力・健康状態等を考慮して，会社が提示する。
3 定年後再雇用社員と会社との雇用契約は，前項の会社からの通知が定年後再雇用社員に行われない限り，雇用契約（更新した場合は更新後の雇用契約）の期間が終了した日に満了する。

(勤務時間，休憩，休日)
第4条 定年後再雇用社員の勤務時間・休憩時間は，次のとおりとする。但し，業務の性質，繁閑によって，始業，終業時刻を繰り上げ，

繰り下げることがある。

始業時刻	終業時刻	休憩時間
9時	18時	11時30分から12時30分

2　前項の規定にかかわらず，個別の雇用契約書により勤務時間，休憩につき別に定めることがある。
3　休日は，次の日とするが，個別の雇用契約書によりさらに休日日数を付与することがある。
　① 　土曜日，日曜日（法定休日）
　② 　会社が指定した日
4　前項の休日は，事前に会社が同一週内（土曜日を週の起算日とする）のほかの労働日を休日に指定することで振り替えることがある。この場合振り替えられた日が休日となり，休日が労働日となる。

（定年後再雇用社員の休暇・休業）
第5条　定年後再雇用社員の休暇・休業については，法令の規定する限りとし，かつ，労基法第39条の休暇を除き，いずれも無給とする。

（定年後再雇用社員の賃金）
第6条　給与は，月給制又は時給制とし，その額は契約時に経験等を考慮して個別に決定する。通勤費は，毎月実費分とする。
2　給与・通勤費の計算期間は，月給制の場合は当月1日より末日とし時給制の場合は前月1日より末日とし，これを当月25日（但し，銀行非営業日の場合はその前の銀行営業日）に定年後再雇用社員の指定する銀行口座に振り込む方法にて支払う。
3　時間外勤務，休日出勤があったときは，毎月1日から末日までの分を法令に基づいて計算し，これを翌月25日に前項の方法に準じて支払う。
4　定年後再雇用社員には，賞与，退職金を支給しない。

（定年後再雇用社員の退職）
第7条　定年後再雇用社員が次の各号の一に該当するときは，退職とする。

① 雇用期間が満了したとき
② 辞職を申し出て受理されたとき（但し，退職予定日の30日以上前に申し出なければならない）
③ 死亡したとき

（就業規則の準用）
第8条　就業規則のうち次の各号に掲げる規定は，定年後再雇用社員に準用する。

　　　　① 第1章「総則」のうち，第○条，第○条，第○条
　　　　② 第2章「人事」のうち，第○条，第○条
　　　　③ 第3章「服務規律」は，すべての規定
　　　　④ 第7章「解雇」は，すべての規定
　　　　⑤ 第8章「懲戒」は，すべての規定
　　　　⑥ 第9章「災害補償」は，すべての規定
　　　　⑦ 第10章「安全及び衛生」は，すべての規定

　　　　　　　　　付　則
第1条　本規程は，平成○年4月1日から施行する。

書式編

書式2-7　契約社員就業規則

目　次

第1章　総則・・・・・・・・・・・・・・・・・・・377頁
第2章　服務規律・・・・・・・・・・・・・・・・・377頁
第3章　勤務・・・・・・・・・・・・・・・・・・・379頁
　第1節　所定労働時間，休憩および休日・・・・・・・379頁
　第2節　出勤・遅刻・早退および欠勤・・・・・・・・380頁
　第3節　休暇・休業・・・・・・・・・・・・・・・381頁
第4章　給与・・・・・・・・・・・・・・・・・・・381頁
第5章　人事・・・・・・・・・・・・・・・・・・・383頁
第6章　表彰・・・・・・・・・・・・・・・・・・・386頁
第7章　懲戒・・・・・・・・・・・・・・・・・・・386頁
第8章　安全および衛生・・・・・・・・・・・・・・389頁
第9章　災害補償・・・・・・・・・・・・・・・・・389頁
第10章　無期転換社員・・・・・・・・・・・・・・・389頁
付　則・・・・・・・・・・・・・・・・・・・・・・390頁

第1章 総則

(目的)
第1条 本就業規則(以下「本規則」という)は,○○株式会社(以下「会社」という)の契約社員(以下単に「従業員」という)の就業に関する事項を定めたものである。

(規則適用の原則)
第2条 本規則および個別の雇用契約に定めのない事項については,労働基準法その他の法の定めるところによる。

(定義)
第3条 本規則において従業員とは,次の各号の一に該当し,第5章により契約期間を定めて契約社員として会社に採用された者をいう。定年後再雇用された定年後再雇用契約社員については,別に定める定年後再雇用規程を適用する。
  ① 高度な専門知識及び経験を有する者
  ② 会社の特定する職種又は業務に従事させる者
  ③ その他前各号に準ずる業務上の必要がある者

第2章 服務規律

(規則遵守)
第4条 従業員は,日本の法令,本規則をはじめ会社の諸規則・諸規程および会社の方針を遵守しなければならない。
 2 従業員は会社の名声・信用を尊重し,会社の方針・倫理に反する行為をとらないものとする。

(協力の精神)
第5条 従業員は,自己の職務と関連ある他の職務担当者との連絡を密にし,職務上の責任を重んじ,協力の精神をもって業務に精励しなければならない。

(機密の保持)
第6条 従業員は,その職場を通じ,または職務外において知るに至った,または知り得る会社に関する報告・統計・記録・冊子・書簡・文書・見込客表・顧客表・電子情報・その他の機密情報等(以下

「機密事項」という）を会社の書面による同意なくしていかなる第三者に対しても一切開示または漏洩してはならない。
2 　従業員は，機密事項を会社における職務遂行の目的のためにのみ使用し，他のいかなる目的のためにも使用してはならない。
3 　本条の義務は，従業員が会社を退職しまたは解雇された後も継続する。

（個人情報の取扱い）
第7条　従業員は，職務上収集した個人情報（マイナンバー情報も含む）を厳格に守秘しなければならない。
2 　従業員は，個人情報の取扱いを行う旨の誓約書を会社の求めるところに従って，差し入れなければならない。
3 　従業員が会社を退職しまたは解雇された場合には，従業員は退職または解雇の日までに保管している個人情報をすべて会社に返却しまたは会社の指示に従って消去し，個人情報をすべて返却または消去した旨および退職または解雇の日以降も個人情報を不正に使用し，第三者に漏洩しない旨の誓約書を会社に提出しなければならない。

（遵守義務）
第8条　従業員は，職務に専従し，勤務時間中に勤務場所を離れるときにはその所在を明確にしておかなければならない。
2 　従業員は，会社の信用を傷つけ，または従業員として不名誉な行為をしてはならない。
3 　従業員は，会社内で風紀（セクシャルハラスメントを含むがそれに限定されない）を乱し，または暴力をふるい，もしくは会社の秩序を乱すような行為をしてはならない。
4 　従業員は，正当な理由なくして上司の命令を拒んではならない。
5 　従業員は，職務上の地位・権限を利用し金品を受け，または自己の利益を計ってはならない。
6 　従業員は，会社の施設および什器・備品等の使用・保管に注意し，会社の許可なくして業務以外の目的にこれらを使用してはならない。
7 　従業員は，業務が終了した後はすみやかに退出するものとし，会

社が許可した場合のほかは社内に残留してはならない。
　8　従業員は，会社の業務遂行中は自家用車を使用してはならない。但し，会社が必要と認めた場合にはこの限りではない。
　9　従業員は，社命または会社の許可なくして他の会社，団体の役員または従業員となり，もしくは営利を目的とする業務に従事してはならない。

第3章　勤　　務

第1節　所定労働時間，休憩および休日

（所定労働時間，休憩時間および休日）
第9条　所定労働時間，休憩時間および休日は，次条以下に定めるところによる。但し，個別の雇用契約書に個別に定めることが出来るものとする。

（所定労働時間および休憩時間）
第10条　所定労働時間は，原則として以下のとおりとし，実働1日8時間，1週40時間とする。

勤務日	勤務時間		休憩時間
	始　業	終　業	
月曜日〜金曜日	9：00	18：00	12:00〜13:00

　2　会社は業務上必要があるときは，前項の始終業時刻および休憩時間を繰り上げ，または繰り下げることがある。

（休　　日）
第11条　休日は次のとおりとする。
　　　　①日曜日（法定休日）
　　　　②会社が指定した日

（事前振替）
第12条　会社は事前に通知のうえ，休日を当該休日から1週間（但し，土曜日を1週間の起算日とする）以内の就業日に振り替えることがある。この場合，従来の休日は就業日となり，振り替えられた

就業日が休日となる。但し，振り替えられた就業日には，休日出勤手当を支給しない。

(時間外勤務・休日出勤)

第13条　会社は業務上必要があるときは，時間外勤務もしくは休日勤務を命ずることがある。従業員は，正当な理由なくこれを拒んではならない。

第2節　出勤・遅刻・早退および欠勤

(出勤・退社)

第14条　従業員は，所定の時間に出勤，退社するものとし，退社の際は，書類，帳票類の整理・保管に万全を期さねばならない。

(出勤禁止)

第15条　次の各号のいずれかに該当する従業員は，出勤を禁止または退社を命ずることがある。

　　①アルコール分を帯びている場合。
　　②火器・武器その他業務上不必要な危険物を携帯している場合。
　　③健康上危険が存していると思われる場合。
　　④法律・規則または本規則により就業・出勤を禁じられている場合。
　　⑤前各号に定められている以外の場合で，従業員の行動が業務に著しく支障をきたすと思われる場合。

(遅刻・早退・直訪・直帰)

第16条　従業員は遅刻する場合，事前に上司に申し出て会社の許可を得なければならない。また，やむを得ない理由で事前に申し出ることができない場合にも事後すみやかに上司へ申し出て許可を得たうえで，勤務につかなければならない。

　2　早退・直訪・直帰するときは，あらかじめ上司に届け出て，許可を受けなければならない。

　3　正当な理由なく，第1項および第2項記載の手続きに従った届出がなかった遅刻・早退は，第7章の懲戒の対象となる。

(欠勤)
第17条　従業員が傷病または他の不可避的理由により出勤できない場合は，事前に上司へその理由および欠勤予定日数を届け出て許可を得なければならない。
　2　正当な理由なく，前項の手続きに従った承認を得なかった欠勤は，無断欠勤とする。

第3節　休暇・休業

(年次有給休暇等)
第18条　年次有給休暇は，労基法39条の定めに従って付与する。
　2　従業員が年次有給休暇を取得するときは，事前（原則，前日午前中まで）に上司へ所定の様式により届け出るものとする。但し，会社は業務の都合によりその時期を変更させることがある。
　3　年次有給休暇については，通常の賃金を支払う。
　4　年次有給休暇の残存休暇日数は，翌年に限り繰り越すことができる。

(その他の休暇・休職)
第19条　従業員は，前条の他，労働基準法等の法令の定めに基づいて休暇・休業を取得することができる（但し，いずれも無給とする）。
　2　育児・介護休業は，法令の定めに基づいて取得することができる（但し，いずれも無給とする）。

第4章　給　　与

(賃金の内容)
第20条　賃金は，次のとおりとする。但し，個別に締結される雇用契約に規定してあるものを除き，次のもの以外に諸手当は支給しない。

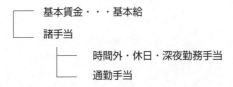

- 基本賃金・・・基本給
- 諸手当
  - 時間外・休日・深夜勤務手当
  - 通勤手当

(賃金の計算期間および支払日)
第21条　賃金の計算期間は前月の16日より当月15日までとし，その支払いは毎月25日（銀行非営業日のときは，その前日の営業日）とする。
　2　次の各号の場合には，基本賃金，通勤手当は日割計算により支給される。日割計算の除数は，所定労働日数とする。
　　　①計算期間の途中に入社，または復職した場合。
　　　②計算期間の途中に退職し，または解雇された場合。
　3　前項の賃金の日割計算および次条の賃金控除は，翌月の賃金支払日までに調整する。

(給与の支払方法)
第22条　給与は全額円通貨にて直接本人に支払う。但し，本人の同意を得た場合には，本人が指定した金融機関の本人名義の預貯金口座に振り込むことによって支払う。

(諸控除)
第23条　給与の支払いに際し，会社は法令，会社規則の定めに従い，次の控除をすることができる。
　　　①所得税，住民税
　　　②雇用保険，健康保険，厚生年金保険，介護保険の各保険料
　　　③その他の控除は，法律によって控除が強制される場合を除き，会社と従業員の過半数を代表する者との間における書面による合意なくして行なわない。
　2　前項にかかわらず，誤算もしくは過払いが生じた場合には，本人に通知したうえで翌月の給与から控除する。

(基本給)
第24条　基本給は，職務内容，職務遂行能力・態度，経験等，会社の業績等に応じて，各契約毎に決定する。

(時間外・休日・深夜勤務手当)
第25条　1日の労働時間が法定労働時間（8時間）を超えたとき，法定休日出勤したとき，あるいは勤務が深夜（午後10時から翌日午前5時）のときは，労基法37条所定の計算による時間外・休日・深夜勤務手当を支給する。

（通勤手当）

第26条　従業員が通勤する場合は，現住所の最寄駅より在勤事業所の最寄駅に至る鉄道，地下鉄，もしくはバスの1ヵ月当たりの通勤定期代を支給するものとする。なお，通勤経路は最も経済的で短時間な路線を選んで会社が決定する。1ヵ月当たりの通勤手当は税法に定められる課税をされない金額の範囲内とする。

（賃金控除）

第27条　従業員が懲戒処分としての出勤停止処分を受けた場合，または業務上の傷病以外で欠勤した場合は，原則として不就業日について前条に定める計算方法に基づき基本賃金及び通勤手当を減額する。賃金の計算期間のすべてが不就業日の場合は，賃金は支払われない。

2　業務上の疾病による欠勤の場合，その期間の給与に代えて，法令所定の保険給付がなされる。

3　遅刻，早退，私用外出，組合活動，ストライキなどの事由により所定労働時間を勤務しなかったときは，その部分について基本給を控除する。

（更新時の賃金の更改等）

第28条　従業員の給与は，更新毎に前の契約期間中の職務遂行結果に基づいて，改めて決定する（増額すことも，減額することもある）。

2　従業員には，賞与，退職金を支給しない。

第5章　人　　事

（採用）

第29条　会社は，必要に応じ書類選考，面接選考を経た上，適当と認めたものを採用する。

（提出書類）

第30条　新規採用者は，試用される前に所定の様式による書類を会社に提出しなければならない。

2　前項の提出書類中，記載事項に変更を生じたときは，その都度遅滞なく会社に届け出なければならない。

(雇用期間)
第31条　従業員の雇用期間は最長1年（但し，その期間の満了が満65歳を超えるときは，満65歳までの期間）とするが，個別の雇用契約に定めるものとする。

(試用期間)
第32条　入社後1カ月間（但し，初回の雇用契約に限る）は試用期間とする。但し，会社は必要なとき1カ月を限度に試用期間を延長することができる。
　2　前項の期間中あるいは期間満了時に従業員としての適格性がないと判断されたときには，解雇する。

(更新の条件)
第33条　雇用期間が満了した場合，満了時の業務量，従事していた業務の進捗状況，従業員の勤務成績・勤務態度・勤務能力，会社の経営状況等により，更新の有無と条件を決定する。すなわち，自動更新はせず，更新する場合においても労働条件を改めて設定する。但し，満65歳を超えて更新することはない。
　2　更新する場合には，会社は雇用期間満了日より1ヵ月前までに更新する契約における労働条件を従業員に通知する。
　3　従業員と会社との雇用契約は，前項の会社からの通知が契約社員にされない限り，雇用契約の期間が満了した日に終了し，従業員は退職となる。

(異動等)
第34条　会社は，業務の必要に応じて従業員の就業する場所，または従事する業務の変更，関連会社への派遣または出向，ならびにその役職・地位の任免・変更を命ずることができる。この場合，従業員は正当な理由なくこれを拒むことができない。
　2　会社は，業務上必要あるときは従業員に出張を命ずる。

(引継)
第35条　従業員が前条の異動を命じられまたは退職により従来の担当業務を後任者に引き継ぐ場合には，引継日をもって責任が移転したものとみなし，前任者は引継日までは自己の責任で従来の担当業務を処理しなければならない。

2 前項の引継ぎは，文書もしくは口頭で行うものとする。

(退職)
第36条
1 従業員が次の各号の一に該当するときは，退職とする。
①退職を願い出て承認されたとき
②死亡したとき
③雇用期間が満了したとき
2 従業員が前項1号により退職しようとする場合は，その退職日の1ヵ月前までに上司をに退職願を提出し，上司の承認を得なければならない。
3 従業員が第1項第1号により退職しようとする場合，退職日までの勤務は，会社の指示に従う。

(解雇)
第37条 次の各号の一に該当するとき，従業員は解雇される。
①従業員の能力が著しく低下し，または従業員が精神的・肉体的障害または能力低下により職務遂行不適当となったと認められるとき。
②度重なる指導・助言にも拘わらず，著しく低い成果しか達成し得ないとき。
③試用期間中，従業員として採用するには不適当と会社が認めたとき。
④会社のやむを得ない業務の都合によるとき。
⑤その他前各号に準ずる事由があるとき。

(解雇の予告)
第38条 会社が前条の規定に従って従業員を解雇するときは，30日前に予告するか，または30日分の平均賃金を解雇予告手当として支払う。但し，事業の継続が災害または他の不可避的事由により不能となったとき，または従業員が14日またはそれ以内の試用のときは，この限りではない。
2 前項の予告日数は，会社が平均賃金を支払った分だけ減らすことができる。

(貸与品等の返還義務)
第39条　従業員が退職しまたは解雇されたときは，社員バッジ・身分証明書その他会社からの貸与品をただちに返納し，会社に対し債務があるときは退職または解雇の日までに完済しなければならない。

第6章　表　　彰

(表彰)
第40条　従業員が次の各号の一をなしたとき，会社は該当従業員を表彰することがある。
　　　　①会社に有益な発明改良，又は考案をしたとき。
　　　　②災害あるいは事故の発生を防止または緊急の場合に適切な処置をとり，その功績を認めたとき。
　　　　③業務遂行が優秀にして熟練し，かつ品行方正にして他の従業員の範たるとき。
　　　　④会社の評価を高めるような立派な社会奉仕に従事したとき。
　　　　⑤前号に規定したると同等の奉仕，または行為をなしたとき。
　2　会社は前各号に該当する場合のほか，顕著な行為をなした従業員のグループを総体的に表彰することがある。

第7章　懲　　戒

(原則)
第41条　従業員が第44条のいずれかに該当するときは，会社は懲戒を行う。
　2　会社が必要と認めるときは，懲戒を公表することがある。
(懲戒の種類および程度)
第42条　懲戒はけん責・減給・出勤停止・諭旨解雇または懲戒解雇の形式をとり，以下の方法で行う。但し，事実軽微な場合には懲戒を免じ注意に留めることがある。他方，会社はその事情により次の一または二つ以上を併用して懲戒することがある。
　　　　①けん責　　　従業員は始末書を提出し，書面または口頭により将来の改善のため訓戒を受ける。

②減給　　　従業員は始末書を提出し，各違反行為につき1日の平均賃金の半分以下とする。但し，一賃金支払期間中に減給が数回に及ぶ場合には，総額は当該賃金支払期の賃金総額の10パーセントを超えることはない。

③出勤停止　従業員は始末書を提出し，出勤停止（但し，3カ月を限度とする）させられ非業につき反省を求められる。出勤停止期間中は無給とする。

④諭旨解雇　退職届を出すよう勧告する。退職届を出さないときは，懲戒解雇とする。

⑤懲戒解雇　予告期間を設けることなく即時解雇する。この場合において，所轄労働基準監督署長の認定を受けたときは，解雇予告手当（平均賃金の30日分）を支給しない。

（被疑従業員に対する緊急措置）

第43条　従業員が次の規定に該当する嫌疑が存する場合，会社は事実関係を調査するため一時的に出勤停止させることができる。会社はその間従業員を欠勤扱いとし，平均賃金の6割に相当する賃金を支給するものとする。但し，会社が最終的に解雇の対象にしないと決定した場合，その出勤停止期間は勤続年数に通算する。

（懲戒事由）

第44条　次の各号の一に該当するとき，会社は従業員の非違行為に応じて懲戒処分を行う。

①従業員が会社，またはその他の従業員の信用評判を害したとき。

②従業員が職場の風紀，または秩序を乱したとき。

③従業員が業務命令に違反したとき。

④従業員が許可なく職場において宣伝広告，または告知文書の配布を行ったとき，あるいは会社の掲示を奪い減却・書き換えまたは破棄したとき。

⑤従業員が許可なく職場を放棄するなどの行為をしたとき。

⑥従業員が出勤カード・物品搬出入許可証等を偽造・模造・廃

棄あるいは濫用したとき。
⑦従業員が故意または過失により機械・器具・材料を粗末に扱い，誤用し，または破損，破棄したとき。
⑧従業員がその部下，同僚または顧客に対して不正な行為をしたとき。
⑨従業員が会社の施設管理権を害したとき。
⑩従業員が本規則および諸規程・ルールに違反したとき。
⑪従業員がその氏名，もしくはその経歴を偽ったこと，または入社するために不正の方法をとったことが発覚したとき。
⑫従業員が虚偽の書面，または他の不正行為をもって給料・金銭または財産を受け，または受けようとしたとき。
⑬従業員が第6条に反し，機密事項を漏らしたとき。
⑭従業員が，故意または過失により会社の取り扱う個人情報を漏洩，滅失または毀損させたとき。
⑮前号のほか，従業員が，違法に，個人情報を取得，利用，提供，保管，破棄し，その他これらの規程に反する行為をしたとき。
⑯従業員が収賄し，または職務に関連した地位を利用して不当な利益を享受し，私利を得たとき。
⑰従業員が，正当な理由なく3日以上無断欠勤，頻繁に遅刻，早退または欠勤を繰り返したとき。
⑱従業員が会社の許可なく勤務時間中に他の者に雇用され，または自己の事業を行ったとき。
⑲従業員が刑事犯罪になる行為を犯し，従業員として不適当と認められたとき。
⑳従業員が職場での言動により，他の従業員，役員等に不利益を与えまたは，職場環境を害する等の差別を行ったとき。
㉑前各号に準ずる程度の不都合な行為をしたとき。

(教唆・幇助)
第45条　他人を教唆もしくは幇助して懲戒に該当する行為をさせた者は，行為者に準じて懲戒処分とする。

(損害賠償)

第46条　従業員が故意または過失により，会社に損害を及ぼしたときは，懲戒に付するほか，損害の全部または一部を賠償させる。但し，事情により賠償金の全部または一部を免除することがある。

第8章　安全および衛生

(準用)
第47条　安全および衛生に関しては，就業規則第○章を準用する。

第9章　災害補償

(災害補償)
第48条　従業員の業務上の負傷または疾病の災害補償に関しては，法令の定めるところによる。

第10章　無期転換社員

(無期転換社員)
第49条　会社の有期労働者として採用された後，労契法18条によって取得した無期転換申入権を行使した者を無期転換社員とし，無期転換社員には次条のとおり処遇する。

(基本給の見直し)
第50条　無期転換社員には，毎年4月，会社の業績，本人の勤務成績・勤務姿勢等を考慮して，基本給を見直すことがある。

(定年)
第51条　無期転換社員は，60歳となった日の属する月の月末日をもって定年退職とする。

(準用等)
第52条　無期転換社員には，第2章以下の規定のうち，次の条文を準用する。

　　第2章　　　すべて
　　第3章　　　すべて
　　第4章　　　第20条から第27条

第5章	第30条2項，第34条ないし第39条
第6章	すべて
第7章	すべて
第8章	すべて
第9章	すべて

付則

（施 行 日）
第1条　本規則は〇〇年〇月〇日から施行する。

書式3-1　入社時誓約書

○○○○株式会社　御中

秘密保持義務に関する誓約書（入社時）

　私は，貴社において業務上知り得る下記情報につき，在職中及び退職後においても，貴社の許可なく第三者に漏洩し，又は自己のために使用しないことを確約致します。
　また，私は，下記情報が記録された書類，媒体の複製，持ち出し，廃棄，返還等について，貴社の規則，指示に従うことを確約致します。

記

① 経営者及び株主に関する情報
② 経営戦略内容に関する情報（経営計画，目標，他社との業務提携に関する情報，将来の事業計画に関する情報等を含む）
③ 取引先顧客，元顧客に関する情報
④ 営業政策及び業界に関する情報（仕入価格，仕入先，マーケティング情報を含む）
⑤ 財務状況に関する情報
⑥ 人事，従業員に関する情報
⑦ 所属長等により機密情報として指定された情報
⑧ 子会社／関連会社に関する前各号の情報
⑨ 上記以外の情報で第三者に漏洩した場合，貴社，子会社／関連会社，又はこれらの役員・従業員に有形無形の損害が発生するおそれのある情報，並びに貴社の利益保護のために秘密としておく必要がある一切の事項

平成　　年　　月　　日
氏　名　　　　　　　　㊞

【解説】

　入社時に，秘密保持に関する誓約書を提出してもらいます。提出しない場合は内定（採用）しないことで誓約書の提出を担保します。よって，内定（採用）通知は，この誓約書が提出された後にするのがよいでしょう。
　秘密保持以外に入社後に遵守してもらいたい事項があれば，表題を単に「誓約書」と変え，それらの事項を加えればよいでしょう。

書式3-2　退職時誓約書

○○○○株式会社　御中

誓　約　書

私は，今般貴社を退職するにあたり，退職後も以下の各項を誓約いたします。

1. 貴社の企業秘密その他業務上知り得た一切の情報を第三者に開示又は漏洩等することなく秘密として保持すること。また，貴社の事業以外に（自己のために）使わないこと。特に，私が退職前3年間，営業部長の職務に従事していたことから，貴社の取引先の担当者，取引構成，数量，トレンド等が特に重要な企業秘密となることは確認しています。
2. 私が貴社における就業に関連して入手した貴社の企業秘密を含む一切の資料及びそのコピーを含む一切の複製物を，貴社に返還すること。
3. 貴社の信用・名誉を毀損し，又は悪影響を与える行為を一切行わないこと。
4. 万一，この誓約書に違反し又は在職中の法令もしくは社内規定に違反する行為によって貴社に損害を与えた場合には，貴社の被った損害の一切を賠償すること。
5. 退職に際し，退職金規程に基づく退職金請求権，その他別途合意済みの請求権以外には，貴社に対し何らの請求権も有しないことを確認します。

以　上

平成○○年○月○日

住　所　□□□_____

氏　名　××××　　　　　　㊞

【解説】

　退職時に，秘密保持に関する誓約書を提出してもらいます。提出しなくても就業規則ですでに義務化しているので，法的な差異は生じませんが，政策的には出させた方がよいです（確認になり，且つ牽制になります）。就業規則に提出を義務づけておくと，この誓約書の提出をしないことは業務命令違反となり，損害賠償や提出を法的に強制出来ます。1項の「特に…」以下は，仮処分申立をする際に円滑に出来るようにするための工夫です。

書式3-3　退職時注意書

平成○○年○月○日

×× ×× 殿

○○○○株式会社
代表取締役　△△　△△

注　意　書

　当社は，貴殿に対し，今般貴殿が当社を退職するにあたり，次の事項を遵守するよう，注意します。

1．当社の企業秘密その他業務上知り得た一切の情報を第三者に開示又は漏洩等することなく秘密として保持すること。また，当社の事業以外に（自己のために）使用しないこと。特に，貴殿が退職前3年間，営業部長の職務に従事していたことから，当社の取引先の担当者，取引構成，数量，トレンド等が特に重要な企業秘密となります。
2．貴殿が当社における就業に関連して入手した当社の企業秘密を含む一切の資料及びそのコピーを含む一切の複製物を，当社に返還すること。
3．当社の信用・名誉を毀損し，又は悪影響を与える行為を一切行わないこと。
4．万一，この誓約書に違反し又は在職中の法令もしくは社内規定に違反する行為によって当社に損害を与えた場合には，当社の被った損害の一切を賠償すること。

以　上

【解説】
　退職時に書式3-2を提出しない退職者に対し，同じ内容の注意書を通知します。これによって，就業規則に定める退職後の秘密保持義務の履行を強く促します。違反したときの違法性の程度が高まり，差止めや損害賠償請求等の有力な証拠として使うことが出来ます。

書式3-4　試用期間延長通知書

平成○○年○月○日

×× ×× 殿

株式会社○○○○
人事部　○○○○

試用期間の延長について

　貴殿は，当社就業規則第○条第○項に基づき，平成○年○月○日をもって試用期間を満了するところ，体調不良により（延長の理由を書く）当社社員としての適格性が判断できない状況に鑑み，試用期間を1ヵ月延長し，平成○年○月○日までとします。

　　　　　上記確認し，了解しました。がんばります。

　　　　　　　　　　　平成○年○月○日

　　　　　　　　　　　所属・職
　　　　　　　　　　　氏名　　　　　　　　　㊞

【解説】
　試用期間中の解雇（留保解約権の行使）か本採用後の解雇かで有効要件（ハードル）が違うので，試用期間中であることを明確にしておく必要があります。絶対に口頭で行ってはいけません。
　点線以下の文章は，必須ではありませんが，本人に自覚させるために記載しています。

書式3-5 転籍合意書

転 籍 合 意 書

　株式会社○○（以下，「甲」という）と××××（以下，「乙」という）及び株式会社△△（以下，「丙」という）は，乙が甲より丙に転籍することについて，合意に至ったので，乙の雇用関係につき，下記のとおり，転籍合意書を締結する。

記

1．甲と乙の雇用契約は，平成○年○月○日をもって終了し，乙は同日限り甲を退職する。
2．乙は，平成○年○月△日より丙に正社員として雇用される。
3．乙の平成○年○月△日以降の賃金，退職金その他の労働条件等については，丙の就業規則，給与規程，退職金規程，その他の諸規程の定めるところによる。

（特約する場合）
4．乙の年次有給休暇の日数は，丙の就業規則によるが，有給休暇日数の決定において基準とする勤務期間は，甲のおける勤務期間を通算する。
5．1によって雇用契約が終了した後は，乙は甲に対して労働契約上の一切の債権を有するものではないことを確認する。

　　　　　　　　　　　　　　平成○年○月×日
　　　　　　　　　　　　　　甲　　（住　　所）
　　　　　　　　　　　　　　　　　（会社名）　　株式会社　　○○
　　　　　　　　　　　　　　乙　　（住　　所）
　　　　　　　　　　　　　　　　　（氏　　名）　　××　　××㊞
　　　　　　　　　　　　　　丙　　（住　　所）
　　　　　　　　　　　　　　　　　（会社名）　　株式会社　　△△

【解説】
　転籍では転籍時点での個別の同意が必要なので，この書式のような転籍元と転籍先に対し個別同意をする内容とします。つまり転籍元とは退職の，転籍先とは新たな雇用の各同意です。ただ，退職金と年次有給休暇を引き継ぐと同意が得やすくなりますので，それが可能ならその記載をするとよいでしょう（例えば，年次有給休暇付与日数に関し4項）。もしこの記載がなくても転籍の同意を得られるなら，4項は不要で，その場合，5項（但し，4項に繰り上がる）の確認条項と相まって，退職金の計算において転籍前の勤続期間は通算されず，年次有給休暇も転籍前の残日数は引き継がれないこととなります。

書式編

書式3-6　休職発令書

休職発令書（私傷病休職）

平成○○年○月○日

×　×　×　殿

株式会社○○○○
人事部長△△△△

休職発令書

　貴殿には，休職規程第○条1号（「勤続1年以上の社員が業務外の疾病によって連続1カ月欠勤したとき」）の休職事由が認められることから，同条に基づき，休職を命じます。
　休職期間は，休職規程△条1項1号の定めに基づき，平成○○年○月○日より○年となります。
　休職期間中の処遇等は，休職規程第×条の定めるところによります。
　健康回復に十分ご留意され，元気に職場復帰されることを祈念しております。休職期間途中健康が回復され職場復帰可能となったときには，人事部○○宛て（○○-○○○○-○○○○）にご連絡ください。

以　上

【解説】
　休職期間満了で復職できないと退職になるので，休職期間の計算を間違わないことは，大切な労務管理です。その計算結果を休職者にも明確に伝えることで共有する必要があります。また，人事労務管理のスタートは就業規則なので，その習慣をつける意味でも，上記のように条文を挙げて文書を作成するとよいです。

書式3-7　病状に関する情報提供書のご依頼

症状に関する情報提供書のご依頼

平成○年○月○日

医療法人○○○○
医師　○○○○　先生ご机下

株式会社○○○○
総務部○○○○

　当社社員の症状（平成○年○月○日，平成○年○月○日，同年○月○日付診断書）について，下記の内容についての情報提供及びご意見をいただければと存じます。また必要に応じ，面談の上，ご説明いただける機会も，合わせてご依頼いたします。

　なお，本情報提供書は本人への労務管理の目的に使用され，いただいた情報はプライバシーに十分配慮しながら当社総務部が管理いたします。

　本依頼へのご理解ご協力をよろしくお願いいたします。

（本人記入欄）

私は下記の内容につき，主治医からの情報提供及び意見，事業主が面談の上での説明を求めることに，同意いたします。

平成○年○月○日

住所
氏名　　　　　　㊞

（主治医記入欄）

平成○年○月○日より現在まで貴院への
・通院履歴
・処方した薬の履歴
をお教え下さい（おそらく，下欄には記載しきれないと存じますので，別の紙にでも記載し添付してご回答いただければと存じます）。

```
(記入欄)



上記の通り情報の提供を行います。
平成○年○月○日

            医療機関所在地
            医療機関名
            主治医名              ㊞
```

【解説】

　診断書だけでは，休務者がどういう健康状態か分からないことが多いです。休務者への労務管理として，このように休務者がどういう健康状態かが分かるように情報提供してもらいます。もちろん，休務者のプライバシーに関わるので，休務者の同意を得た上で，主治医に送付します。

書式3-8 指定医（産業医）への受診命令書

平成〇年〇月〇日

〇〇　〇〇　殿

〇〇株式会社
総務部長　〇〇〇〇

指定医（産業医）への受診命令書

　当社は貴殿に対し，貴殿の現在の健康状態を判断するため，雇用契約に基づく労務管理の一環として，下記の通り，当社が指定する医師（産業医）の診断を受診するよう命じます。

記

日時：平成〇年〇月〇日（　）〇時〇分
場所：〇〇〇〇
　　　〒〇〇〇-〇〇〇〇
　　　指定医：〇〇〇〇医師

　尚，当該医師の診察等に要する費用は，全額当社が負担いたします（受診にあたっては保険証とお薬手帳をお持ちください）。
　また，当社は，診断結果について，上記医師から開示を受けるとともに，必要に応じて，当該医師の意見を聴取した上で，貴殿の健康状態の判断を行いますので，ご承知おきください。
　なお，この受診がない限り，貴殿への休職発令をすることはございませんので，ご留意ください。

以　上

【解説】
　主治医（休務者のかかりつけの医師）の診断結果では分からない場合，産業医ないしその推薦を受けた（指定する）医師の診断を受診するよう命令する必要も出てきます。その際，産業医ないし指定医には，当該休務者の休務する前の担当職務等の情報を提供しながら診断してもらうと，主治医の診断書との区別化（どちらが信用に値するか）が可能となります。

書式3−9 復職にあたっての確認書

復職にあたっての確認書

平成○○年○月○○日

株式会社　　○○○○

人事部長　　△△△△　殿

住所　○○県○○市○−○−○
氏名　○○○○㊞

復職にあたっての確認書

　私は，平成○○年○月○日に○○病（病名：○○○）に罹患し，現在，休職規程第○条1項1号による休職期間中で平成○○年○月○日に休職期間満了となりますが，主治医より，当面軽作業とする配慮をすれば休職前の業務への復職が可能との診断を得ましたので，復職を申請しました。

　これに対し，貴社より，産業医の意見をふまえて復職にあたっての下記の事項を提示されました。

　そこで，私は下記の事項を了解し遵守することを確認します。

記

1．復職に際し，平成△年△月△日までをリハビリ期間とします。
2．リハビリ勤務期間中の労働時間・業務内容は，別紙（省略）のとおりとします。
3．リハビリ勤務期間中に，再度同一疾病（○○状態）で勤務に耐えられないときは，休職規程第○条3項「復職後6ヵ月以内に再び休職となった場合は前後の休職期間を通算する。」が適用される結果，同5条「休職期間が満了した場合」に基づいて退職となることを了承します。
4．リハビリ勤務期間中は，定期的（1ヵ月ごと）に主治医の診断書を提出します。また，貴社が指定する医師の診断に従います。

以　上

書式3-9 別紙

リハビリ勤務期間中の労働時間・業務内容・賃金			
期　　間	労働時間	業務内容	賃　　金
平成○年○月○日より△月△日（1ヵ月目）	10時〜17時（但し，1時間休憩）	○部における・A作業・B作業	休職前の所定賃金の60%
平成○年△月×日より×月△日（2ヵ月目）	10時〜18時（但し，1時間休憩）	○部における・A作業・B作業・C作業	75%
平成○年×月○日より○月△日（3ヵ月目）	9時〜18時	○部における・A作業・B作業・C作業・D作業	90%

【解説】

「休職満了時に復職可能と判断されたが，当初は軽作業，ほどなく通常業務が可能」という診断結果における，休職者へのリハビリ勤務の確認文書です。休職は終了しているのと，ほどなく通常勤務が可能な健康状態ということなので，リハビリ勤務期間は3ヵ月（「ほどなく」がそれほど長時間である必要はないので）とし，労働時間（労働の量）と業務内容（労働の質）を当初は軽作業，そして3ヵ月後には通常業務に近いように設計します。対価である賃金もそれに見合うようにします。なお，ときどき，労働時間を所定労働時間の半分未満（2時間とか3時間）でスタートするリハビリ勤務を見かけますが，所定労働時間の半分未満しか働けない状態は，復職可能ではないと思います。つまり，まだ休職してもらう状態です。この点は是非注意してください。

書式編

書式3−10　退職届

退職届

平成○年○月△日

株式会社○○○○
代表取締役　△△　△△　殿

住　所
氏　名　××　××㊞

　私は，今度，会社を平成○年○月○日限り退職しますので，その旨本書をもって届出致します。

以上

受理欄

平成○年○月○日

□□□□は，上記退職届を，平成○年○月△日に受理した。

□□□□

【解説】
　辞職の意思表示（労働者の単独行為）を受領（理）したことの記録化です。

書式3-11　退職願

　　　　　　　　　　　　　　　　　　　　　平成○年○月△日

株式会社○○○○
代表取締役　△△　△△　殿

　　　　　　　　　　　　　　　　　住　所
　　　　　　　　　　　　　　　　　氏　名　××　××㊞

　　　　　　　　　　　退職願

　私は，今度，下記理由により下記退職年月日に退職いたしたく存じますので，ご承認のほど，宜しくお願い申し上げます。

　　　　　　　　　　　　記

　退職年月日　　　　平成○年○月○日
　退職理由　　　　　○○○○
　　　　　　　　　　　　　　　　　　　　　　　　　　以上

　　　　　　　　　　　　承諾欄
　　　　　　　　　　　　　　　　　　　　　　平成○年○月○日

　□□□□は，上記退職願を承諾した旨を，平成○年△月×日に伝えたので，その旨記録する。
　　　　　　　　　　　　　　　　　□□□□

【解説】
　合意退職では，企業の方も承諾の意思表示をしないと退職は完成しません。ただ，承諾書をいちいち発行するのは大変なので，承諾の意思表示は口頭でしてもらい，それを記録化する，という書式です。

書式編

書式3−12　業務報告書

平成○年○月○日

業務報告書

○○営業部長　殿

第2営業課　課長　○○○○

　第2営業課の課員××には，職務遂行上，下記の問題があることから，本年○月○日午後○時，第○会議室にて，○○係長同席のうえ，下記注意・指導をいたしましので，その旨報告いたします。

記

1．職務遂行上の問題点
　①顧客の担当者に対し失礼な受け答えをする
　②顧客の担当者と電話会議を設定したのに時間を守らない
　③顧客の担当者に，2日以内に確認結果を報告すると約束したのに，報告しない

2．注意・指導内容
・顧客担当者との口頭でのやりとりは丁寧にし，けして職場の仲間と話すような口調でしないこと（上記①の問題への注意・指導）
・顧客担当者と電話会議や確認事項報告を約束したときは必ず守り，万一事情あって守るのが難しければ，事前に当該担当者に電話し，その旨を伝えるとともに，代わりの約束（電話会議なら代替の日時，確認事項報告の期限内報告が無理ならいつまでならできるか）をすること（上記②③の問題への注意・指導）

【解説】
　第3編第1章Ⅴ退職2（3）の問題社員対応のための書式です。

書式3-13 注意書

平成○年○月○日

○○○○ 殿

株式会社○○○○
人事部長　○○○○

注意書

　貴殿は，現在，○○○業務に従事していますが，①顧客の担当者に対し失礼な受け答えをする，②顧客の担当者と電話会議を設定したのに時間を守らない，③顧客の担当者に2日以内に確認結果を報告すると約束したのに報告しない，の3点を口頭で何度も注意・指導を受け，その結果，次の点の改善を求められました。

・顧客担当者との口頭でのやりとりは丁寧にし，けして職場の仲間と話すような口調でしないこと（上記①への注意・指導）
・顧客担当者と電話会議や確認事項報告を約束した時は必ず守り，万一事情があって守るのが難しければ，事前に当該担当者に電話し，その旨を伝えるとともに，代わりの約束（電話会議なら代替の日時，確認事項報告の期限内報告が無理ならいつまでならできるか）をすること（上記②③の問題への注意・指導）

　ところが貴殿は，上記事項を未だ改善していません。
　そこで，改めて改善するよう，注意します。

以　上

【解説】
　口頭で注意を受け改善のための行為規範が設定されたのに，いまだ改善されていないことから，これを文書で，（念のため）その注意の過程も記載し，改めて文書で注意します。そして本書式は，日常の業務過程での注意なので，証拠価値は高いものとなります。

書式3-14　厳重指導書

平成○年○月○日

○○○○　殿

株式会社○○○○
人事部長　　○○○○

厳重指導書

　貴殿は，勤務中，①顧客の担当者に対し失礼な受け答えをする，②顧客の担当者と電話会議を設定したのに時間を守らない，③顧客の担当者に2日以内に確認結果を報告すると約束したのに報告しないことから，口頭及び文書（平成○年○月○日付）で注意を受け，次の点の改善を求められていたにもかかわらず，改善がない。すなわち，

・顧客担当者との口頭でのやりとりは丁寧にし，けして職場の仲間と話すような口調でしないこと（上記①への注意・指導）
・顧客担当者と電話会議や確認事項報告を約束した時は必ず守り，万一事情があって守るのが難しければ，事前に当該担当者に電話し，その旨を伝えるとともに，代わりの約束（電話会議なら代替の日時，確認事項報告の期限内報告が無理ならいつまでならできるか）をすること（上記②③の問題への注意・指導）

　貴殿の職務遂行は上記のとおり極めて問題があるので，重ねて改善するよう，つまり，行為規範を遵守するよう，指導する。

以　上

【解説】
　口頭（書式3-12），文書（同3-13）で改善を指導されても，改善しないので，重ねて改善を指導するものです。

書式3-15　退職合意書

退 職 合 意 書

　株式会社〇〇〇〇（以下，「甲」という）と××××（以下，「乙」という）とは，乙が甲を円満に退職するにあたり，以下のとおり合意した。

(合意退職)
第1条　甲と乙は，乙が甲を平成〇〇年〇月末日付けで甲乙間の雇用契約を解約し，乙が甲を退職することを合意する。乙の退職に際し，甲が発行する離職票は△△とする。

(退職金の支払)
第2条　甲は乙に対し，会社都合の規定退職金〇〇〇円を退職金規程に則って支払う。

(誠実義務)
第3条　乙は，乙の退職日の前後を問わず，甲の営業活動に不利益となる言動を行わない。
　2．甲は，乙の退職日の前後を問わず，乙の再就職活動に不利益となる言動を行わない。

(清算条項)
第4条　甲と乙は，本合意書に定める他，乙の退職後の守秘義務等乙が退職後も負うべきとされる義務を除き，甲乙間において何らの債権債務が存在しないことを相互に確認する。
　2．乙は，本合意書締結前の事由に基づき，甲及び甲の親会社，関連会社，これらの役員，従業員に対し，一切の訴訟上・訴訟外の請求を行わないことを，ここに同意し確認する。

(準拠法等)
第5条　本合意書は日本法によって支配され，解釈されるものとし，管

> 轄裁判所は東京地方裁判所とする。
>
> 　以上の合意が成立したので，本合意書を2通作成し，甲乙それぞれ署名したうえ，各1通を所持することとする。
>
> 　平成○○年○○月○○日
>
> 　　　甲　　　　　　　　　　　　㊞
>
> 　　　乙　　　　　　　　　　　　㊞

【解説】
　紛争に近い状態の中で退職合意にこぎつけたので，単なる退職届や退職願では解決の仕方としては不充分なため，このようなきっちりした合意書を作成するとよいです。

書式3-16　解雇通知書

平成○○年○○月○○日

××××殿

株式会社○○○○
人事部長　△△　△△

解雇通知書

　貴殿には，会社就業規則第○条2号「労働能力もしくは能率が甚だしく低く，または甚だしく職務怠慢であり勤務に堪えないと認められたとき」に該当する事由があるので，同△条に基づいて，貴殿を本通知書到達後30日経過する本年○月○日限り，解雇します。

以　上

【解説】
　退職合意までこぎつけなかったが解雇理由は充分あるということなら，普通解雇します。
　この場合，30日前予告するか，解雇予告金を支払って即時解雇するかは，ケースバイケースです。即時解雇するときは，解雇予告金の計算が間違ったりサービス残業が計算されていないなどと主張されて解雇予告金の金額自体が紛争の種にもなるので，慎重にして下さい。職場に出てこないでほしいという場合でも，30日前の予告の上で解雇しかつ自宅待機をさせれば，その目的は達します。筆者としては，普通解雇では，30日前予告をしての解雇の方をお勧めします。

書式編

書式3-17　残業の禁止について

平成〇年〇月〇日

従業員各位

残業の禁止について

人事部長　〇〇〇〇

　当社では，従業員の皆様に，労働時間削減のために業務の円滑化，効率化に努めていただいているところですが，この度，労働時間を削減し，ワークライフバランスを図るため，月〇時間以上の残業を禁止すること①にしました。当該時間を超える残業については，在社していても労働時間②とは認めず，割増賃金も支給いたしません。残務がある場合には，役職者に引き継ぎ直ちに帰社して下さい。

　従業員の皆様におかれましては，適正な労働環境の整備にご協力下さいますようお願いいたします。

以　上

【解説】

　第3編第1章Ⅶ2（4）に述べたとおり，人事労務管理の運用において，長時間労働を抑制し効率的な職務遂行を確保するのは，労使にとってよいことです。

　企業は，その姿勢を明確に示し基準を定めることは，その意識をより強く従業員に浸透させることになります。ただ，現状に合わない管理は，サービス残業等につながりかねません。

　本書式は一例ですが，①の「月〇時間以上」とすると月毎に計算しないと分からず，特に月の前半は長時間残業になる可能性もあるので，「1日2時間以上の残業」としてもよいでしょう。②の「しました。」というのは，1回限りで通達を発信する前提になっていますが，年に2回，春と秋に出してもよいでしょう。

書式3−18 チェックリスト（管理一覧表）

契約期間	期間中の労働の量・質その他	満了1ヵ月前の年月日	更新の有無の判断（※）	書面の取り交わし
労働者名○○ ○○				
H24.4.1〜25.3末		H25.2末	更新する	済（添付）
H25.4.1〜26.3末		H26.2末	更新する	済（添付）
H26.4.1〜27.3末		H27.2末	更新する	済（添付）
H27.4.1〜28.3末		H28.2末	更新する	済（添付）
H28.4.1〜29.3末		H29.2末		

※更新しないときは、「労働契約終了確認書」をとるようにして下さい。

【解説】

　第3編第5章2（1）のとおり、とにかく、有期労働契約において期間管理は有期労働者への人事労務管理の中心です。その管理を失念しないよう、各有期労働者にこのような書式を用意すれば、1名1〜2枚で管理できます。「期間中の労働の量・質その他」で、書ききれないくらいことがあるなら、添付別紙にして管理すればよいでしょう。

書式編

書式3-19　労働契約終了確認書

労働契約終了確認書

　○○株式会社と○○は，労働契約が平成　年　月　日限り終了し，同日退職することを確認する。

　　　　　　　　　　　　　平成　　年　　月　　日

株式会社　○○○○御中

　　　　　　　　　　　　　　　　　　　　○○　○○㊞

【解説】
　使用者からの一方的な期間満了による終了＝雇止めは，争われるリスクがあるので，有期労働者も期間満了による終了に納得しているなら，このような終了の確認書をとるとよいでしょう。

浅井　隆（あさい・たかし）

1961年　東京に生まれる。
1983年　慶應義塾大学法学部卒業。
1990年　弁護士登録。
現　在　弁護士（第一芙蓉法律事務所）。

［経歴］
　2001年4月　武蔵野女子大学　講師（非常勤）
　2002年4月～2008年3月　慶應義塾大学　法学部　講師（民法演習・非常勤）
　2005年4月～2009年3月　慶應義塾大学大学院法務研究科（法科大学院）講師
　　　　　　　　　　　　　（労働法実務・非常勤）
　2009年4月～2014年3月　同教授
　2014年4月～　同非常勤講師

［著書］
「退職金制度・規程の見直しと不利益変更問題への対応」（日本法令）、「退職金制度の不利益変更をめぐる法律問題」（季刊労働法210号）、「就業規則の拘束力と周知手続」（最高裁労働判例　問題点とその解説　第Ⅱ期第4版　日本経団連出版）、「企業が人事政策を見直すときの法律問題と対応実務」（日本法令）、「労働法実務相談シリーズ⑥　就業規則・労使協定Q&A」（労務行政）、「労働契約の実務」（日本経済新聞出版社）、「解雇・退職書式集」（日本法令）、「日本法令書式提供Webシステム～採用から退職までのトラブル対応の書式が揃う！～労使トラブルAtoZ書式集」（日本法令）、「労務管理者のための職場の法律」（日本経済新聞出版社）、「労使トラブル和解の実務」（日本法令）、「労働時間・休日・休暇をめぐる紛争事例解説集」（新日本法規）、「Q&A　休職・休業・職場復帰の実務と書式」（新日本法規）

［連絡先］
〒100-6012
東京都千代田区霞が関3-2-5　霞が関ビルディング12階
電話　03-3519-7070

戦略的な人事制度の設計と運用方法

2017年10月28日　第1版1刷発行

著　者　　浅井　隆
発行者　　江曽政英
発行所　　株式会社労働開発研究会
〒162-0812　東京都新宿区西五軒町8-10
電話　03-3235-1861　FAX　03-3235-1865
http://www.roudou-kk.co.jp
info@roudou-kk.co.jp

©浅井　隆　　　　　　　　　2017　Printed in Japan
ISBN978-4-903613-19-2　　　印刷・製本　第一資料印刷株式会社

本書の一部または全部を無断で複写、複製転載することを禁じます。
　　　落丁、乱丁の際はお取り替えいたしますので弊社までお送りください。（送料弊社負担）